서울역사강좌 12

세계도시설명서

서울역사편찬원

서울역사강좌 12

세계도시설명서

발행인	서울역사편찬원장 이상배
발행처	서울역사편찬원(https://history.seoul.go.kr) 서울특별시 송파구 올림픽로 424(02-413-9511)
기획편집	박명호(시사편찬과장), 김근영, 최동녕
발행일	2021. 8. 20.
판매가	10,000원
디자인인쇄	온그라피
발간등록번호	51-6113542-000067-01
ISBN	979-11-6071-123-3 978-89-94033-95-2(세트)

서울역사강좌 12

세계 도시 설명서

서울역사편찬원

발간사

요즘 인터넷 통신망을 말하는 '랜선(LAN)'과 단어를 합친 신조어 들어보셨나요? 신조어에는 인터넷으로 사귄 친구를 부르는 '랜선 친구', 소셜네트워크서비스(SNS)에 집을 자랑하는 '랜선 집들이'도 있습니다. 코로나19가 유행하며 각광받고 있는 랜선 라이프들입니다. 해외여행을 가기 어려운 요즘, 다른 듯 닮은 세계도시 '랜선 여행' 어떠신가요? 이번 서울역사강좌 12권은 서울의 과거 · 현재 · 미래비전과 관련 있는 세계도시를 알아보고자 기획했습니다.

동아시아의 도성은 《주례》 〈고공기〉의 원리를 바탕으로 지어졌습니다. 중국도성인 베이징, 서울의 한양도성, 문묘를 갖춘 베트남의 하노이, 과거 경성처럼 일본의 식민 지배를 받으며 근대도시로 변화한 타이페이도 다른 듯 닮은 세계도시입니다. 한편, 사람들의 생김새도 문화도 다르지만 2천년 역사를 간직한 채 새로운 혁신을 추구하는 프랑스 파리도 서울과 공통점이 있습니다.

현재 서울의 모습과 관련 있는 세계도시로서 이란의 테헤란과 이웃나라 도쿄도 알아보았습니다. 강남 '테헤란로'는 중동 개발기인 1977년 이란과 자매결연을 기념하여 붙인 가로명입니다. 실제 이란의 테헤란은 어떤 모습일지, 그들의 문화는 어떤 모습인지 알아보았습니다. '88서울올림픽은 서울의 성장에 중요한 계기가 되었다고 합니다. '64년 도쿄올림픽은 도쿄의 모습을 어떻게 바꿔놓았을까요?

마지막 랜선여행의 테마는 혁신 도시 서울의 미래비전과 닮은 세계도시입니다. 베를린에서 통일수도의 모델을 찾아보고, 행정수도인 워싱턴 D.C.의 모습도 살펴보았습니다. 싱가포르는 어떤 역사를 거쳐 오늘날 다문화 · 다인종 도시의 상징이 되었을까요? 또한 생소한 이름이지만 세계적인 '친환경도시', '녹색도시'인 브라질 꾸리치바는 어떤 모습일까요. 사회복지 선진국인 스톡홀름의 복지정책은 서울과 무엇이 다른지도 알아보았습니다.

온라인으로 서울역사강좌를 진행한지 벌써 세 학기 째입니다. 낯설기만 했던 '랜선 수업'도 이제는 익숙해졌지만, 만남에 대한 아쉬움은 좀처럼 사라지지 않습니다. 다시 찾아올 따뜻한 봄날에는 '랜선'이 아닌 편찬원 강의실에서 함께 공부하는 날이 오면 좋겠습니다.

이번 발간되는 서울역사강좌 12권이 시민 여러분들의 서울 역사와 문화를 이해할 수 있는 계기가 되기를 바랍니다. 아울러 시민 여러분의 관심에 어긋나지 않게 저희 서울역사편찬원에서도 더 좋은 강좌와 역사서를 만들기 위해 노력하겠습니다.

2021. 8.

서울역사편찬원장 이상배

차례

01

중국도성은 한양도성과 어떻게 비슷할까?

중국도성은 한양도성과 어떻게 비슷할까?

중국 역대 도성 개요
도성의 개념
《주례》〈고공기〉의 도성 계획 원리
도성의 건설과 구조-수·당 장안성의 사례
중국도성 원리의 활용과 한양도성의 반영

제1강

중국도성은 한양도성과 어떻게 비슷할까?

최재영
한림대학교 인문학부 교수

중국 역대 도성 개요

현재 중국 역대 도성과 관련하여 '십대고도十大古都'라는 말을 사용하고 있다. 십대고도란 '장안長安(현재 서안)·낙양洛陽·개봉開封·남경南京·북경北京·항주杭州·안양安陽·정주鄭州·대동大同·성도成都' 등 중국 역사에서 중요한 10개의 도성을 가리킨다. 중국 역대 사서史書에 자주 등장할 뿐만 아니라 중국사 일반 개설서나 대중매체를 통해 익숙한 '장안·낙양·개봉·남경·북경' 외에 항주는 1930년대에, 안양은 1985년에, 정주는 2004년에, 대동은 2010년에, 성도는 2016년에 중국고도학회의 회의를 통해 새롭게 '고도古都'로 지정되었다.

십대고도 가운데 특히 장안·낙양·개봉·남경·북경은 '오대고도五大古都'라고 한다. 이곳에는 여러 왕조가 이전 왕조의 성곽을 그대로 이용하거나 새로 성곽을 축조하여 도성을 두었고 통일왕조의 도성인 적도 있어 '오대고도'는 전통적으로 중국의 대표적인 도성으로 여겼다. 장안에는 13개의 왕조(서주西周·진秦·서한西漢·신新·동한東漢·서진西晉·전조前趙·전진前秦·후진後秦·서위西魏·북주北周·수隋·당唐)가, 낙양에는 10개의 왕조(동주東周·동한·위魏·서진·북위北魏·수·무주武周·후량後梁·후당後唐·후진後晉)가, 개봉에는 6개의 왕조(후량·후진·후한後漢·후주後周·송宋·금金)가, 남경에는 7개의 왕조(동진東晉·송劉宋·제齊·양梁·진陳·남당南唐·명明)가, 북경에는 3개의 왕조(원元·명·청淸)가 도성을 두었다. 도성이 있었던 기간에 따라 이 다섯 곳을 순서별로 나열하면 장안(1077년)-북경(914년)-낙양(885년)-남경(450년)-개봉(366년) 순으로 장안이 중국 역사에서 가장 오랫동안 수도가 있던 지역이다.

중국 역대 도성의 위치를 살펴보면 당 대까지는 장안 혹은 낙양이 대부분 왕조의 도성이 되어 도성의 위치가 동서 방향 위에 있었다. 송의 개봉을 경계로 하여 원나라 이후부터 오늘날 중화인민공화국에 이르기까지 도성 혹은 수도는 남경 혹은 북경이 되어 도성의 위치가 남북 방향 위에 있게 되었다. 장안과 북경에 도성을 둔 이유는 1940년대 수도를 어디에 세울까를 둘러싼 논쟁, 즉 '건도론建都論'에서 나온 한 주장을 통해 쉽게 확인된다.

> 다만, 당대唐代와 그 이전까지는 중국의 외환外患이 주로 북방과 서북, 서방으로부터 제기되어 관중關中이 그 '도전' 대상이 되었는데, 서안西安은 그 압력이 집중된 곳이었기 때문에 건도의 지점으로 가장 적합했다.… 당 중엽 이후 국방의 중심이 점차 하북河北으로 옮겨갔다. 당대 안사安史의 난이 어양漁陽에서 발발하여 양경(兩京, 장안과 낙양)이 함락하자, 북평北平의 지위가 점차 서안과 대등해졌다.… 북평은 마침내 요·금·원·청 네 왕조가 침략한 곳이면서도 중국 통치 근거지가 되어 그 지위가 크게 높아져 서안을 대체하게 되었다.
>
> **사학준**沙學浚, **〈서안시대와 북평시대〉《대공보**大公報**》**

여기서 서안과 북평은 1944년 당시의 명칭이며 서안은 곧 장안, 북평은 곧 북경을 가리킨다. 장안과 북경에 도성을 둔 이유로 당시 외부 세력으로부터 방어에 용이한 곳이라는 점을 제시하고 있다. 중국사에서 당대까지만 해도 중국 왕조를 위협한 세력은 흉노, 선비, 돌궐, 토번, 위구르 등이며 대부분 중국의 서북쪽과 서쪽에 위치하고 있었다. 반면 송 이후로는 거란, 여진, 몽골, 만주, 준가르 등 중국을 위협한 세력이 중국의 북쪽과 동북쪽에 자리잡고 있었다. 따라서 이 세력들을 대적하기 위해서 중국 왕조는 당 대까지는 장안에, 송 이후에는 북경에 도성을 두었던 것이다.

반면 낙양과 남경이 도성의 지위를 갖게 된 것은 경제적 번성과 관련이 있다. 당 중기까지만 해도 중국에서 가장 경제적으로 번영한 지역은 황하黃河 중·하류 지역이었다. 낙양은 그 핵심지역으로 주변의 경제적 자원을 활용하기에 매우 적당한 곳이었다. 송대 이후에는 경제적으로 번영한 지역으로 장강長江 하류 지역이 부상하게 되었다. 그런 변화에 맞춰 남경이 중시되어 그곳에 도성을 두었다. 장안·낙양·북경·남경 등의 사례를 통해 중국 왕조는 도성의 위치를 선정할 때 현실적으로 군사적, 경제적 상황을 고려하여 결정하였다는 것을 알 수 있다.

중국 역대 도성의 면적과 형태를 살펴보면 매우 다양하다. 각 도성의 면적은 서한 장안성(34.12km^2), 한위漢魏 낙양성(65.88km^2), 북위 낙양성(73km^2), 수·당隋唐 장안성(89.02km^2), 수·당 낙양성(44.92km^2), 송 개봉(46.12km^2), 원 대도大都(50.71km^2), 명 북경성(55.03km^2), 명 남경성(44km^2), 청 북경성(59.26km^2) 등이다. 조선 한양도성의 사대문 안 면적인 16.65km^{2}와 비교하면 중국 역대 도성은 약 2~5.3배 정도 넓었다.

중국 역대 도성의 성립 과정은 크게 세 가지로 나눌 수 있다. ① 새로운 장소에 새롭게 도성을 건설한 경우(서한의 장안·북위의 평성平城·수의 대흥大興·당의 장안·원의 대도), ② 전대 왕조의 도성을 활용하면서 개축한 경우(북위의 낙양·당의 장안·명·청의 북경), ③ 지방 도시를 도성으로 개축한 경우(북송의 개봉·남송의 항주) 등이다. 그 성립 과정은 여러 가지였지만, 각 왕조는 도성을 황제 지배의 정통성을 구현하는 공간으로 조성하였다.

중국 역대 도성의 형태

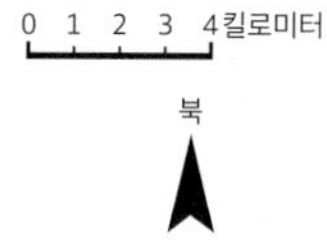

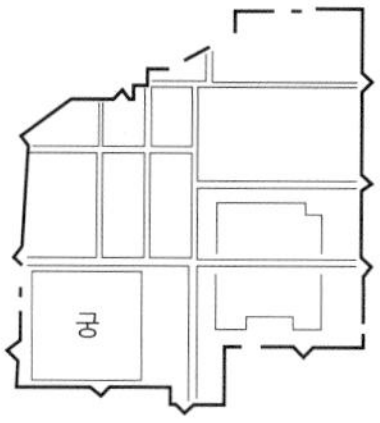

한의 장안

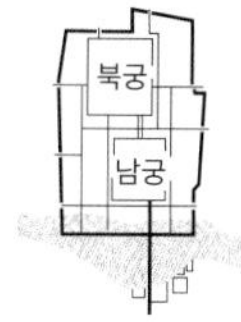

후한의 낙양

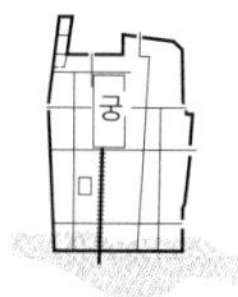

위·진의 낙양

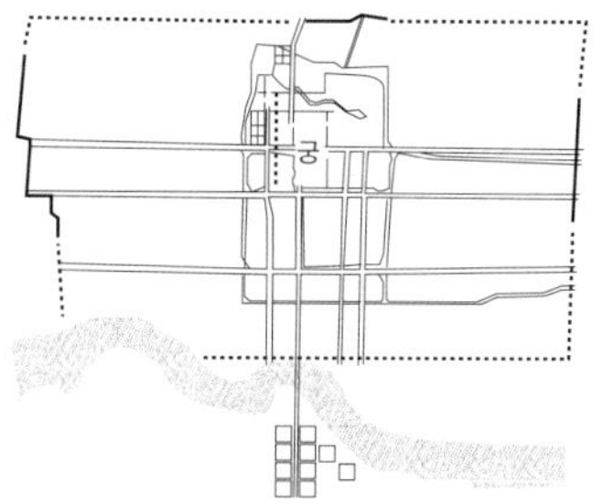

북위의 낙양

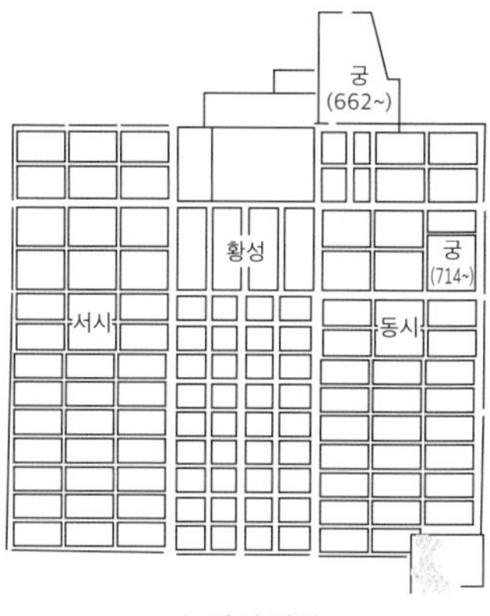

수·당의 장안

북송의 개봉

남송의 임안

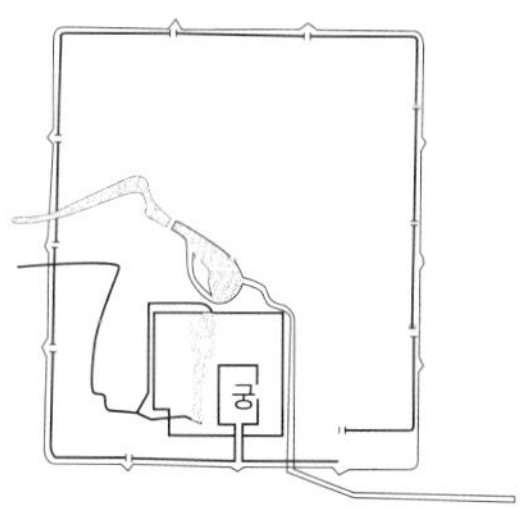

원의 대도

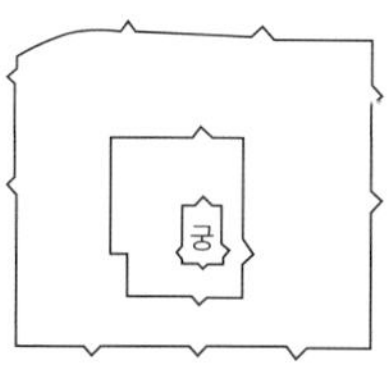

명의 북경

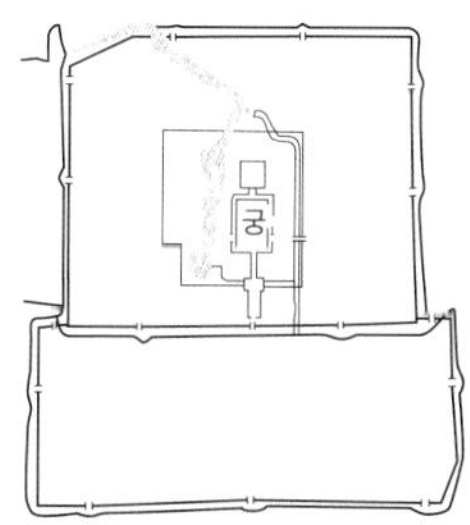

청의 북경

도성의 개념

도시와 도성은 다르다. '도시'와 '도성'을 국립국어원에서 발행한 《표준국어대사전》에서 찾아보면 도시는 '일정한 지역의 정치·경제·문화의 중심이 되는, 사람이 많이 사는 지역', 도성은 '임금이나 황제가 있던 도읍지가 성으로 이루어져 있었다는 데서, 서울을 이르는 말'이라고 정의되어 있다. 도시와 도성의 큰 차이는 임금이나 황제의 거주 여부이며, 모든 도시가 도성은 아니지만 모든 도성은 도시라는 것을 알 수 있다.

이 가운데 도시의 개념은 기본적으로 중국에서 발행되는 사전에서도 비슷하게 서술되어 있다. 다만 차이는 영어 '시티City'를 중국어로 번역할 때 도시가 아니라 성시城市라고 한다는 점이다. 이는 중국에서 역사적으로 도시는 성벽으로 둘러싸여 있었다는 특징을 반영하였기 때문이다. 따라서 중국 전근대 도시를 분석한 구미권의 논문과 책에서 전근대의 '성시'는 '성벽으로 둘러싸인 도시(Walled city)'로 번역되기도 한다.

도성은 중국의 사전에서는 '국가의 수도 및 비교적 큰 도시'라고 기술되어 있어 도성은 곧 수도라고 할 수 있다. '수도'라는 단어를 역시 중국의 사전에서 찾아보면 '국가 최고 정권 기관의 소재지로서 전국의 정치 중심지'라고 정의되어 있다. 도성에는 황제가 거주하고 있기 때문에 도성이 곧 정치 중심지라고 할 수 있다. 하지만 수도라는 단어는 황제의 위상 등 전근대 시대의 역사상을 담고 있지 않아 역사적 의미에서 도성을 곧 수도라고 하는 것은 적절하지 않다. 그럼 중국의 역사에서 도성의 개념은 무엇일까?

중국 문헌 사료에서는 도성이라는 단어는 쉽게 눈에 뜨이지 않고 그 의미로 '경사京師' 혹은 '경도京都'라는 용어가 대신 사용되고 있는 것을 자주 볼 수 있다. 경사 혹은 경도 개념의 형성과 관련하여 1076년(송 희녕 9)에 송민구가 편찬한 《장안지長安志》가 중요한 참고 자료이다. 이 책은 장안의 연혁을 완정한 형태로 전하는 가장 오래된 문헌이다. 그 가운데 권2 경도 항목에서 송대 이전 자료들을 인용하며 경도의 의미와 구체적인 역사적 사례를 기술하고 있다. 그 대략을 소개하면 다음과 같다.

①《석명釋名》: 도都는 나라의 군주가 거주하는 곳이자 사람이 모여든 곳이다.

②《춘추좌씨전》: 도는 읍邑 가운데 돌아가신 군주의 위패를 모신 종묘가 있는 곳이다.

③《춘추공양전》: 경사는 천자가 거주하는 곳으로서 거대하며 사람이 무리를 짓고 있는 곳이다.

④《백호통白虎通》: 경사는 크기가 천리가 되는 거대한 읍이다.

⑤《제왕세기帝王世紀》: 경사는 전복(甸服, 도성으로부터 500리 이내 지역)의 안에 있는 곳 혹은 천자가 궁을 지어 사는 곳이다.

⑥《오경정의五經正義》: 천명을 받은 왕이 세상의 모든 나라를 제어할 수 있도록 천지의 조화와 음양의 정기가 깃든 천하의 중심에 세운 곳이다.

⑦《법훈法訓》: 왕이 천하의 중심에서 거주하는 곳이다.

이러한 내용을 바탕으로 경도, 즉 도성의 개념을 정리하면 '왕 혹은 황제가 거주하는 곳으로 천하의 중심에 위치하고 있고 그곳에는 궁과 종묘가 있으며 많은 사람이 무리를 짓고 있는 거대한 곳이다.'라고 할 수 있다. 이러한 개념은《장안지》에서 소개한 문헌 외에 다른 문헌에서도 확인된다. 그 대표적인 예가《여씨춘추》 심분람審分覽 신세편愼勢篇의 "옛날에 왕께서는 천하의 중심을 선택하여 도성을 세우며 도성의 중심을 선택하여 궁을 세우며 궁의 중심을 선택하여 종묘를 세운다."는 기록이다. 결국 도성이란 '군주가 천하의 중심에서 천하를 지배하는 곳'이라고 할 수 있다. 도성은 군주→궁성→도성→구주(九州, 군주의 직접 통치와 교화가 미치는 곳)→천하의 방식으로 군주의 권력이 원심적으로 확산되거나, 천하→구주→도성→궁성→군주의 방식으로 권력이 군주에게 구심적으로 수렴하는 핵심 공간이라고 개념화할 수 있다.

《주례》〈고공기〉의 도성 계획 원리

중국에는 도성의 개념에 부합하도록 도성을 건설하고자 하는 계획 원리가 있었다. 그와 관련하여 중시된 것이 《주례周禮》〈고공기考工記〉의 기록이다. 《주례》〈고공기〉는 《주례》 마지막 편인 동관冬官편에 부속되어 있는 것으로 국가의 수공업 관련 기술을 담고 있다. 작성 시기는 한대漢代 이래 논란이 있었는데, 춘추시대 말기 성립설·진한시대 성립설 등 다양하다. 현재는 이런 주장들을 절충하여 〈고공기〉는 춘추시대 말기에 작성되기 시작하여 전국시대 초기에 체제가 기본적으로 갖추어졌고 진·한시대에 일부 문장이 삽입되어 완성되었다고 보고 있다.

《주례》〈고공기〉의 기록 가운데 도성 건설과 관련된 것이 '장인건국조匠人建國條'와 '장인영국조匠人營國條'이다. 이 조목에서 '국國'은 왕성王城, 즉 도성을 의미한다. '장인건국조'는 '도성을 어디에 세울까'에, '장인영국조'는 '도성을 어떻게 조영할까'에 관한 지침이다. 양자는 서로 밀접하게 연관되어 있다. 우선 '장인건국조'의 내용을 간단히 소개하면 다음과 같다.

> ① 도성을 건설하려고 할 때 수준기水準器를 이용하여 평지를 측량하고 그림자를 재는 기둥을 세워 두고 그림자를 관찰하여 사방四方을 정확히 한다.
>
> ② 일출 때의 그림자와 일몰 때의 그림자를 확인하여 동서 방향을 확정한다.
>
> ③ 한 낮의 그림자를 측정하여 남쪽으로 정하고, 밤에는 북극성을 확인하여 북쪽을 정하여 남북 방향을 확정한다.

'장인건국조'는 천하의 중심 위치를 확정하는 방법을 제시한 것이었다. 즉 동

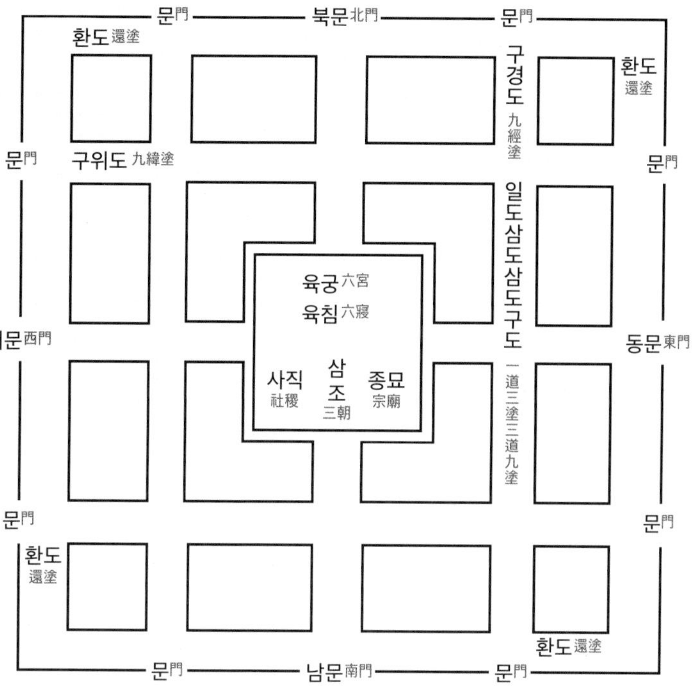

청나라 고증학자 대진이 그린 《주례》〈고공기〉의 왕성도

서 방향으로 직선을 긋고 남북 방향으로 직선을 그었을 때 두 직선이 만나는 점을 천하의 중심지로 정할 수 있다는 것이다. 이곳이 바로 도성이 들어설 곳이다. 그곳에 들어설 도성은 어떻게 조영되어야 하는지를 제시하고 있는 것이 바로 '장인영국조'의 기록이다. 그 내용을 간단히 정리하면 다음과 같다.

① 한 변이 9리인 정방형의 성벽도시를 건설한다.

② 내부에는 남북 및 동서 방향으로 각각 9개의 도로를 설치하고 도로 폭은 9대 수레 폭으로 한다.

③ 성벽 네 면에는 각각 3개씩 모두 12문을 설치한다.

④ 왕궁은 도성의 중심에 둔다.

⑤ 왕궁 앞 동남쪽에는 종묘를, 왕궁 앞 서남쪽에는 사직을 둔다.

⑥ 왕궁 앞쪽에는 관청을, 뒤쪽에는 시장을 둔다.

⑦ 왕궁 좌우에는 일반인의 거주지를 둔다.

'장인영국조'는 왕궁, 종묘, 사직, 관청, 시장, 민가, 도로, 성문 등 도성의 구성 요소 및 그 위치와 규모를 언급하여 도성의 조영 방법을 제시하였다. 이 가운데 군주가 거주하고 통치하는 왕궁을 도성의 중심에 두는 것은 군주가 천하의 중심에서 천하를 통치하는 곳이라는 도성의 개념에 딱 부합하는 것이라고 할 수 있다. 또한 군주의 통치를 보좌하고 집행하는 조정 역시 도성에 설치해야 할 요소라는 점에서 이해된다.

그런데 종묘와 사직을 도성에 설치해야 하는 이유는 무엇일까? 종묘는 선왕의 위패를 모셔두고 제사를 드리는 곳이고 사직은 토지신과 곡식신에게 제사를 드리는 곳이다. 종묘와 사직을 도성에 꼭 설치하여 제사를 드린다는 것은 군주의 통치와 관련되어 있다. 종묘는 천하의 중심에서 군주의 통치권 계승을 정당화하는 의례를 거행하는 곳이며, 사직은 천하 중심에서 군주의 천하 통치를 정당화하는 의례를 거행하는 곳이기 때문이다. 즉 종묘가 군주 통치의 시간적 계승에 대한 정당화를 구현하는 곳이라면 사직은 군주 천하의 공간적 통치에 대한 정당화를 구현하는 곳이다. 군주는 도성 내에 종묘와 사직을 설치함으로써 시공간적으로 천하 지배를 정당화할 수 있었던 것이다. 군주의 통치권과 시공간의 지배 정당성에 대한 관념이 계승되어 왔다는 것은 사마천의 《사기史記》 〈백이열전伯夷列傳〉에서도 확인된다.

요임금이 제위에서 물러나 순임금에게 양위하고 순임금이 우임금에게 양위할 때 사방의 제후들이 모두 그들을 추천하였으나 그 능력을 시험하기 위하여 수십 년간 일

> 을 맡겨 공업을 이루게 한 연후에야 양위하였다. 이것은 천하란 지극히 소중하고 왕의 계승이란 중대한 일인 만큼 천하를 지배하는 제위를 주고받는 일이 그토록 어렵다는 것을 보이기 위한 것이다.

이 구절은 선양禪讓(왕의 자리를 물려주는 것)의 대상은 왕권의 시간적 계승과 천하라는 공간이며, 통치자는 선양을 통해 통치의 정당성을 확보할 수 있다는 점을 전하고 있다. 이것을 구현하는 시설물이 바로 도성 내의 종묘와 사직이다. 따라서 종묘와 사직은 도성의 개념과 관련하여 핵심 시설이며 종묘와 사직이 없는 도성은 있을 수가 없다.

이렇듯 《주례》 〈고공기〉의 '장인건국조'와 '장인영국조'는 군주가 천하의 중심에서 천하를 통치하는 곳으로서 도성을 건설하기 위한 마련된 도성 계획이었다. 이것은 도성에 대한 이상적인 계획안으로만 그친 것이 아니라 실제 도성이 건설될 때 줄곧 중국 여러 왕조로부터 중시되어 활용되었다.

도성의 건설과 구조-수·당 장안성의 사례

중국 역대 도성 가운데 《주례》 〈고공기〉의 도성 계획 원리를 반영하고 있는 대표적 도성이 수·당의 장안성이다. 수·당 장안성은 중국 역대 도성 가운데 가장 크고 중국도성 건설에 중요한 참고 대상이었을 뿐만 아니라 한반도와 일본열도에 등장한 여러 국가의 도성의 모델이기도 하였다.

일반적으로 당 장안성이라고 하는 도성은 수의 도성을 그대로 계승한 것이었다. 이를 합쳐 수·당 장안성이라고 한다. 당 장안성의 전신은 수의 대흥성大興城이다. 수 대흥성을 건설한 이는 수를 건국한 수 문제文帝이다. 수 문제는 황제에 오른 다음 해인 582년(개황 2) 6월에 새로운 도성을 창조創造하라는 조칙을 내렸다. 천도의 이유로 도성으로 한의 장안성을 그대로 사용하고 있었기 때문에 궁궐과 민가가 섞여 있어 정무를 처리하기에 불편하다는 점, 한의 장안성이 협소할 뿐만 아니라 요귀妖鬼가 나타나 수 문제가 싫어한다는 점, 한 대 이후 사용한 지 800년이 되어 물에 소금기가 많아 마시기에 어렵다는 점 등을 거론하기도 한다. 하지만 문제가 내린 조칙의 주된 내용은 '새로운 통치자가 되었으니 새로운 도성을 건설할 만할 뿐만 아니라 현재의 도성은 매우 낡고 궁실도 천하의 중심에 있지 않아 현재의 경사는 경사의 개념에 부합하지 않으므로 천도할 필요가 있다.'였다. 수 문제가 새로운 도성을 건설한 이유는 바로 자신의 통치 정통성과 정당성을 확립하기 위해서였다. 이는 수 대흥성의 건립 과정에서도 확인된다.

수·당 장안성은 크게 궁성宮城·황성皇城·외성外城 등으로 구성되어 있다. 궁성은 황제가 거주하고 정무를 보는 태극궁太極宮, 황후와 비빈이 거처하는 액정궁掖庭宮 그리고 황태자가 거처하는 동궁東宮으로 이루어져 있다. 황성은 상서성尙書省과 육부六部 등을 포함한 중앙 관서가 모여 있는 공간이며, 외성은 관인의 저택, 불교 사찰 등 종교 사원, 시장 그리고 일반민의 거주지 등이 있는 곳이다.

수·당 장안성 건설공정 그림에서 보듯이 수·당 장안성은 궁성-황성-외성의 순서로 건설되었다. 즉 남북 중축선을 확정하여 궁성의 위치를 결정한 뒤 그 선상에 궁성을 건설하였다. 이 남북 중축선이 수·당 장안성 복원도에서 보이는 주작대가朱雀大街이다. 주작대가 혹은 주작대로는 '곧게 뻗은 넓은 길'이라는 의미로 사용되는데, 발굴 조사에 따르면 주작대가의 폭은 무려 155m나 되어 천하의 중심축을 구현한 듯 보인다. 궁성을 건설한 뒤 궁성을 에워싸는 금원과 황성을 건설하고 외성의 6개 주요 간선도로를 만들었다. 그를 이어서 6개의 간선도로를 기준으로 동서 도로 12개와 남북 도로 9개를 건설한 뒤 마지막으로 외성을 두르는 곽을 축조하였다. 이 건설 과정은 수 문제 582년에 시작하여 654년(당 고종 영휘 5) 장안 주변 지역 사람 4만 1,000명을 동원하며 외곽성과 9개 성문을 수축

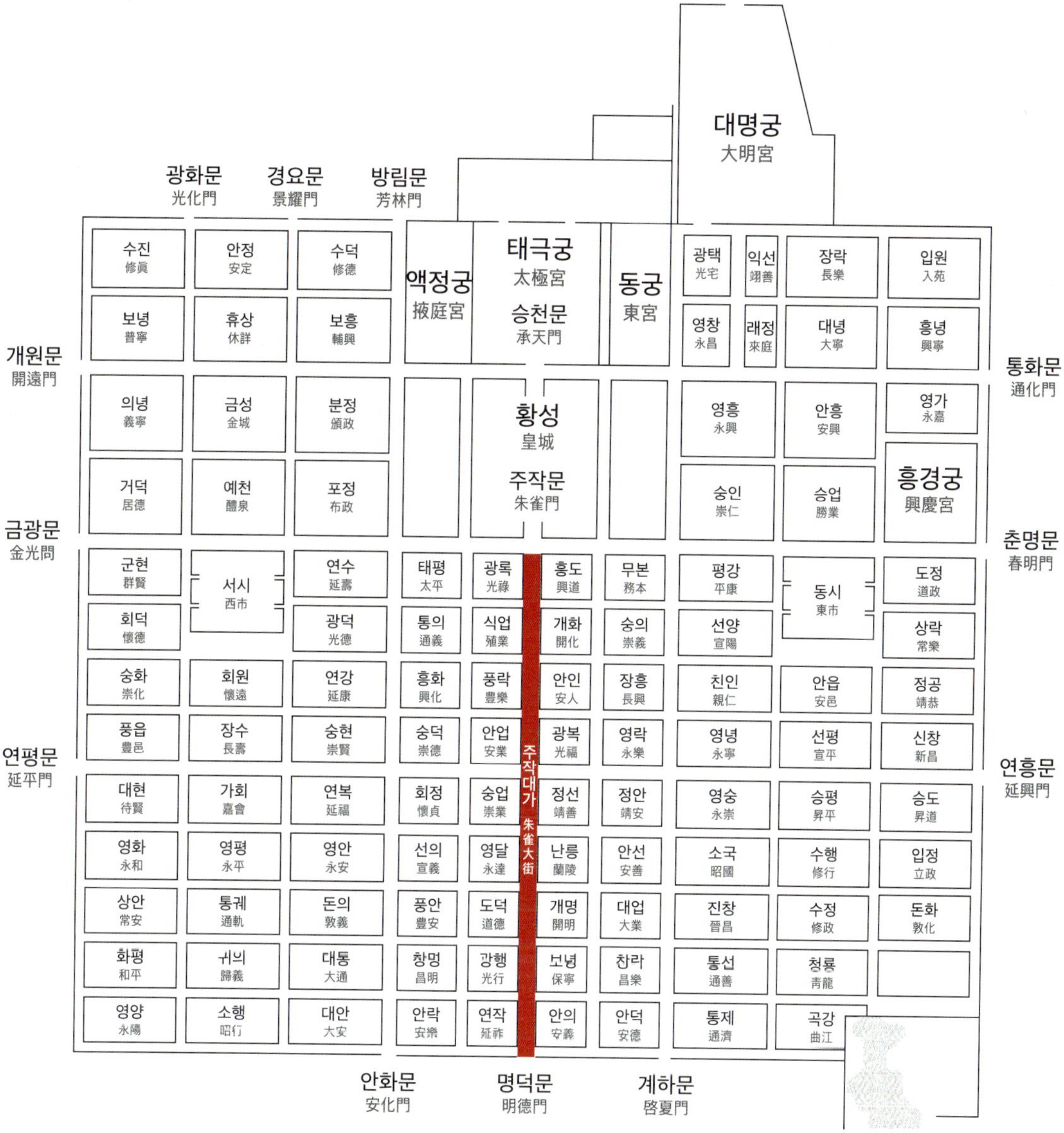

대명궁 大明宮
광화문 光化門
경요문 景耀門
방림문 芳林門
수진 修眞
안정 安定
수덕 修德
액정궁 掖庭宮
태극궁 太極宮
승천문 承天門
동궁 東宮
광택 光宅
익선 翊善
장락 長樂
입원 入苑
보녕 普寧
휴상 休祥
보흥 輔興
영창 永昌
래정 來庭
대녕 大寧
흥녕 興寧
개원문 開遠門
통화문 通化門
의녕 義寧
금성 金城
분정 頒政
황성 皇城
영흥 永興
안흥 安興
영가 永嘉
거덕 居德
예천 醴泉
포정 布政
주작문 朱雀門
숭인 崇仁
승업 勝業
흥경궁 興慶宮
금광문 金光門
춘명문 春明門
군현 群賢
서시 西市
연수 延壽
태평 太平
광록 光祿
흥도 興道
무본 務本
평강 平康
동시 東市
도정 道政
회덕 懷德
광덕 光德
통의 通義
식업 殖業
개화 開化
숭의 崇義
선양 宣陽
상락 常樂
숭화 崇化
회원 懷遠
연강 延康
흥화 興化
풍락 豊樂
안인 安仁
장흥 長興
친인 親仁
안읍 安邑
정공 靖恭
풍읍 豊邑
장수 長壽
숭현 崇賢
숭덕 崇德
안업 安業
광복 光福
영락 永樂
영녕 永寧
선평 宣平
신창 新昌
연평문 延平門
연흥문 延興門
대현 待賢
가회 嘉會
연복 延福
회정 懷貞
숭업 崇業
정선 靖善
정안 靖安
영숭 永崇
승평 昇平
승도 昇道
주작대가 朱雀大街
영화 永和
영평 永平
영안 永安
선의 宣義
영달 永達
난릉 蘭陵
안선 安善
소국 昭國
수행 修行
입정 立政
상안 常安
통궤 通軌
돈의 敦義
풍안 豊安
도덕 道德
개명 開明
대업 大業
진창 晉昌
수정 修政
돈화 敦化
화평 和平
귀의 歸義
대통 大通
창명 昌明
광행 光行
보녕 保寧
창락 昌樂
통선 通善
청룡 靑龍
영양 永陽
소행 昭行
대안 大安
안락 安樂
연조 延祚
안의 安義
안덕 安德
통제 通濟
곡강 曲江
안화문 安化門
명덕문 明德門
계하문 啓夏門

수·당 장안성 모식도

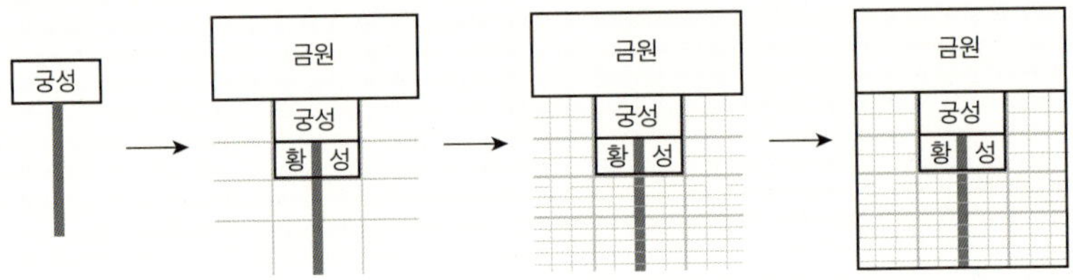

수·당 장안성의 건설 공정

하는 것으로 마무리되었다.

수·당 장안성 건설 과정을 살펴보면 도성 건설 계획으로서 《주례》 〈고공기〉의 '장인건국조'와 '장인영국조'가 중시되었다는 것을 알 수 있다. 수·당 장안성은 천하의 중심에 궁성을 핵으로 하는 도성으로 건설되어 천하의 중심인 도성에서 천하를 통치한다는 이상을 나타내고자 구조를 갖추고 있기 때문이다. 곧 수·당 장안성은 황제의 통치 정통성과 정당성을 구현한 도성이었다.

중국도성 원리의 활용과 한양도성의 반영

중국에서 도성이란 군주가 천하의 중심에서 천하를 지배하는 것을 구현하는 공간이다. 그 개념에 부합하는 도성 건설을 제시한 것이 《주례》 〈고공기〉였다. 《주례》 〈고공기〉는 수·당 장안성 이후에도 원 대도과 명·청 북경성 건설에도 활용되었다. 북경성의 자금성이 좌우 대칭 구조로 되어 있다는 것에서 쉽게 알 수 있다.

그런데 이러한 개념과 《주례》 〈고공기〉의 도성 계획 원리는 전근대 왕조의 도성 건설에만 적용된 것은 아니었다. 중화인민공화국이 베이징을 수도답게 할 때

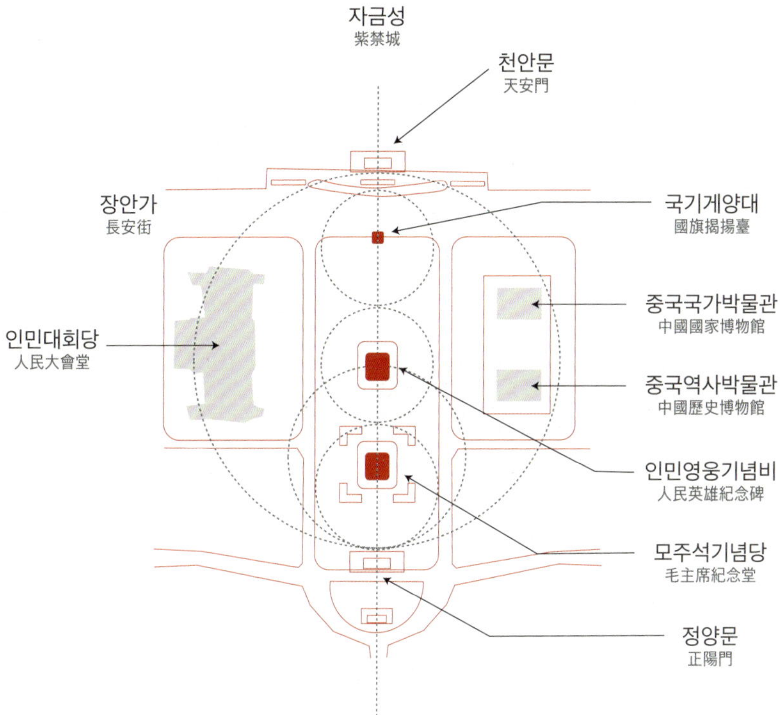

인민영웅기념비 위치와 천안문광장의 구조

도 적용되었다. 1950년대 조성된 천안문광장 건설에서 확인된다.

근대 국가의 수도에는 모두 광장이 있다. 광장은 국민국가를 창출하는 공간이자 국가의 정체성을 선전하는 곳이다. '인민영웅기념비'의 위치와 천안문광장의 구조를 나타낸 모식도를 살펴보면, 천안문광장의 중심점에 건설된 것이 '인민영웅기념비'이다. 이것은 중화인민공화국의 주권자가 인민이라는 것을 표현한 것이다. 또한 인민영웅기념비는 바로 북경성의 남북 중축선상 위에 있는데, 이것은 인민이 전통 왕조의 황제에 이어서 천하의 중심에서 지배한다는 것을 상징적으로 나타낸 것이다. 게다가 천안문을 중심으로 남쪽을 바라볼 때 왼쪽에는 중국국가박물관과 중국역사박물관이, 오른쪽에는 인민대회당이 위치하고 있다. 이

천안문광장

것은 '왼쪽에 종묘를, 오른쪽에 사직을 둔다.'는 원칙을 반영한 것이기도 하다. 왼쪽에 있는 박물관은 시간, 오른쪽에 있는 전국의 대표가 모여 회의하는 인민대회당은 공간을 의미하기 때문이다.

중국의 도성 개념과 그 계획 원리는 조선 한양도성과는 어떤 연관성이 있을까? 중국의 도성 계획 원리는 《주례》 〈고공기〉에만 있는 것이 아니다. 그 외에 음양오행사상, 군주에 적합한 토지를 왕도로 삼아야 한다는 《역경易經》 사상 등이 도성 건설에 반영되었다. 이러한 원리 중 일부가 발해의 상경성, 고려의 개성 등 우리나라의 여러 왕조의 도성 구조에서 확인된다. 조선의 한양도성 건설에서도 마찬가지이다.

조선 역시 한양도성을 짓는 과정에서 도성이 군주의 통치 정당성과 관련되어

있다는 것을 인지하고 있었다. 도평의사사가 천도할 지역으로 한양을 답사한 후 태조에 올린 글에서 이를 확인할 수 있다.

> 삼가 생각하옵건대, 전하께서는 큰 덕과 신성한 공으로 천명을 받아 한 나라를 차지하시었고 이미 제도를 고쳐서 만대를 갈 나라의 정통을 세웠으니, 마땅히 도읍을 정하여 만세의 기초를 잡아야 할 것입니다.
>
> **《태조실록》 태조 3년(1394) 8월 24일**

도읍, 곧 도성은 나라의 정통성을 위해 건설되어야 할 곳이었다. 그 건설을 위해 활용한 도성 계획으로서 우선 《주례》 〈고공기〉의 적용 여부에 대해서는 논란이 있다. 한양도성의 경우 그 구조가 대칭형도 아니고, 형태도 정방형이 아니다. 왕궁이 중앙에 있지도 않고 시장이 왕궁 뒤편에도 있지 않다는 이유 때문에 《주례》〈고공기〉가 한양도성 건설에 적용되지 않았다고 주장한다. 그러나 한양도성에는 경복궁 근정전을 중심으로 남쪽을 바라볼 때 종묘가 왼쪽에, 사직이 오른쪽에 위치하고 있다. 군주 통치의 정통성과 정당성을 보여주는 중요 시설인 종묘와 사직의 배치에 《주례》〈고공기〉의 계획을 일부 이용한 것으로 이해할 수 있을 듯하다.

또한 오행사상 역시 한양도성 구조에서 엿볼 수 있다. 바로 한양도성의 성문 명칭이다. 오행사상에 따르면 동서남북 그리고 중앙에는 오행(목·금·화·수·토), 오방색(청靑·백白·주朱·현玄·황黃), 오상五常(인·의·예·지·신)이 각각 배당되어 있다. 한양도성의 성문이 모두 동시에 세워진 것은 아니지만 그 명칭을 살펴보면 동쪽 문은 흥인지문興仁之門이고, 서쪽 문은 돈의문敦義門이며 남쪽 문은 숭례문崇禮門이다. 도성 밖 북쪽에 있는 문으로 홍지문弘智門이 있다. 또한 한양도성 안에는 보신각普信閣이 있다.

왕조의례의 무대로서 왕도를 만들려는 예禮사상과 관련하여, 중국도성에서 대표적인 예가 북경의 천단天壇이다. 천단은 명·청 북경성에 있는 원구圜丘의 명칭이다. 원구는 황제가 우주의 최고신인 호천상제昊天上帝에게 제사를 드려 하늘과 땅의 매개자이자 만물 질서의 근원으로서 천자 곧, 황제의 위상을 연출하는 장소였다. 한양도성의 경우 원구, 즉 환구단圜丘壇은 1457년(세조 3)에 설치되었다가 1464년에 환구단 제사가 중단되었다. 1897년 조선이 대한제국으로 국호를 바꾸고 고종이 황제로 즉위하면서 환구단이 다시 설치되었다. 천하 지배를 위한 의례적 시설물로서 환구단이 한양도성의 구조 속에 반영되기도 했었던 것이다.

반면 중국도성의 계획 원리 하나인 《역경》 사상의 경우 그와 관련된 대표적 중국도성은 수·당 장안성이다. 수·당 장안성의 지형은 여섯 구릉으로 되어 있

대한제국기의 환구단

는데 이것은 건괘乾卦의 효爻(역의 괘를 구성하는 것) 형태를 고려하여 선정된 것이다. 또한 궁전, 중앙 관서, 일반 거주지 등의 위치는 건괘의 효의 의미를 따라서 정해졌다. 그런데 한양도성과 《역경》 사상의 직접적인 관련에 대해서는 찾기가 쉽지 않다. 한양도성의 지형과 관련해서 남경 설화와 무학대사 설화, 계룡산 천도 논의, 한양 도읍 결정 과정 등을 보면 풍수사상이 중시되었다는 것을 알 수 있다. 풍수사상은 중국도성의 건설 계획이나 건설 과정에서 보이지 않아, 풍수사상이 도성 건설에 반영된 것은 한양도성만의 특징이라고 할 것이다.

02+

천년의 수도 하 노이

하 노이는 용이 승천한 곳이다
하 노이는 동서양의 문화가 공존하는 곳이다
하 노이는 전통과 현재가 공존하는 곳이다

천년의 수도 하 노이

제2강

천년의 수도 하 노이

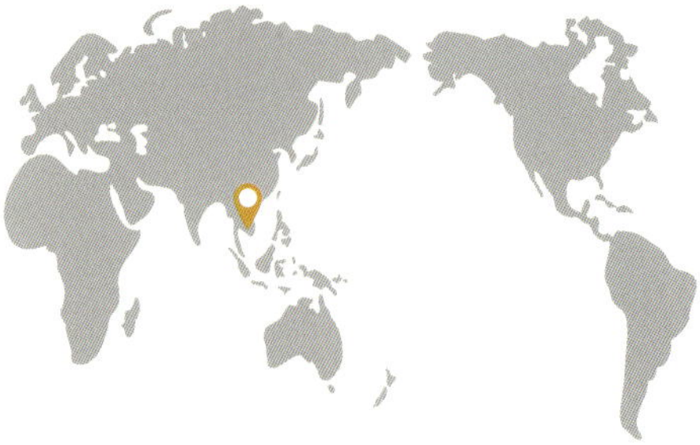

송정남
한국외국어대학교 베트남어과 교수

하 노이는 용이 승천한 곳이다

하 노이Hà Nội는 베트남의 수도이다. 하 노이는 하이 퐁·다낭·호찌밍·껀터와 함께 베트남의 5개 중앙직할시 중 하나이다. 이 중 하 노이·다낭·호찌밍은 우리 한국인에게 매우 익숙한 도시들이다. 이는 역사, 문화, 사회 등에서 우리와 비슷한 베트남이 현대사에서 우리처럼 남북으로 분단되었던 시기에 베트남전쟁(1964~1975)의 특수를 누리기 위하여 많은 한국인이 파견되었던 나라였기 때문이다. 당시에 한국의 신문이나 방송들은 하루에도 수십 번씩 베트남전쟁 상황을 알려주었다.

여기서 한 가지 짚고 넘어갈 것은 호찌밍Hồ Chí Minh, 胡志明의 지명과 이의 한자 표기이다. 베트남 남부에 있는 호찌밍시는 과거에는 싸이 곤시라 불렀다. 싸이 곤은 1975년 북남 통일 이전까지 남베트남(베트남공화국)의 수도였다. 통일 이듬해에 베트남 국회에서 국호와 수도를 결정할 때 싸이 곤을 자신들의 국부國父의 성

하 노이의 거리풍경

명을 빌려 호찌밍시로 개명하였다. 따라서 남베트남인이나 베트남전쟁 세대인 우리 한국인들은 지금도 '호찌밍'시보다는 '싸이 곤'시라는 지명에 익숙하다.

17세기에 서구의 선교사들에 의하여 라틴어 로마자 표기의 베트남어가 만들어지기까지 문자가 없었던 베트남은 우리처럼 중국의 한자를 빌려 썼다. 명사의 대부분은 중국의 한자를 그대로 독음하여 썼다. 베트남어 명사의 80%가 중국의 명사와 뜻이 같은 것도 이 때문이다. 우리도 예외는 아니다. 순수 베트남어 표기 이외의 베트남의 성명과 지명은 모두 중국의 한자 표기가 가능하다. 한국, 베트남, 중국인의 다수 성명과 지명이 한자의 표기, 구조, 뜻 등에서 같은 이유가 이 때문이다. 예컨대, 베트남의 수도 하 노이의 한자 표기인 '하내河內'가 중국의 한 지명과 같은 것도 바로 이 때문이다. 3국에서 이름, 심지어 성까지 같은 사람이 많은 것 또한 그렇다. 특별한 경우를 제외하고는 혈통과 전혀 상관없이 성씨를 정할 때 의미어인 한자를 차자借字했기 때문이다. 우리는 이를 '중국 문명권' 혹은 '중국 문화권'이라 한다.

동남아시아의 대륙부 동쪽에 있는 베트남은 북쪽으로는 중국과 국경을 마주하고, 서쪽으로는 쯔엉 썬 산맥을 경계로 라오스·캄보디아와 접하며, 동쪽 및 남서쪽으로는 동해와 타일랜드 만에 연沿하고 있다. 베트남의 영토 면적은 33만 1,211.6km²로 우리 한반도의 1.45배 크기이며, 인구는 9,700만 명(2019) 이상이고, 인구밀도는 341명/km²에 이른다. 베트남은 국토가 S자 형태의 북남으로 길게 뻗쳐 있는 것 때문에 보통 북부와 남부의 2개 지역 혹은 하 노이를 중심으로 한 북부, 다낭을 중심으로 한 중부, 호찌밍을 중심으로 한 남부의 3개 지역으로 나눈다.

하 노이는 천년의 역사를 자랑한다. 베트남 정부는 '탕롱昇龍 - 하 노이 1,000년 대례'라는 이름으로 2010년 10월 1일부터 10일까지 천년 기념식을 가졌다. 천년은 닝빙성의 화르에서 다이 라로 천도했던 1010년부터이다.

베트남은 우리처럼 역사가 장구하다. 그 역사 속에서 국호를 비롯하여 지역의 명칭이 여러 차례 바뀐 경우가 많다. 하 노이의 명칭 또한 그렇다. 지금의 명칭을 갖기 이전 하 노이는 시간에 따라 롱 비엔(혹은 롱 우옌)으로부터 시작하여 똥 빙·라·다이 라·롱도의 형태로 불렸다. 이중 롱도는 탕롱, 즉 하 노이의 성황城隍을 지칭한다. 이곳은 중국의 병합시대(B.C. 179~938)부터 한의 주도州都로 시작하여 줄곧 정치의 중심지였다.

하 노이가 베트남의 수도가 되기는 대월大越의 리李 왕조부터였다. 베트남 왕조사에서 최초로 장기 왕조를 세웠던 리꽁 원은 이전 왕조들의 수도 화르에서 하 노이로 천도하였다. 이전의 왕조들이 수도를 화르로 정했던 것은 출생 지역민의 지지와 중국의 침략을 의식한 정치·안보 차원이었다. 그러나 정치·사회에서 영향력이 큰 불교계가 주축이 되어 이전 왕조를 무너뜨리고 제위에 오른 리꽁원은 왕조를 세운 이듬해에 다이 라로 천도하였다. 화르는 그의 고향이 아니었기 때문이다. 그렇다고 그는 딱히 하 노이 사람도 아니다. 하지만 그의 출생지 박닝성의 초산사焦山寺가 하 노이에서 18km 밖에 떨어져 있지 않았기에 그를 하 노이인이라

년도	베트남
기원전	반랑(B.C. 2879~B.C. 258) 어우락(B.C. 257~B.C. 179)
0 100 200 300 400 500 600 700 800	중국 병합시대 (B.C. 179~938)
900 1000	응오 왕조(939~968) 딩 왕조(968~980) 전레 왕조(980~1009)
1100	리 왕조(1009~1225)
1200 1300	쩐 왕조(1225~1400)
1400 1500 1600	호 왕조(1400~1406) 중국 병합시대(1406~1428) 후레 왕조 (1428~1527, 1533~1788)
1700	떠이 썬 왕조(1788~1802)
1800 1900 2000	응우옌 왕조(1802~1945) 프랑스 식민시대(1884~1945) 북남통일(1975) 개방·개혁정책(1987~)

베트남 연혁

해도 무방하다.

예나 지금이나 나라가 잘되고 못되고 혹은 가정이 잘되고 못되고 혹은 개인이 잘되고 못되고를 우물·집터·묘터 등으로 돌리는 게 풍수지리에 목매는 한국·베트남·중국이 아니던가. 따라서 이전 왕조를 무너뜨리고 새로운 왕조를 열게 된 자라면 천도 시 백성이 수긍할 만한 논리를 내세워야 하지 않았겠는가. 즉, 우매한 백성을 속여야 했다.

베트남과 한국의 수도가 모두 풍수지리설에 근거하여 배산임수의 형태를 취했지만, 하 노이는 광활한 평지 위에 세워졌기 때문에 임수의 형태만 갖췄다. 그러나 하 노이를 감싸고 있는 홍강紅江은 또한 해자의 기능이 있기에 외부의 적을 저지할 수 있는 군사적 기능도 갖췄다. 오늘날 서울의 많은 산은 시민의 체육생활을 위해 크게 기여하고 있다. 서울의 산은 필자의 학과 베트남 교수들이 부러워하는 것 중 하나이다. 거꾸로 하 노이가 아쉬운 점은 주변에 산이 없다는 것과 운동장을 갖춘 학교가 없다는 것, 인도가 적다는 것이다. 인도가 있더라도 오토바이나 자전거나 상인이 점령했기에 보행은 마치 지뢰를 피하는 형국이다.

하 노이 천도와 관련하여 《대월사기전서》는 "어느 날 황룡이 승천하는 광경을 보고 다이 라성을 탕롱성으로 개명하였다."의 형태로 언급하였다. 그의 탕롱성 천도는 복합적인 의미가 있다. 첫째, 화르로 천도하여 단명했던 딩 왕조와 전레前黎 왕조(베트남 역사에 레왕조가 두 번 존재했기에 전레·후레로 구별)의 전철을 피하기 위해서였다. 여기에는 '탕롱'이라는 명칭에서 짐작할 수 있듯이 탕롱성의 지세가 '용반호거龍蟠虎踞'라는 풍수지리설에 기반을 두었다. 둘째, 화르가 군사면에서는 중국의 남진을 쉽게 방어하는 데 적격이지만 경제면에서는 평야가 협소하여 수도로서 적합하지 않았기 때문이다. 셋째, 화르는 한 지역에 치우쳐 있었기 때문에 동서남북을 잇는 교통의 중심지가 될 수 없었다. 넷째, 화르가 지리적으로 한 곳에 치우친 까닭에 총체적으로 민의 화합을 꾀할 수 없었기 때문이다. 이에 반해 탕롱성은 평야가 광활하고 동서남북을 잇는 교통의 중심지에 위치함으로써

탕롱황성의 성루

경제 문제의 해결은 물론 정치적 · 경제적 · 사회적 · 문화적으로 민의 대화합을 이룰 수 있는 이점을 갖고 있으며, 나아가 이를 기반으로 중국의 남진에 능히 저항할 수 있는 범국가적 역량을 갖출 수 있었다. 다섯째, 이전의 군주들이 그랬듯이 자신의 고향 박닝성과 가까운 탕롱을 정치적 기반으로 삼고자 함이었다.

탕롱은 민족기원설화에 처음 나타났던 용이 중국의 지배 약 1,000년간 잠복해 있다가 자신들을 돕기 위해 모습을 드러낸 것을 의미한다. 이는 무엇보다 리 왕조의 왕권이 자신들의 선조인 락롱꿘이 장자에게 주었던 것과 같은 성격을 가지며, 이 왕권에 신성성 · 정통성 · 절대성 · 합법성 등을 부여하기 위함이었다. 이를 근거로 이때부터 왕과 관련된 것들에 대하여 용안容顔 · 용체龍體 · 용안龍眼 · 용포龍袞 · 용정龍庭 · 용상龍床 · 용가龍駕 등의 용어가 사용되기 시작했다.

탕롱은 하 노이로 부르기 전까지 동도東都 · 동 꾸안東關 · 동낑東京 · 쭝도부中都府 · 깨쩌首都 · 박 타잉北城 등으로도 불리었다. 이 중 동도는 호胡 왕조가 1400년에 타잉 화로 옮긴 수도가 떠이 도西都로 불리면서 대칭으로 불린 이름이다. 동 꾸안은 중국의 명이 1406년부터 1428년까지 베트남을 다시 병합하면서 부른 명칭이다. 병합으로 나라가 사라졌기에 수도 역시 사라졌다. 당시에 명은 베트남을 1차 중국 병합시기에 부른 것과 같이 자신들의 지방 행정구역 중 하나였던 교지交趾라 불렀다. 동낑과 쭝도부는 1430년과 1466년부터 사용되었다. 동낑의 경우는 후레後黎 왕조를 세웠던 레 러이가 중국의 명으로부터 독립을 얻기 위하여 처음 봉기를 일으켰던 지역 람썬藍山에 경성 탕롱 외에 람낑藍京이란 또 다른 경성을 세움으로써 대칭의 형태로 부르게 되었다. 즉 탕롱이 동쪽에 있다고 하여 동경, 람경이 서쪽에 있다고 하여 서경이라 불렀다. 그리고 쭝도부는 최고 행정구역을 1개의 부府와 12개의 도道로 개편하면서 세워졌다. 깨쩌는 지리상의 발견 이후 16세기부터 통상과 복음을 위하여 베트남에 진출했던 서구인들이 불렀던 명칭이다. 당시 베트남은 북남으로 나뉘어 분쟁했던 시대로 수도 탕롱은 북부에서 대외통상이 가장 번성했던 곳이었다. 나중에 언급하겠지만, 탕롱에는 조선의 수도 한양의 육의전 형태와 같은 상가商街가 있었다. 현재 서울에는 육의전이 사라졌지만, 베트남 하 노이에는 당시의 상가가 36방坊의 형태로 여전히 존재하여 많은 외국인을 끌어들이는 관광명소로 자리하고 있다. '시장 사람'이라는 의미의 깨쩌는 이 같은 상황을 언급하는 차원에서 작명됐다고 본다. 일부 베트남 학자 중에는 깨쩌가 천박한 이름으로 쓰였을 가능성을 제기한다. 즉 중국의 문화 영향, 그중에서도 우리처럼 유학의 영향을 깊이 받았기에 사농공상士農工商의 사회에서 그것도 자신들이 경멸하는 서양인들과 장사를 하는 사람이란 의미로 썼다는 것이다. 당시에 베트남에서 오랫동안 복음 사역을 하였던 알렉산드로 드 로드 신부에 의하면 탕롱의 인구는 약 100만 명이었다고 하였다. 박

타잉, 즉 북성은 떠이 썬西山 왕조가 세워지고 응에 안乂安에 도성 봉황중도鳳凰中都를 세우면서 대칭으로 쓰였다.

지금의 '하 노이'란 명칭이 생기게 된 것은 베트남의 마지막 왕조 때인 1831년이다. 응우옌阮 왕조는 중국 청의 지방 행정구역 단위를 모방하여 전국을 하 노이 성이 포함된 29개 성省으로 나눴다. 지금까지 여러 왕조의 수도였던 탕롱의 명칭은 이때부터 하 노이 성에 포함되면서 역사 속으로 사라졌다.

응우옌 왕조는 베트남의 마지막 왕조이다. 이 왕조는 떠이 썬 왕조를 멸하고 수도를 오늘날 베트남 영토의 중심에 해당하는 트어 티엔-훼로 정했다. 이곳 중부에 수도를 세웠던 인물들 역시 이전의 왕조를 열었던 자들처럼 자신들의 정치적 기반을 고향에 두었기 때문이다. 이들은 본래 베트남의 가장 전통성을 띠고 있는 남북부 접경지역(정확히는 북중부 연해)인 타잉 화 주민이었다 할지라도 정치적 이유로 중부의 중앙으로 내려와 수백 년을 살았기에 이곳을 정치적 기반으로 삼을 수밖에 없었다. 이곳은 지리적으로는 지금의 베트남 영토의 중앙에 위치하여 균형을 추구하거나 안보에 위협이 되는 중국을 다소 멀리할 수는 있었으나 경제적으로는 전혀 역할을 못 했다. 그 결과 프랑스의 침략 시 경제적 생명줄인 남부의 상실은 왕조의 멸망을 재촉했을 뿐 아니라 북부인의 적극적 지원마저 멀게 했다. 따라서 트어 티엔-훼가 과거 수도였던 이점에도 불구하고 중앙직할시의 지위 획득에서 바로 인접한 다낭에 밀리게 된 것도 전력과 무관하지 않겠다.

탕롱이 수도라는 명칭을 되찾은 것은 제2차 세계대전이 연합국의 승리로 끝나면서 호찌밍이 1945년 9월 2일 독립을 선언하고 베트남민주공화국이 세워지면서부터이다. 그러나 '탕롱'이라는 명칭이 아니라 1831년 작명되있던 '하 노이'였다. 당시의 북부인들은 1831년에 지어진 하 노이란 명칭을 114년 동안 사용하면서 과거이 명칭 탕롱보다 너 익숙했을 것이다. 아니 베트남공산당의 유물론에 기반한 실증사학이 작동하지 않았을까? 용이 올라갔다는 허구보다는 물속이라는 사실이 좋았다는 뜻이다.

1946년부터 1975년까지 베트남은 두 개의 수도를 갖게 되었다. 베트남을 재식민지화했던 프랑스가 호찌밍의 베트남민주공화국을 부정하면서 세운 남기자치공화국南圻自治共和國의 수도가 싸이 곤에 세워졌기 때문이다. 남기자치공화국 이후에 세워진 베트남국가(1949~1955)와 베트남공화국(1955~1975)의 수도 역시 싸이 곤이었다. 1975년 4월 30일 베트남을 통일한 베트남민주공화국은 이듬해 총선을 통해 국호와 수도를 각각 베트남사회주의공화국과 하 노이로 결정하였다.

2019년 현재 인구 약 805만 3,663명, 면적 3,358km^2, 인구밀도 2,398명/km^2의 하 노이는 베트남의 역사·문화·정치·행정의 중심지이다. 하 노이가 이 같은 특징을 가질 수 있었던 것은 중국의 운남성에서 시작하여 베트남을 관통하는

길이(베트남 내에서 길이는 475km) 1,200km에 달하는 홍강이 있기 때문이다. 게다가 홍강이 만들어 놓은 비옥하고 광활한 평야도 있었기 때문이다. 홍강은 예로부터 범람이 잦아 수많은 인명과 재산 피해를 일으켰지만, 대신 1만 5,000km²에 달하는 넓은 삼각주 평야의 형성과 여기에 아열대성 기후로 연 2회의 벼농사 외에 간작間作을 가능케 함으로써 일찍부터 베트남 문명의 중심지가 될 수 있었다.

베트남 역사를 일명 '제방을 쌓는 역사'라고도 하는데, 여름에 잦았던 홍강의 범람은 베트남 역사의 특징인 투쟁사에서 유감없이 발휘되었던 집단공동체성을 낳고 키우는 중요한 역할을 하였다. 이같이 잦은 범람과 제방 구축으로 인하여 홍강의 지면은 육지보다 높은 실정이다. 홍강 지역은 베트남의 벼농사 곡창지대를 제공하지만, 인구의 과밀현상을 낳기도 한다. 남부의 끄우 롱강은 지대

싸이 곤 대통령궁으로 사용되었던 통일궁

가 낮아 제방이 없다.

수도 하 노이는 2019년 현재 12개의 군郡·17개의 현縣·1개의 시사市社·383개의 사社·175개의 방坊·21개의 시진市鎭으로 구성되어 있다. 베트남의 행정구역은 3개의 급으로 나누는데, 1급은 성과 중앙직할시, 2급은 현, 3급은 사와 방 그리고 시진이다. 이 중 2급은 현 외에도 군, 성직할시, 시사로 구성되어 있다. 하 노이에는 노이 바이 국제공항이 있다. 하 노이의 개인소득은 5,200달러이다. 1987년 개방 시 개인소득 60달러였던 점을 생각하면 실로 놀라운 발전이다.

하 노이는 일대에 호수가 많은 것 때문에 '호수의 도시'라고 불린다. 특히 하 노이의 서호西湖는 자연 호수로 중국의 인공호수인 서호보다 더 넓다. 이러한 하 노이는 붉은 비단에 휘감긴 한 폭의 그림으로 표현되기도 하는데, 이는 홍강이 마치 바람에 나부끼는 비단의 형태로 수도를 감싸면서 굽이굽이 흐르고 있기 때문이다. 이 같은 특징 때문에 하 노이의 한자 표기는 물속이라는 의미의 '하내河內'가 된다. 강물이 붉다는 것에 근거하여 프랑스 식민지 시대부터 붉은 강으로 불리게 된 홍강은 로·푸 르엉·까이·니·니강 등 실로 다양한 이름으로도 불린다.

하 노이는 동서양의 문화가 공존하는 곳이다

동서양을 잘 아는 외국인이 하 노이를 방문하게 된다면 이곳은 동서양의 문화가 혼재된 곳이라고 느끼게 될 것이다. 특히 프랑스에 약 100여 년(1862~1954) 동안 할양되었던 호찌밍의 경우는 프랑스가 설계하고 건설한 도시였기 때문에 흡사 프랑스 한 도시의 축소판이라 해도 과언이 아니다. 현재 베트남의 5개 중앙직할시 중 하 노이·하이 퐁·다낭도 1888년부터 프랑스에 할양되었기에 호찌밍과는 큰 차이가 없다. 프랑스인들이 베트남을 조상들의 영혼이 묻힌 곳이라

말하는 것도 이 때문일 것이다.

지리적으로 육지와 바다가 접촉하는 반도 국가, 그것도 가까이에 4대 문명의 발생지인 중국과 인도 사이에 놓인 베트남은 일찍부터 발달한 이들의 문명과 문화가 전해졌다. 4대 문명 중에서도 중국은 1,400km를 사이에 두고 베트남과 국경을 접하였고 게다가 바다로 연결되었기 때문에 고대사에서 현대사에 이르기까지 베트남의 문명과 문화에 지대한 영향을 미쳤다. 특히 고대사에서의 1117년에 이어 중대사에서 22년(1406~1428) 동안의 중국 병합과 나머지 독립 시대였다 할지라도 1885년까지 유지되었던 사대관계는 베트남의 문명과 문화가 중국적인 색채를 띠게 하는 데 충분했다.

베트남에 전파된 인도의 대표적 문화는 종교인 불교와 힌두교 등이다. 인도인들은 통상과 전도를 목적으로 바닷길을 통해 일찍부터 베트남에 왔다. 아시아의 국가들과 마찬가지로 인도의 종교 중 베트남에 크게 영향을 미친 종교는 불교이다. 1428년에 세워진 베트남의 후레 왕조가 유교를 국교로 삼기 전까지 중국으로부터 독립한 베트남 왕조들은 불교를 국교로 삼았다. 불교가 국교였던 왕조에서 승려들이 당대 최고의 지식인으로서 정치와 사회에서 권력과 부와 명예를 누렸다. 승려들은 조정의 승직을 가지고 황제의 고문으로서 정치, 외교 분야에서 역할을 하였기 때문이다. 이 중 외교와 관련하여 당시는 조정의 관리, 심지어 문관이었다 할지라도 소수만이 한자를 아는 형편이었기에 중국과의 대외관계에서 승려의 도움은 절실했다.

새로운 왕조를 세우고 하 노이로 천도했던 리 왕조는 베트남 역사에서 불교가 가장 발전했던 왕조이다. 리 왕조의 불교 발전은 왕조를 열었던 리꽁윈의 출생과 성장 그리고 즉위 과정에서 불교계와 깊은 관련이 있다. 이는 미혼의 모친이 마을의 사찰에 놀러 갔다가 신선과 관계한 이후에 임신하여 아들을 낳았다는 내용과 승려가 아이를 양자로 삼고 성명을 리꽁윈이라 했다는 내용 그리고 승려들의 도움에 힘입어 즉위했다는 내용 등에서 유추할 수 있다.

그러나 수백 년 동안 국가의 관심과 보호와 지원을 받으면서 발전한 불교는 양적 성장에 치우치면서 종교 본연의 자세에서 멀어졌다. 1198년 태부 담디몽이 까오 똥高宗에게 올린 상소문의 "작금의 승려는 부역을 담당하는 민의 수에 이르렀습니다. 이들은 무리를 이루어 고리대금업을 일삼을 뿐만 아니라 승려로서 상상할 수 없는 음주와 음행을 도처에서 자행하고 있습니다."라는 내용은 이를 잘 지적한다.

불교의 양적 성장은 쩐陳 왕조에도 계속되었다. 쩐 왕조는 몽골의 3차례 침략을 막아내 베트남의 자존을 드높인 왕조로 유명하다. 그러나 쩐 왕조부터는 유학을 통한 중앙집권제가 전보다 가시화되면서 타락한 불교를 성토하는 목소리가 더욱 높아졌다. 이어 불교를 정치에서 몰아낸 왕조가 나타났다. 베트남 역사에서 가장 오랫동안 존재했던 후레 왕조였다.

베트남은 유교를 국교로 삼는 형태로 유교를 숭상했을지라도 조선처럼 불교를 철저히 배척했던 억불정책을 시행하지 않았다. 하여 한국의 산중불교山中佛敎와 같은 현상은 나타나지 않았다. 따라서 베트남의 사찰은 지금도 촌중불교村中佛敎의 형태로 마을마다 두서너 개씩 존재하면서 마을민의 신앙생활을 지배하고 있다. 오늘날 한국의 서울에서 사찰을 찾기 어려운 것과는 다른 점이다.

하 노이는 세계에서 불교, 그것도 대승불교의 사찰이 가장 많은 수도이다. 이는 예부터 지금까지 도시든 농촌이든, 불자든 아니든 사찰을 들려 향을 피우고 기원하는 것이 삶의 일부였기 때문이다. 나아가 석가모니를 다양한 신앙의 한 대상으로 보고 그 외의 신들을 다다익선의 차원으로 해석하려는 베트남인의 관점 때문이다. 세계의 모든 종교가 공존하면서도 역사에 종교 전쟁이 없었던 사실이 이해된다.

일찍이 인도를 통해 들어왔던 불교는 중국에서 유입된 유교나 도교와 같이 처음에 귀족을 중심으로 발전하였다. 그러나 많은 세월을 거치면서 불교는 민중 속에서도 왕성하게 발전하였다. 인도의 브라만교처럼 베트남의 불교 역시 도교나 민간신앙과 혼합하는 형태로 발전하였다. 일종의 토착화, 즉 베트남화였다. 그 결과 사찰에는 불상 외에 성인聖人이 된 역사의 인물들도 숭배의 대상이 되었다. 자신들의 국부 호찌밍도 신이 되어 사찰 등에 있다. 따라서 사찰을 방문한 대부분의 베트남인은 종교에 상관없이 불상을 포함한 사찰의 각종 신상神像에 자연스럽게 기원한다. 외국인이 '대부분의 베트남인은 불교도다.'라고 착각하는 것도 이를 간과했기 때문이다.

흥미로운 것은 불교가 가장 발전했던 베트남 리 왕조가 우리의 역사와도 관련이 있다는 점이다. 리 왕조가 망하던 때에 리 왕조의 황족 중 한 사람 리롱 뜨엉李龍祥이 화를 면하려 뱃길로 망명길에 올랐다가 고려의 강화도에 표착했다. 고려의 몽골항전에 공을 세운바 있던 그에게 고려의 고종은 화산이씨花山李氏라는 성을 사성賜姓했다. 따라서 현재 남북한에 거주하는 화산이씨는 그의 후손이 된다. 이 같은 우리와의 연관성과 하 노이와 바로 인접한 접근성 때문에 박닝성의 리왕조 사당은 한국인들이 많이 찾는 곳이다.

동남아시아의 국가들이 그랬던 것처럼 베트남에 처음 유입된 불교는 상좌부 불교였다. 중국의 삼국시대 때 오나라의 군주 손권이 불교에 귀의한 것도 당시 교주交州라고 했던 베트남을 통해서였다. 베트남은 중국의 많은 고승이 구도 혹은 경전 구입을 위하여 뱃길을 따라 인도 순례를 나서면 반드시 거쳐야 했던 지점에 있었기 때문에 중국 불교의 전파와 발전이 자연스럽게 진척될 수 있었다. 그 결과 베트남의 하 노이와 바로 인접한 박닝성의 루이 러우는 중국의 낙양·팽성과 함께 당시 중국 불교의 3대 성지 중 하나였다.

지정학적 위치 등을 내세워 베트남의 불교는 중국보다 먼저 유입되었다는 주장이 있을지라도 고대사에서 일찍부터 오랫동안 중국에 병합되었기 때문에 베트남은 중국 불교의 영향을 받게 되었다. 중국의 불교는 육로를 거쳐 유입된 인도의 대승불교였다. 하여 하 노이를 중심한 베트남 북부는 우리처럼 대승불교가 되었으며, 중국을 거쳐 유입 발전되었던 것 때문에 '중국 불교'라고 말해진다.

베트남 불교에 대한 중국 불교의 영향은 중국 고승들의 가르침과 더불어 불경의 한자화에도 있다.

오늘날 베트남의 상좌부불교는 상좌부불교 국가였던 캄보디아의 남부 영토 병합에 있다. 이뿐 아니라 베트남에 힌두교인과 이슬람교인이 존재한 것은 힌두교인과 이슬람교인이 많았던 베트남 중부지역의 점성占城국을 병합하면서이다. 오늘날 베트남 중부 꾸앙 남 성의 미썬성지는 힌두교의 사원이 집중된 곳으로 유네스코의 세계유산으로 지정되었다. 나중에 언급하겠지만 하 노이에도 세계유산이 있다.

하 노이의 호찌밍 주석 묘소 뒤편에 세워진 일주사(혹은 연화대)는 힌두교 영향을 엿볼 수 있는 사찰이다. 왕의 장수를 기원하는 뜻에서 연우사延祐寺라고도 했던 일주사는 1049년에 세워진 베트남 불교 건축 문화의 대표로 꼽히고 있다. 사찰 내부에는 불교 불상이 아닌 힌두교 불상이 있다.

인도의 문화 중 오늘날까지 베트남을 포함한 동남아시아에 크게 영향을 미치고 있는 것은 씹는 담배의 하나인 구장 씹기다. 요즘은 도시의 노인들 속에서나 볼 수 있지만, 농촌에서는 지금도 상당수가 구장을 씹고 있다. 그렇지만 농촌에도 젊은 사람들은 구장을 씹지 않는다. 그러나 도농 할 것 없이 구장은 베트남 결혼에서 빠져서 안 되는 혼물婚物이다. 농촌의 결혼식에서는 구장-빈랑이 차나 담배처럼 손님 앞에 차려지고, 신랑과 신부는 첫날밤에 영원히 함께하자는 의미에서 구장-빈랑을 나눠 씹는다. 하 노이의 골목을 지나다 보게 되는 담장 혹은 나무를 타고 자라는 구장과 곧게 자라는 빈랑나무가 있는 집은 구장 씹는 어른이 있다는 알림이다.

베트남이 동남아시아의 국가들과는 달리 인도의 문화 영향을 적게 받은 것은 중국의 영향 때문이다. 일찍부터 중국에 병합되었던 익숙한 베트남은 독립 후에도 발달한 중국의 문명과 문화에 코드를 맞춰야 했다. 예컨대, 동남아시아인들의 불교와 전통의상이 상좌부불교와 사롱Sarong임에도 베트남만 예외인 점이 그

중국식 요우티아오와 베트남 퍼

렇다. 베트남인의 의상은 중국의 병합 이후 관리를 비롯한 일반인의 의복이 중국의 복식을 따랐다. 베트남인의 전통의상 아오 자이는 중국의 치파오旗袍를 약간 변형한 것에 불과하다. 베트남 음식의 대명사처럼 여겨지는 퍼phở 또한 베트남만의 것이라 할 수 없다. 퍼는 베트남 북부를 포함하여 벼농사를 주업으로 하는 중국 양자강 이남지역의 보편적 음식이기 때문이다. 차이는 지역마다 소스 등에서 약간씩 다를 뿐이다. 지리적·정치적 요인 때문에 베트남은 중국의 영향을 오랫동안 지속적으로 많이 받았다. 그래서 베트남은 지리적으로 동남아시아에 속할지라도 문화적으로는 우리처럼 동북아시아의 중국 문화권에 속한다.

베트남의 역사는 투쟁과 침략의 역사로 점철되었다. 베트남의 영토나 다종족·다문화는 침략사의 산물이다. 베트남Vietnam이란 영어식 국호에도 투쟁사적 의미가 함축되어 있다. 국호의 베트남어 표기 비엣 남Việt Nam, 越南은 남쪽의 월족이 세운 국가라는 의미다. 즉 역사에서 양자강 이남의 다른 월족(다수 월족의 의미로 백월족)은 중국의 한족에 동화됐지만, 남부 거주 월족은 중국과 지난한 투쟁을 하면서 독립된 국가를 유지하고 있다는 뜻이다. 월족은 베트남의 54개 종족 중 인구의 90% 정도를 점하는 다수 종족이다. 이 같은 역사 속에서 하 노이는 항상 베트남의 중심이면서 자존이었다.

중국의 남월은 베트남을 병합하고 베트남 영토에 교지군交趾郡과 구진군九眞郡 2개를 두었다. 이로써 베트남에는 일찍부터 중국의 군현제郡縣制가 시작되었다. 중국의 한은 B.C. 111년 남월을 병합하고 이곳에 9개 군을 두었다. 전한前漢은 해남도에 속한 2개의 군 외에 육지에 7개의 군을 중심으로 13개 주 중의 1개 주인 교지를 두었다. 전한은 교지의 행정소재지를 지금의 수도 하 노이에 속한 메링에 두었다. 홍강 삼각주의 중심이면서 중국과 베트남을 잇는 교통의 요지이기도 했던 하 노이는 지배자들의 주목을 받기 시작했다.

이때부터 장기간 병합과 대외관계를 통해 베트남은 지금까지 동남아시아적 문화 요소와 인도적인 문화 위에 중국적인 요소가 더해지게 되었다. 그러나 이미 언급했듯이 베트남의 인도적인 것은 불교를 포함한 일부에 불과했다. 반면 중국적인 것은 엄청난 시간과 정치적인 요인 때문에 미친 영향이 넓고 깊었다. 위에서 기술한 군현제는 이후 독립 베트남의 지방 행정구역에 영향을 미쳤다. 한 예로 현재 행정구역 단위 성·현·사를 들 수 있다. 이 중 약간의 차이는 사급社級에서 중국은 촌村 단위를 사용했지만 베트남은 촌을 사의 하위 단위로 쓸 뿐이다.

베트남의 중국문화에서 가장 일상적인 것이라면 의식주다. 중국의 병합 이래로 의복은 사롱 대신에 남녀가 바지를 착용하였고, 음식은 볶음이 주를 이루었으며, 주거는 주상가옥에서 지면가옥으로 바뀌었다. 이 중 주거에서 중앙의 칸에는 4대까지의 조상을 제사하는 제단(반터)이 자리했다. 반터는 관공서에도 있다. 이 때문에 베트남인의 집은 조상이 함께하는 곳이기도 하다. 베트남은 종교를 아편으로 규정하는 공산주의국가임에도 불구하고 제사가 가제家祭·동제洞祭·국제國祭의 형태로 존재한다. 베트남의 국제일은 공휴일이다. 베트남은 제사를 옹파도翁婆道라 한다. 도를 종교 의미로도 쓰는 까닭에 우리말 해석은 '조상제사종교'가 된다. 이처럼 제사가 종교가 되어버린 데는 말할 것도 없이 중국의 유교 영향 때문이다. 베트남인의 제사는 효와 예의 절대적 구현이다.

유교는 베트남의 중국문화 영향 중에서 으뜸이라 할 것이다. 1428년부터 1945년까지 500년 이상을 왕조의 국교이기도 했으니 정치·경제·사회·문화 모든 영역에서 유교의 영향은 실로 컸다. 유학의 경전은 과거시험을 준비하는 교과서만이 아니라 개인, 사회, 국가의 사고·행동의 강령이었다. 효와 더불어 유교가 지금까지 베트남인에게 크게 영향을 미치고 있는 것은 학교 교육이다. 1075년에 처음 실행하여 1919년에 폐지되기까지 베트남의 과거시험은 인생 역진의 제도로 인식되었다. 등과만 하면 부와 명예와 권력을 한꺼번에 거머쥘 수 있었기 때문이다. 오늘날 베트남 사회를 가방끈이 긴 사회로 만든 요인은 여기에서 출발했다. 베트남 정부가 '사회 재난'으로 규정한 사교육 열풍의 주범도 출발은 유교에 있다.

하 노이 문묘의 진사제명비

지금도 베트남 유교의 본산은 수도 하 노이에 있다. 공자를 비롯한 유학의 성현을 제사하고 경전 과목을 가르쳤던 문묘와 국자감이 있기 때문이다. 현재도 부교수와 교수의 직함 수여식은 이곳에서 거행된다. 이뿐 아니라 베트남은 학사와 박사의 명칭도 과거제도가 시행되던 때에 향시와 전시의 최종 장 합격자에게 칭했던 거인擧人과 진사進士라 한다. 가방끈이 긴 것을 강조하는 사회 때문에 혼인 상대를 고를 때도 학력은 강조된다. 하여 족보(베트남은 가보家譜로 부름)에는 과거제도 하의 조상 학력이 기재돼 있기에 우리처럼 '28대 할아버지가 진사에 등과한 예부상서禮部尙書였다.'는 형태로 가문을 드러낸다. 합격을 위한 입시생의 기원은 다양하다. 문묘-국자감에 있는 진사제명비進士題名碑의 기초석은 최고의 기원물이다. 수험생이나 부모는 기초석의 거북 머리를 만지면서 합격을 기원한다. 오랜 시간 수난을 겪은 탓에 거북이 머리가 너무 닳아 지금은 사람들의 접근이 금지됐다. 진사제명비에 조상의 이름이 새겨진 경우라면, 예비 신랑 신부에게 자신의 가문을 자랑할 수 있는 최고의 기회가 된다.

일상생활 중 중국문화의 베트남 영향에서 간과할 수 없는 또 다른 것은 혼상제, 절기, 명절이다. 이들의 의미뿐만 아니라 이들을 구성하는 세부 명칭에서도 중국과 같다. 차이가 있다면 십이지十二支 중 토끼띠 · 소띠 · 양띠가 고양이띠 · 물소띠 · 염소띠의 형태로 대체된 정도다. 이것도 베트남은 열대와 아열대기후로 토끼, 황소, 양이 많이 없기 때문이다. 한편 민족의 대이동으로 인해 늘 교통 지옥이었던 하 노이가 명절이면 한가로운 것과 설빔, 세뱃돈으로 아이들이 기뻐하는 것도 우리의 설날과 전혀 다를 바 없다.

지리상의 발견 이후 서구의 진출은 지금까지 동남아시아 · 인도 · 중국적인 것에 서구적인 것을 더했다. 서구인들은 통상과 복음 전파를 위해 베트남에 들어왔다. 16세기 초부터 19세기 중반까지 서구인들의 베트남 진출 영향은 베트남의 정치 불안, 시장 협소와 같은 요인으로 종교 영역 외에는 크지 않았다. 서구의 옷을 걸치고 유입된 기독교는 처음에 우리처럼 서학의 유형으로 빨리 전파되었지만, 전통 사회 문화와 충돌하는 양상을 보이면서 박해를 받게 되었다.

서구의 진출과 기독교 유입에서 간과할 수 없는 것이 베트남 문자의 창제이다. 언급했듯이 국어인 베트남 문자가 만들어지기까지 베트남은 한자를 썼다. 한자와 더불어 베트남은 문자의 독립 차원에서 쯔놈chữ Nôm · 字喃을 썼다. 이는 한자를 만드는 방법에 착안하여 한자를 이용해 만든 문자였다. 서구의 신부들은 어려우면서 소수만 사용하는 한자와 쯔놈 대신에 효과적 선교 차원에서 베트남 문자를 만들었다. 방법은 자신들이 쓰고 있는 라틴어를 이용한 베트남어이 표기였다. 앞에서 언급했던 프랑스인 신부 알렉산드로 드 로드는 베트남말의 라틴어 표기에 지대한 업적을 남겼다. 아이러니하게도 프랑스의 베트남 식민지 역사는 베트남어의 보급에도 기여가 되었다.

베트남의 근대사는 프랑스의 병합과 함께 시작되었다. 청불전쟁(1884~1885)의 패배 직후 양국 간 맺어진 천진조약으로 938년 이후 약 1,000년 동안 맺어진 중국과 베트남 간 맺어온 조공 책봉 관계는 끝이 났다. 그리고 시작된 프랑스의 장기 지배는 베트남의 동양적인 것에 서구적인 것을 더하는 형국이 되었다.

프랑스의 베트남 병합이 경제를 우선한 제국주의의 속성을 띠었기에 프랑스는 베트남의 인프라 구축과 착취에 심혈을 기울였다. 더불어 자신들의 문화생활을 위한 서양 예술 유입에도 힘썼다. 서구식 도로, 철로, 역, 공항, 항구, 통신시설, 관공서, 학교, 병원, 호텔, 플랜테이션 등이 세워졌다. 식민정책 중 프랑스는 자신들이 필요한 인력 양성 차원에서 베트남 교육에 힘썼다. 그 결과 베트남은 지금까지 중국의 동양 교육에서 프랑스의 서양 교육으로 바뀌었다. 과거제도도 이때 없어졌다. 게다가 베트남은 사회주의 국가였기에 소련의 교육까지 유입되어 학제라든가 교육내용에서 프랑스, 소련 심지어 남베트남의 경우 미국의 것까지 공존하였다.

식민지 기간이 길고 베트남 거주 프랑스인들이 적잖았기에 프랑스의 의식주 문화는 빠르게 뿌리를 내리기 시작했다. 서양의 신사 의복의 경우 모자, 양복, 와이셔츠, 구두가 상위 계층, 특히 지식인을 중심으로 유행했다. 하 노이 등의 도시에는 프랑스인과 부유한 계층의 베트남인을 대상으로 한 프랑스 음식점이 생겼다. 이때 서양 음식의 대명사인 우유, 치즈, 소세지, 빵, 커피 등이 들어왔다. 오늘날 외국인들이 한결같이 말하는 '베트남의 바게트와 내림 커피가 맛있다.'라고 말하는 것도 프랑스인의 전수물이기 때문이다. 휴양지로 유명한 하 노이의 바비Ba Vi가 오늘날 베트남 최대 젖소 사육지가 된 것도 그때부터이다. 고기와 우유를 위해 양도 당시에 이곳에 유입되었다. 하 노이 관광 중 맛있는 프랑스 음식을 먹고 싶거든 망설이지 말고 깔끔한 건물에 '레스토랑'이라고 쓰인 식당을 들어가시라.

하 노이는 전통과 현재가 공존하는 곳이다

베트남 공산당은 1930년부터 부정했던 자본주의를 1987년에 수용함으로써 짧은 기간에 경제적으로 엄청난 발전을 하였다. 필자가 학업을 위하여 1990년에 처음 방문했던 때부터 지금까지 지켜본 베트남은 표면상 경이로울 정도로 변했다. 개방 직후였기에 필자가 수학했던 하 노이의 경우는 호찌밍보다 훨씬 경직되어 대외개방의 분위기를 거의 느낄 수 없었다.

당시의 하 노이는 석회를 바른 건물들이 습한 기후 때문에 시커먼 곰팡이와 이끼가 가득 끼어 마치 수백 년 된 유적지와 같았다. 도로 위는 배급 시대에 받은 천으로 만든 탈색되고 헐렁하며 비슷한 색깔의 의복을 입고서 힘겹게 자전거 페달을 밟고 있는 사람들로 가득했다. 역, 식당, 상점, 공원 등 사람이 모이는 곳이면 구걸하는 사람들이 무리를 지었다. 일찍 찾아든 조용한 밤이면 반딧불이가 이곳저곳에서 어두운 하늘을 소박하게 비추는 전경을 연출했다.

필자가 입고 있던 의복이 현지인들과 조금 달랐던 것이나 필자의 피부가 다소 희었기에 처음 만나는 하 노이 사람들은 나를 '몽골인'이라 했다. 개중에 한둘은 나를 '일본인'이라 했다. 당시는 서로 수교를 맺지않아 하 노이 사람들조차도 한국을 몰랐다. 그렇다면 필자를 중국인으로 생각하지 않았겠는가 하겠지만, 그때는 같은 사회주의 국가였던 중국과도 수교가 단절된 상태였기에 중국인으로 생각하기는 더욱 불가능했다. 필자가 설명하면 '아! 남조선 사람'하고 했지만, '한국은 미수교국인데 어떻게 적국인 당신이 여기에 있지!' 하는 느낌으로 당황한 눈치였다. 베트남전쟁 시부터 이들은 북한이란 거울을 통해 우리를 남조선으로 알았다.

대외개방의 초기라서 정치 사회의 불안정, 지난 장기간의 철저한 감시와 통제, 혹독한 가난 때문에 하 노이 인들은 잔뜩 얼어붙어 있었다. 따라서 그동안 외국인 접촉이 쉽지 않았고 또 꺼려왔던 하 노이 사람인지라, 자본주의 국가이자 미수교국의 국민인 필자의 접촉을 더욱 꺼릴 수밖에. 지금이야 하 노이가 외곽지역을 확대하여 엄청나게 넓어졌지만, 당시의 하 노이는 자전거로 한 시간이면 관통할 수 있는 넓이였다. 답답하여 하 노이 외곽을 나가고 싶으면 반드시 소속 기관을 거쳐 정부의 허락을 받아야 했다. 언제, 무슨 목적으로, 누구의 인솔 하에, 어떤 차량으로 등과 같은 형태로의 복잡한 절차를 밟기가 싫어 2년 정도 좁은 하 노이를 운동 삼아 혹은 알기 위해 다니다 보니 눈 감고도 알 수 있는 경지가 되었다.

당시 하 노이는 10층이었던 탕롱 호텔이 가장 높은 건물이었다. 정전이 일상이었고 게다가 외국 손님도 없었기에 탕롱 호텔은 세월이 흘러 리모델링 전까지 엘리베이터가 작동했던 적이 없었다. 당시 하 노이에서 제일 좋은 호텔은 탕 러이勝利 호텔이었다. 중국 문화의 영향으로 호텔을 객잔이라 불렀던 탕 러이 호텔은 같은 사회주의 국가 중 베트남과 친했던 쿠바가 베트남전쟁 승리 기념 차원에서 지어줬다. 지금이야 3-4성 호텔로 전락했지만, 서호 가에 3층 수상가옥의 형태로 지어진 이곳은 하 노이 출장 외국인들이 가장 선호했던 곳이었다.

1945년에 독립했지만, 프랑스의 재진출로 인한 제1차 인도차이나 전쟁, 도미노 이론에 입각한 미국의 진출로 인한 제2차 인도차이나전쟁(일명 베트남전쟁), 베트남의 캄보디아 침략을 응징하기 위한 중국의 베트남 침략으로 인한 제3차 인도차이나전쟁 그리고 미국의 금수조치로 인한 베트남의 경제 참상은 200만 명의 선상난민을 유발했다. 오늘날 베트남이 전적지나 전쟁 혹은 군사박물관이 많은 요인은 여기에 있다. 하 노이 시내를 걷다 보면 여기저기에 전시된 비행기, 탱크, 포탄, 지뢰 등의 파편을 흔하게 볼 수 있는 것도 이 때문이다. 베트남전쟁 이후 전국에 산재했던 수많은 무기 잔해들이 외화벌이를 위해 고철로 다수 수출됐다고 하지만, 지금도 하 노이를 포함한 전국 곳곳에는 전승을 기념하는 형태로 전시되고 있다. 그 중 1956년부터 업무를 개시한 하 노이의 호찌밍 주석 묘소 부근에 있는 군사역사박물관은 역사 속, 특히 베트남전쟁의 자료들을 잘 전시하고 있다. 우리 대사관의 요청으로 지금은 치워졌지만, 필자의 하 노이 정착 시에는 한국군 포로 사진을 비롯하여 한국군에 의한 피해 자료들도 전시하였다.

개방 34년이 지난 하 노이의 면적은 엄청나게 늘어났다. 12개군 중 환 끼엠·바딩·동다·하이 바쯩 4개 군은 하 노이의 중심이다. 이 중 환 끼엠군은 전통시대부터 지금까지 문화와 상업의 중심지이다. 1981년부터 군으로 승격된 바딩은 호찌밍 주석 묘소, 국가 주석부(대통령 관저), 국회의사당, 다수 외국의 대사관이 운집한 정치의 중심지이다. 바딩군은 탕롱시대에 황성이 있었던 곳이다.

환 끼엠군은 환 끼엠호還劍湖라는 호수 이름을 빌려서 작명되었다. 끼엠 호劍湖로도 부르는 호수는 하 노이 중심부에 놓인 꽃바구니로도 불린다. 호수의 이름과 관련한 전설이 있다. '1428년 중국의 명을 물리치고 나라의 주권을 되찾은 다음 왕조를 세운 레 러이는 어느 날 호수로 뱃놀이를 갔다. 그는 갑자기 커다란 거북이를 보고 검을 뽑아 들며 병사들에게 거북이가 나타난 지점을 가리켰다. 거북이가 자신의 검을 물고서 호수 아래로 사라지자, 레 러이는 전에 신이 자신에게 검을 주었고 이제 적을 물리치고 평온을 되찾았으니 그 검을 거두어 가는 것으로 생각했다. 이때부터 이 호수는 환 끼엠 호로 부르게 되었다.'라는 내용이다.

호수 중앙에는 탑이 있다. 1884~1886년 기간에 낮은 육지에 지어진 4층의 서구형 건축이다. 거북이 탑(귀산탑龜山塔)이란 명칭으로 추론하건대, 이는 환 끼엠호의 전설과 연관된 작명으로 보인다. 현재도 호수에 사는 커다란 거북이 수면 위로 모습을 나타내는 날이면, 하 노이 시민들은 그날을 길일이라 생각한다.

환 끼엠호에는 사람들이 많이 찾는 옥산사당이 있다. 옥산사당은 19세기에 호숫가 한쪽에 지어졌다. 초기에는 사찰이었으나 후에 사당으로 바뀌었다. 현재 이곳에는 과시무장에서 핵심적 역할을 담당했던 문신 문창제군文昌帝君(민간과 도교에서 숭배받는 공명복록을 주관하는 신)과 13세기 몽골 격퇴에 공을 세운 쩐흥 다오(혹은 쩐 꾸옥) 장군의 신위가 모셔져 있다. 사당을 연결하는 테훅 다리는 사진

환 끼엠 호수

을 찍는 명소이다.

환 끼엠 호수 주변에는 하 노이 시민들의 스포츠, 사교, 쉼의 장이다. 덥고 습한 여름이 길고, 체육시설이 부족한 하 노이 시민들에게 환 끼엠 호수 주변은 운동을 할 수 있는 최상의 장소이다. 하 노이 외 다른 공터도 이와 비슷하게 활용된다. 그 중에서도 하 노이 사람들의 아침 운동 장소와 관련하여 가장 많은 인파가 모이는 곳은 하 노이에서 가장 큰 하이 바쯩 군의 통일공원이다. 아침 운동이 끝나면 환 끼엠 호수 주변은 더위를 피하고 쉼을 얻기 위해 모여든 은퇴자들로 채워진다. 주말과 주일 밤의 환 끼엠 호수 주변은 차량 통행이 금지되어 하 노이 시민, 특히 젊은이들이 다양한 놀이를 즐길 수 있는 장소로 바뀐다. 하 노이의 젊은이들이 평일에도 붐비는 곳이 또 있다. 바로 서호 주변이다. 이곳은 도심에서 떨어져 있어 스스로 교통편을 해결할 수 있는 젊은이들에게 주목을 받는다.

서호 주변은 오토바이 위에서 뜨거운 사랑으로 한밤의 여름을 식히려는 청춘남녀들로 발을 디딜 틈도 없다.

서호 주변는 베트남에서 현존하는 사찰 가운데 가장 오래된 541년에 세워진 진국사進國寺가 있다. 처음에 개국사開國寺란 이름으로 지어진 이 사찰은 지난 세월 속에서 이전과 몇 차례 중수 그리고 확대를 거쳐 오늘에 이르고 있다. 이 사찰에는 1959년 인도의 라젠드라 프라사드 대통령이 방월 시에 가져와 식수한 보리수나무와 1998년에 세운 연꽃 대형의 높이 15m, 11층의 붉은색 탑이 있다. 각 층에는 흰색의 대리석 불상이, 탑 정상은 9층의 연꽃 대가 있다.

한편, 하 노이에는 기둥 허니 위에 세워진 매우 녹특한 사찰이 있다. 이 때문에 '일주사'라고 부르는 이 사찰은 지름 1.25m의 원통형 석주 위 8개의 받침틀 위에 가로세로 각각 3m의 정사각형 형태로 지어졌다. 이 석주가 사각형 연못에 우뚝 세워진 것과 사찰이 그 석주 위 연꽃 위에 세워진 것 때문에 일주사는 흡사 연못 위에 피어있는 연꽃을 연상케 한다. 이것이 남녀의 교합으로 상징되어 아이 갖기를 원하는 이들이 연못 주위를 돌면서 아이를 달라고 기도하기도 한단다.

많은 호수와 강은 베트남 문화에 크게 영향을 미쳤다. 무엇보다 이것들은 베트남인들이 일상생활 혹은 예술 활동에서 가장 흔하게 쓰는 모티브, 즉 연꽃을 제공했다. 이뿐만 아니라 이것들은 세계에서 유일하게 베트남에만 있는 수상인형극의 무대를 제공했다.

11세기부터 북부의 평야 지역에서 시작되었던 수상인형극은 물이 있는 곳에서 공연되었다. 이는 사람이 무대 뒤에서 인형을 대나무로 연결하여 조종한다. 악단이 곡을 연주하고 노래와 대사가 나오면 무대 뒤의 사람은 인형을 움직여 내용을 표현한다. 내용은 농민의 일상생활이 주류이다. 하 노이의 환 끼엠 호 주변에는 매일 밤 수상인형극을 공연하는 극장이 있다. 유감스럽게도 공연 관람 대상은 외국인뿐이다.

베트남의 전통문화 중 하 노이의 문묘-국자감은 유교문화의 진수를 보여준다. 중국의 자신들에 대한 폄하, 즉 남만南蠻이라는 비하에서 벗어나고자 베트남은 중국의 한자 차용을 비롯하여 유학의 성현을 제사하는 문묘와 유학을 교육하는 국자감을 세웠다. 각각 1070년과 1076년에 하 노이에 세워진 문묘와 국자감은 베트남이 유교를 이념으로 치국하는 국가임을 천명하는 동시에 현존 베트남 전통 건축 문화의 백미를 자랑한다. 문묘에서는 공자, 주공, 사배四配(안자 · 자사 · 증자 · 맹자) 상을 세우고 72인의 상을 그려 4계절 이들에게 제사를 지낸다. 베트남의 문묘가 한국과 중국의 문묘와 크게 다른 점은 제사의 대상에 주공이 있다는 것과 제사가 춘추 두 번이 아닌 춘하추동 네 번인 것이다. 문묘는 베트남 제사의 발전에 크게 기여했다.

국자감은 베트남 최초의 학교인 국학 혹은 관학이다. 이는 한국의 성균관과 같은 국립대학이다. 국자감은 베트남 유교와 학교 교육의 발전을 촉진했다. 한편 유학 경전의 학습자를 대상으로 한 과거제도는 일찍부터 베트남의 시험제도를 발전시켰고, 문이 무를 지배하는 문관관료제도를 확립시켰으며, 사농공상의 사회를 형성하고 고착화했다.

하 노이의 국자감은 1991년부터 1994년까지 외부의 지원을 받아 대거 보수 및 재건되어 오늘에 이르고 있다. 그 과정에서 공간, 건물 등이 많이 바뀌었다. 그 중 가장 눈에 띄는 것은 300명의 감생監生(국자감 학생)을 수용했던 국자감 내의 기숙사가 사라진 점이다. 그리고 문묘 내의 진사제명비가 현존 82개에 맞추어 재배치된 점이다. 현재 문묘-국자감의 너비는 가로 300m, 세로 70m이다. 이곳에는 1484년부터 1780년까지 82회 실시된 과거에 급제한 진사 1,306명의 성명 · 나이 · 출생지가 기록된 82개의 비석이 세워져 있다. 진사제명비는 2010년에 세계기록문화유산이 되었다. 국자감은 역사 속에서 중수 과정을 거치면서 변화가 있었지만, 기존의 형태를 유지하고 있다. 현재 문묘-국자감은 사주四柱 · 문묘문文廟門 · 입도구入道區 · 진사비구進士碑區 · 제사구祭祀區 · 태학구太學區 등 6개 구역으로 나뉜다.

역사가 있는 하 노이의 천주교 성당으로는 환 끼엠 군에 있는 하 노이 대성당이다. 1887년 크리스마스를 기념하여 준공식을 가졌던 성당의 본 이름은 성요셉 성당이다. 성당이 세워진 자리는 원래 베트남 리 왕조 하에 세워진 보천사報天寺의 보천탑이 있던 자리였다. 보천사는 쇠락하여 사형장, 시장의 형태로 바뀌었다. 성당은 파리 성모교회를 모델 삼아 중세 유럽의 고딕양식으로 지어졌다. 성당은 프랑스 식민정부가 하 노이에 지은 최초의 건물 중 하나이면서 하 노이에서 가장 오래된 성당이다. 건물의 너비는 세로와 가로 각각 79m와 28.5m이며, 두 개 종탑의 높이는 64.5m이다. 하 노이 대성당은 현재 하 노이 총교구의 본산이다.

서구, 특히 프랑스의 진출은 베트남 건축에 막대한 영향을 미쳤다. 현존하는

성 요셉 대성당

베트남의 많은 서구식 건축물 중 대표적인 것은 하 노이 대극장이다. 건물은 프랑스의 신고전주의 양식에 따라 프랑스의 오페라 가르니에를 모델 삼아 1911년 환 끼엠군에 지어졌다. 이곳은 프랑스 식민지배 아래에서 예술공연에 이용됐으며, 독립 이후에는 베트남 공산당의 정치회의 장소로도 이용되었다. 예컨대 1946년 3월 이곳에서 베트남민주공화국의 제1대 국회의 첫 번째 회의가 개최되었다. 같은 해 10월 이곳에서 개최된 국회의 두 번째 회의에서 베트남의 첫 헌법이 통과되었다. 오늘날 하 노이 대극장은 베트남 식민지 예술 건축 문화의 상징이면서 베트남 음악, 연극, 춤 등 예술공연의 메카가 되었다. 그리고 이곳은 하 노이를 가장 잘 상징하는 대표 건축물이다.

프랑스의 식민지 건축 문화를 보여주는 또다른 건물로는 국가 주석부를 들 수 있다. 이곳은 1901~1906년 기간에 프랑스의 고전 건축 양식을 따라 지어졌다. 모두 4개 층이며, 그중 핵심인 2층과 3층은 각각 손님 접견 및 근무 공간과 거주공간으로 쓰인다. 이곳은 프랑스 식민지배 기간에는 프랑스의 총독부였으며, 독립 이후부터 지금까지는 국가 주석부로 쓰고 있다. 일본이 프랑스의 베트남 식민지배를 종식시킨 1945년 3월부터 총독부는 일본의 대사관으로 이용되기도 했다. 국가 주석과 부주석이 근무하는 주석부의 공터에서는 외국 정상을 접견하는 행사를 한다.

하 노이의 매우 독특한 서구 건축 문화로는 국가 주석부의 바로 옆 넓은 바딩Ba Đình광장에 세워진 호찌밍 주석 묘소이다. 호찌밍의 시신을 방부 처리하여 보관하고 있는 묘소는 1973년부터 1975년까지 지어졌다. 3층의 능은 높이와 너비 각각 21.6m와 41.2m이다. 묘소 주변에는 베트남 전역에서 수집된 250종의 식물이 있다. 묘소가 있는 자리는 1945년 9월 2일 호찌밍 주석이 독립선언서를 낭독했넌 자리이다. 묘소는 한 주에 하루 혹은 소련에서 시신 재처리를 위한 기간 외에는 내외국인을 위해 오전에 개방한다. 현재 세계에는 몇 사회주의 국가의 수장이었던 레닌, 호찌밍, 김일성, 김정일 등이 이처럼 미라 형태로 보존되어 있다.

앞에서 베트남에는 한국의 조선시대 육의전과 비슷한 상가가 있다고 하였다. 베트남은 이를 36방 혹은 36포방鋪坊이라 한다. 방은 전통시대부터 지금까지 행정구역 단위로도 쓰고 있다. 리 왕조는 황성의 동쪽 외성, 지금의 환 끼엠 군에 속하는 환 끼엠 호수 북쪽에 수공업 제조와 상업을 주로 하는 주민거주 지역을 조성했다. 오늘날 하 노이에서 가장 큰 전통시장인 동춘시장도 여기에 속한다. 현재는 이곳을 하 노이 포고구鋪古區라고 한다. 36방 역시 여기에 속한다. 지금은 상품의 수요가 없어 상제喪祭 용품·돗자리·부채·한약 등 일부 상가만 있고 문구류와 과자 등을 파는 상가가 대신하고 있다. 한국이 전통 문화재 보존차원에서 인사동 거리를 지원하는 것처럼 베트남도 이곳의 보존을 위해 지원대책을 내놓고 있지만, 이익을 우선하는 주민들의 반발에 어려움을 겪고 있다. 하지만 이곳은 하 노이를 방문하는 외국인이 가장 많이 찾는 곳 중의 하나인 것만은 확실하다.

현재 하 노이의 정치 중심지인 바딩군은 탕롱황성이 있던 곳이다. 1010년부터 수도였던 탕롱황성은 1802년에 세워진 마지막 왕조가 중부로 천도하면서 지방의 도시로 전락하게 되었다. 이후 프랑스의 북부 진출 시 무력 출동, 장기간 프랑스의 식민지, 제1·2차 인도차이나 전쟁, 미국의 금수조치, 사회주의 경제정책 등으로 탕롱황성은 북문 하나와 궁전의 일부 계단만 남은 상태로 사라졌다. 21세기 작금에 베트남 정부는 탕롱황성 복원작업에 나서고 있다. 유네스코는 2010년 7월 탕롱황성을 세계문화유산으로 지정하였다.

한편 하 노이는 사회주의 문화의 산물도 보여주는 곳이다. 예전에는 소련의 공산주의 혁명을 성공한 레닌을 기념하기 위하여 동상을 세운 국가가 일부 있었다. 그러나 소련의 해체 이후 대부분 국가는 레닌의 동상을 치웠지만, 베트남은 여전히 보존하고 있다. 심지어 베트남은 호찌밍 주석 묘소와 가까운 곳에 레닌 공원을 만들어 레닌 동상을 관리하고 있다.

이와 함께 하 노이 방문 외국인이라면 놀라는 것이 있다. 그것은 모든 도로명이 사람의 성명을 빌어서 작명된 점이다. 도로명에 사용된 성명은 자신들의 역사 속에서 국가 혹은 지역을 위해 수고한 사람들의 성명이다. 성명은 지역명으로도 사용한다. 거리명이 있는 가족 혹은 문중이라면 영광이 아닐 수 없다. 상중의 상이라서 자연스럽고 효과적인 역사교육으로 여겨진다.

오늘날 한국과 베트남의 가장 비슷한 도시 모습이라면 아파트이다. 중국도 여기에 들어간다. 본시 삼국은 동족 집단 공동체를 이루며 살았다. 더구나 베트남이나 중국은 사회주의 시절부터 동일 직업의 사람들끼리 아파트 형태의 집단 거주 지역에서 살았다. 그리하여 한국형 아파트는 베트남과 중국까지 사로잡았다. 하 노이 여기저기에 세워진 아파트를 보고 있노라면 흡사 한국의 서울에 있는 착각에 빠지지 않을 수 없다.

※ 본 원고의 배트남어 인명과 지명은 필자 요청에 따라 표기하였습니다.

03

파리, 2천년 역사도시의 혁신과 지속가능 발전

파리, 2천년 역사도시의
혁신과 지속가능 발전

역사도시 이해하기

근대도시 파리의 역사문화유산 보존

파리를 파리답게 만드는 도시재생

파리와 서울 : 역사도시의 지속가능 발전을 위하여

제3강

파리, 2천년 역사도시의 혁신과 지속가능 발전

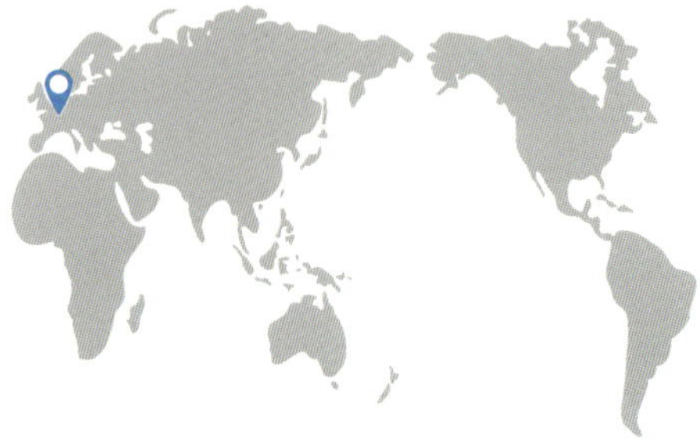

민유기
경희대학교 사학과 교수

역사도시 이해하기

유길준이 1889년(고종 26)에 집필을 완성하고 1895년에 펴낸 《서유견문》은 우리나라 최초의 서양 기행문이자 19세기 서양 문명에 대한 백과사전식 소개서이다. 이 책에서 파리는 '화려함이 세계 으뜸으로 런던처럼 웅장하거나 뉴욕처럼 부유한 도시도 사흘거리쯤 뒤떨어'지게 하는, 시대의 유행을 이끄는 '천하만국의 서울 가운데 서울'로 소개된다. 1882년 〈조미수호통상조약〉이 체결된 이듬해 미국에 파견된 외교 시찰단 보빙사報聘使의 수행원으로 미국에 건너간 유길준은 현지에 남아 유학생활을 하다 유럽을 둘러보고 1885년에 귀국했다. 《서유견문》은 유길준이 일본, 미국, 유럽에서 보고 들은 것과 참고 서적들을 기초로 한다. 그렇기에 19세기 중·후반 파리는 조선의 개화 사상가뿐 아니라 세계 각지의 많은 이들에게 그야말로 세계의 유행을 선도하는 '근대성의 수도'로 인식되었음을 알 수 있다.

프랑스의 수도이며 유럽의 대표적 역사도시이자 문화도시인 파리는 2,000년 이상의 역사를 지니고 있다. 서양에서 이처럼 오랜 역사를 가진 수도는 아테네, 로마, 런던뿐이며, 동양에서도 서울이 유일하다. 1994년에 정도定都 600주년 행사를 한 서울은 조선 왕조의 수도로 정해지기 훨씬 이전부터 한성백제의 왕성 유적들이 존재하는 2,000년의 역사도시이다. 파리는 센Seine강의 작은 섬에 자리를 잡은 골Gauls족 정착 마을에서 기원하며 카이사르의 정복 이후 로마식 도시로 확대되었고, 중세 전성기 유럽에서 가장 큰 도시로 번성했다. 그리고 근대 초 이래, 국왕이 베르사유궁에 머물던 시기를 제외하고는 줄곧 프랑스의 수도로 발전해왔다. 센강의 우안과 좌안 강변에 늘어진 중세와 르네상스, 초기 근대(17~18세기), 19~20세기 각종 역사적 건축물로 인해 1991년에 파리 센강변 구역이 유네스코 세계유산으로 지정되기도 했다. 하나씩 개별적으로 세계유산으로 등재하려면 너무 많은 유산이 집중되어 있기에 로마나 피렌체처럼 도시 역사지구 자체가 세계유산으로 등록된 것이다.

도시는 시간의 흐름에 따라 '역사적으로(historical)' 형성되어 변화하고 발전 혹은 쇠락하는 밀집된 영속적 정주지이다. 그런데 '역사(historic)도시'는 그저 단순한 시간의 흐름에 따른 변화뿐 아니라 주요한 역사적 의미와 가치를 지닌 도시를 의미한다. 그리고 역사도시는 오랜 역사적 장소와 그곳에 남겨진 다양한 시대의 역사문화 유산들, 겹겹이 축적되어온 도시의 역사경관이 조화롭게 보존·관리되고, 이를 통해 도시와 도시민의 정체성이 강화되고 지속가능한 미래지향적 발전 방향과 조화롭게 관계를 맺는 도시이다. 역사학이 과거의 사실을 현재의 관점에서 끊임없이 탐구하고 해석하고 의미와 가치를 부여해 미래를 전망하는 학문인 것과 마찬가지로, 역사도시는 과거에 매몰되지 않고 과거에 발 딛고 서서 역사성을 계승해 갈 미래를 모색하는 도시이다. 도시가 건축물의 집합이 아니라 시민의 일상적 삶이 펼쳐지는 장소이기 때문에 시민의 더 나은 삶의 질과 지속가능한 발전을 추구하기 위해서라도 과거-현재-미래가 조화롭게 조응해야 한다.

파리는 고대, 중세뿐 아니라 근현대의 다양한 역사유산들도 잘 보존하고 있지만 동시에 역사문화 전통과 급격하게 단절하거나 이를 파괴하지 않는 최대한의 범위에서 늘 새로운 혁신을 추구해왔다. 특히 산업화에 동반된 도시화가 빠르게 이루어진 19세기 그리고 산업 유휴지나 도심의 쇠락한 구역을 도시 재생사업을 통해 재활성화해가는 20세기 후반부터 오늘날까지 주요 도시경관의 변화에서 이를 잘 확인할 수 있다.

근대도시 파리의 역사문화유산 보존

프랑스에서 역사기념물을 등록해 보존 관리하고 복원을 시작한 것은 1830년대였다. 1830년 7월 혁명으로 수립된 자유주의적 입헌왕국에서 초대 내무부장관 프랑수아 기조François Guizot는 1830년에 역사기념물 총감독국을 설치했다. 1837년에는 내무부 산하에 '역사기념물위원회'를 조직하여 프랑스 전역의 역사기념물 목록화를 시작했으며 1840년에 첫 목록이 완성되었다. 파리의 역사기념물에 대한 본격적인 조사 및 목록화는 교육부 산하에 1840년에 설치된 '예술 및 기념물 역사위원회' 주도로 이루어져 1867년에 최초로 《파리 기념물 통계》가 출간되었다. 19세기 중기 역사기념물에 대한 관심은 산업화, 도시화, 근대화 과정에서 방치되거나 파괴되던 역사기념물을 조사하고 가치를 파악하여 보존하며 당대의 필요성에 부응하기 위한 것이었다.

파리에서 19세기 중엽에 대중의 커다란 관심을 받은 것은 노트르담 성당의 복원 문제였다. 이 성당은 억압적이었던 구체제를 지탱시킨 가톨릭교회에 반감

2020년 화재 전 노트르담 성당

이 컸던 대혁명시기 급진적 혁명 투사들의 종교 문화재 파괴로 인해 크게 훼손되어 방치된 상태였다. 1831년에 출간된 빅토르 위고의 《파리의 노트르담》은 15세기를 배경으로 성당의 종치기인 꼽추 콰지모도와 아름다운 집시 여인 에스메랄다의 사랑이야기뿐 아니라 지배계층의 부패에 대한 비판을 담으며 큰 인기를 얻었고, 1844년부터 20년에 걸쳐 노트르담 성당의 복원에 대한 대중의 지지와 복원 공사에 대한 기부를 이끌어냈다.

중세 파리의 가장 대표적인 랜드마크인 노트르담 성당의 복원은 단지 중세의 과거와 전통에 대한 향수나 미화를 포함했던 19세기 초기의 낭만주의 때문만이 아니었다. 역사는 언제나 현재와 미래를 위한 자양분이기도 하다. 자유주의 입헌체제였던 7월 왕정(1830~1848)의 지배 엘리트는 자유주의 부르주아들이었고, 중세도시는 부르주아의 기원이었다. 파리와 프랑스의 발전을 증언하는 중세의 역사기념물이 최초의 역사기념물 목록에서 고대 로마의 유산보다 높은 가치를 인정받은 것도 이런 연유에서이다. 1789년 7월 14일에 시민에 의해 장악되고 파괴된 바스티유 감옥 터에 새로운 입헌왕조를 탄생시킨 1830년 7월 혁명 기념비를 세워 자유를 위해 무기를 든 시민에 헌정한 것도, 대혁명의 역사를 전유하면서 대혁명 이래의 잦은 정치적 혼란이 자유주의 입헌체제를 통해 최종 종결되었음을 은연중에 드러낸다.

1848년 2월 혁명과 짧았던 제2공화국의 뒤를 이은 제2제국(1852~1870)의 황제 나폴레옹 3세는 센 지사 오스만G.-E. Haussmann 남작을 통해 파리를 대대적으로 개조해 이후 전 세계에 영향을 미칠 근대도시의 전형을 창출한다. '오스만화(Haussmanisation)'라고 지칭되는 빠른 도시경관의 변화와 근대적인 새로운 도시미학은 당대 인상파 화가들의 화폭에도 잘 담겨있다. 오스만화는 도시폭동과 콜레라 같은 전염병 집단 발병에 대한 지배층의 두려움을 사라지게끔 도심의 비좁고 밀집된 낡은 건물들과 골목길을 철거하고 파괴해 대로들, 웅장한 관공서들과 고급 주택들 그리고 화려한 상업지구로 변모시켰다.

20여 년 진행된 도시 곳곳의 대규모 토목공사는 지하에 묻혀있던 역사 유적을 세상에 드러나게 했다. 도심에서 1860년대 말에 로마시대 원형경기장이 발굴된 것이다. 그런데 이 경기장은 이탈리아뿐 아니라 프랑스에서 고대 로마도시 기원을 가진 프로방스의 여러 도시들에 남아있는 원형경기장에 비해 규모가 크게 작았고, 고대 로마의 역사문화 유산의 전형성을 보여주기에 무언가 부족했다. 이에 역사기념물 위원회는 파리 원형경기장을 역사기념물 목록에 등재하길 꺼려했고, 보존을 미루다가 1880년대 들어서야 역사기념물 목록에 등록되고 시의회에 의해 복원과 보존이 결정되었다.

이 과정에서 예술적 차원의 가치가 크지 않더라도 도시의 과거를 보여주는 생생한 증거, 파리가 2,000년 전에도 원형 경기장이 존재했을 정도로 주요한 대도시였음을 보여주는 증거를 보존해야 한다는 인식이 대두되었다. 서울의 경우도 한양도성 내에 남아있는, 주요한 가치를 보여주는 조선과 근대의 역사문화유산뿐 아니라 고대 한성백제나 삼국의 여러 유산들에 대한 관심이 더욱 필요하다. 현재의 서울이 조선의 한양과 직접 연결되기는 하지만 서울의 정체성을 2,000년 역사도시로 확대하는 것이 서울시민에게 역사적 문화적 자긍심을 강화해 줄 것이기 때문이다.

파리가 19세기 중기에 역사적 연속성과 발전의 시원으로 중세 유산을 강조하고 중시했다면, 19세기 말에는 중세뿐 아니라 고대와 초기 근대 유산으로도 관심이 확장되었다. 시민들의 역사문화 보존 활동에의 적극적 참여가 이러한 변화에 기여했다. 흥미로운 사례는 1860년 파리시의 행정적 영역 확장으로 파리시에 편입된, 현재 14구 몽파르나스 공동묘지에 남겨진 17세기의 샤리테 방앗간(Moulin de la Charité)이다. 1893년 파리시가 철거를 계획했으나 '파리 기념물 친우회' 등 시민단체들의 요청으로 보존이 결정되었다. 태양왕 루이 14세(재위 1643~1715) 시대에 파리 도심에 세워진 바로크 양식의 주요 관공서 건축물은 잘 보존되고 있었으나, 일반인의 삶을 보여줄 기념물로는 도시 외곽의 방앗간이

거의 유일했다. 이 방앗간의 보존은 평범한 도시 민중의 삶을 보여주는 것도 보존 및 복원 대상의 역사기념물에 포함될 수 있음을 보여주었다. 역사기념물의 민주화가 시작된 것이다. 2013년부터 지정되기 시작한 서울시의 미래유산은 이러한 역사기념물의 민주화를 잘 보여준다.

파리를 파리답게 만드는 도시재생

오늘날 파리는 19세기 중엽의 대대적인 근대적 도시정비가 만들어낸 세련되고 멋스러운 근대적 도시미학을 지닌 세계적인 관광도시이자 문화예술의 도시로 인정받는다. 그런데 파리는 과거를 보존하면서도 도시의 혁신을 끊임없이 추구해왔다. 세계유산으로 등재된 센강 구역의 도심이야 주요 건축물의 외형(façade)과 구조의 변화가 거의 불가능하지만, 도시 외곽 구들에 자리를 잡았던 기존 산업시설의 유휴지는 20세기 중반 이래의 매력적인 도시재생 사업을 통해 파리를 혁신적인 창조도시로 만들고 있다.

제2차 세계대전 이후 세계 자본주의 경제의 고도성장에 기여한 케인스주의적 수정 자본주의 혹은 복지자본주의가 1970년대 초에 성장의 한계를 드러내자 서양의 많은 산업도시가 침체에 빠져 활력을 상실했다. 이에 쇠락하고 낙후된 도시나 도시의 특정 구역의 물리적 환경을 개선하며 사회적 경제적 문화적 재활성화(revitalization)를 추구하는 도시재생 사업이 선진 산업국가의 여러 도시들에서 나타났다.

1970년대 이래 파리에서 펼쳐진 도시재생 사업은 공공사업 성격을 띠었으며 문화예술 공간의 확충으로 특징지어졌다. 국가나 시 소유지를 민간에 매각하지 않고, 투기성 자본의 개발 이익 추구를 최소화하면서 건축가와 도시계획가 그리고 지역주민들의 의사를 최대한 반영한 공공 도시재생에 대한 사회적 합의 때문에 가능한 일이었다.

파리의 1970년대 대표적인 도시재생 사업은 도심 한복판의 낙후된 보부르구역을 정비하면서 설립된 퐁피두센터(Centre Pompidou)와 포룸 데 알Forum des Halles 조성이다. 보부르 구역의 재정비 과정에서 중앙정부, 시정부, 지역주민, 건축가와 도시계획가들 사이에 사회적 대화가 진행되었고 결국 공공정보도서관·국립현대미술관·음향음악연구소·영화관·전시실·서점 등이 들어선 복합 문화 공간 퐁피두센터가 1977년에 문을 열었다. 이 센터를 공동 설계한 이탈리아 건축가 렌조 피아노와 영국 건축가 리처드 로저스는 퐁피두센터 건립 부지의 절반을 광장으로 정비했다. 적극적 시민의식이 구현되고 다양한 도시민의 교류와 소통이 이루어지는 공적 공간으로서 광장의 기능을 중시했기 때문이다.

1979년에 개장한 포룸 데 알은 원래 12세기에 설립된 파리의 중앙시장이었다. 19세기 중엽 오스만의 도시 정비 과정에서 중세의 노천 시장에 대형 철제 홀을 설치했다. 이곳은 1960년대 현대적 시장이나 상업 및 유통 시설들이 도시 곳곳과 교외에 들어서면서 서서히 기능이 약화되었다. 이에 상인들과 점포들을 다른 시장들로 이전하게 하고 1969년에 대형 철제 홀을 철거했다. 이후 10여 년의 재정비를 통해 지상은 공원 녹지로, 지하는 상가 아케이드로 만들었고 신설한 지하철 및 수도권 교외선 환승역들과 연결시켰다.

파리의 주요 도시재생 사업은 1980년대 더욱 확대되었다. 1981년부터 1995년까지 사회당의 프랑수아 미테랑François Mitterrand 대통령 시기 세계적 경제 위기에 따른 경기 쇠퇴나 실업자 증가가 대규모 공공사업을 유도했다. 미테랑의 문화정책 역시 도시에 방치되던 유휴지를 대중이 문화예술을 체험하고 향유하는 장소로, 다양한 문화예술 교육이 가능한 장소로 변모시킨 도시재생 사업에 기여했다. 미테랑은 고급 문화예술의 대중적 확산과 향유를 추구한 1958년부터 1969년까지 샤를 드 골Charles de Gaulle 대통령 시기의 '문화민주화' 문화정책을 계승하면서도 노동자, 청년, 도시의 낙후 지역에 거주하는 이민자 등 다양한 계

오르세미술관

층에서 일상적으로 형성되는 하위문화나 예술적 표현물들의 가치를 인정하고 지원하는 '문화민주주의' 문화정책을 실시했다.

방치된 기존 건축물을 활용해 내부를 수리하거나 부분 변형해 새로운 용도로 활용하는 건축 컨버전Conversion을 잘 보여주는 사례는 오르세 미술관(Musée d'Orsay)이다. 이 건축물은 애초 19세기 전반기에 관공서로 건립되어 사용되다 1871년 파리코뮌 때 불탄 후 1900년부터 파리-오를레앙 철도회사가 기차역으로 변경해 사용했고, 20세기 중반에 파리-오를레앙 철도 노선 폐지로 유휴 설비가 되었다. 파리의 한복판 센강 좌안에 위치하는 이 미술관은 19세기 미술 전문 박물관으로 강 건너편의 루브르 박물관과 함께 파리와 프랑스를 대표하는 박물관으로 평가된다.

파리에서는 19세기 중반 오스만화를 통해 도시 공간의 사회적 분리가 나타났다. 도심과 전통적으로 베르사유궁으로 향하는 서쪽 경계 구들에 부유층이 집중적으로 거주하고 북동쪽 경계의 주변부 구들에는 노동자들과 서민들이 집중되었다. 이 주변부 구들 가운데 가장 낙후된 구였던 19구에는 도시재생 사업을 통해 1987년에 프랑스 및 스위스 건축가 베르나르 츄미의 설계로 대규모 과학 공원인 라빌레트 공원(Parc de la Villette)이 들어섰다.

라빌레트는 1860년에 파리시에 편입되었고, 1867년에 파리 전역에 육류를 공급하는 대규모 도축장 철제 홀이 문을 열었다. 다른 상업 시설들과 마찬가지로 1960년대와 1970년대 새로운 현대적 도축 시설들이 생겨나면서 1973년에 폐쇄가 결정되고 이듬해 문을 닫은 후 유휴 부지로 남아있었다. 이후 1970년대 말 몇 차례 재개발 논의를 거쳐 1980년대 들어와 미테랑 대통령 첫 임기 초에 과학 및 산업 공원 설립안이 확정되었다. 라빌레트 공원에는 19세기 지어진 도축장의 철제 대형 홀이 그대로 보존되어 콘서트 등 각종 문화행사장으로 사용되고 있으며, 과학 및 산업 박물관 뿐 아니라 음악당, 대형 실내 공연장, 테마 정원 등이 정비되어 있다. 19세기 도축장이 들어서게 한 이유 가운데 하나였던 센강에서 파리 동북 교외를 이어주던 우르크 운하(canal de l'Ourcq) 역시 정비되어 애초 모습대로 공원 내에 남아있다. 짧은 기간 파리를 여행하는 이들은 잘 찾지 않지만 파리 시민들 특히 19구와 인접한 파리 동북쪽의 10구·11구·18구·20구 주민들에게 다양한 문화 활동과 여가의 공간으로 사랑받고 있다.

파리 동쪽 베르시 구역은 19세기 중엽에 파리에서 동남쪽으로 떠나는 리옹역과 여기서 센강 건너편에 남쪽으로 떠나는 오츠트리츠역이 들어선 이후 포도주를 비롯해 지방 각지에서 올라오는 물품들의 저장 창고 구역으로 기능했다. 20세기 중반 물류 이동이 철도에서 대형 트럭들로 바뀌자 창고 구역은 거의 방치되었다. 이곳에는 1984년에 실내 스포츠 경기나 공연이 가능한 파리-베르시 종합 스포츠경기장이, 현재 명칭으로는 아코르호텔 아레나가 건립되었고 센강에 접해 프랑스 재무부 건물이 신축되어 낙후된 기차역 주변이 정비되었다. 과거 포도주 저장 창고들이 늘어서 있던 곳엔 2001년에 상점들과 식당, 극장, 공원, 아파트 단지가 베르시-빌라주Bercy Village라는 이름으로 재개발되어 파리의 새로운 명소가 되었다. 포도주 저장 창고들은 현대식으로 개조되어 각종 상점들과 식당으로 활용하고 있다.

파리 동쪽 12구 바스티유 구역에는 1989년 프랑스혁명 200주년을 맞아 현대적인 오페라하우스가 건립되었다. 이곳에서 몇 걸음만 옮기면 1859년부터 1969

년까지 도시 철도로 사용되다가 버려진 고가 철로를 공중정원 산책길로 정비해 1994년에 대중에게 개방한 곳이 있다. 철로를 지탱하던 아치형 기단들 사이 공간을 예술가들의 작업실과 상점들로 사용하고 있으며, 비아뒤크 데자르viaduc des arts로 지칭되는 이곳은 이후 2009년에 문을 연 뉴욕 하이라인High Line, 그리고 서울로 7017에도 영감을 주었다. 파리에서 19세기 중엽에 건설되어 사용되던 외곽 순환 도시철도는, 1900년 최초의 지하철 도입 이후 대중교통의 기능을 서서히 상실했다. 일부 화물 운송마저 1990년대 중반에 완전 중단된 이후 폐쇄된 도시철도 구간들을 산책로, 소규모 동네 텃밭이나 공원으로 변화시킨 친환경 문화공간이 16구의 자연산책길, 18구의 뤼소 공원 등 여러 곳에 존재한다.

베르시 구역에서 강 건너편인 13구 센강변은 19세기에 철도, 제분소 및 각종 공장들이 들어선 산업구역이었다. 20세기 중반 이래 탈산업화 흐름 속에서 공장들이 이전하거나 폐쇄되면서 대규모 유휴지로 남았고 1991년에 도시정비구역(ZAC)으로 지정되었다. 15세기에 파리 도심에 세워진 국립도서관의 보유 도서가 증가하고 각종 기록물 보존·보관을 위한 현대적 설비가 필요해지자 1988년에 새로운 도서관 건립 계획이 발표되었고 1996년에 13구 센강변에 세워졌다. 이어진 도시재생 사업으로 주거 단지뿐 아니라 파리7대학 캠퍼스가 새로 조성되었고, 여러 연구소나 교육기관들, 극장이나 서점 및 상점들이 들어섰다. 기존의 일부 산업 시설 건축물은 건축의 외형과 구조적 특성을 잘 유지하면서 예전 산업구역의 역사를 보여주고 있다. 강변에 남아있던 한 창고는 건축적 외형을 그대로 보존·유지하면서 내부를 개조하여 패션 및 디자인 전시공간으로 변화했다. '강 좌안'이란 뜻의 '리브 고쉬Rive Gauche' 구역이라 지칭된 이 지역의 도시재생은 쇠락한 산업 구역에 도서관, 대학교, 각종 교육·연구·문화·예술 기관들을 결집시켜 지식 기반 그리고 문화예술 기반 창조경제를 촉진하는 미래지향적인 것이었다.

베르시나 리브 고쉬 같은 센강 상류뿐 아니라 강의 하류에도 흥미로운 도시재생 사업이 펼쳐졌다. 파리 서남쪽 도시 경계이자 센강 하류 구역에 1915년부터 1974년까지 시트로앵 자동차 공장이었던 곳은 1992년에 시트로앵 공원(Parc André-Citroën)으로 바뀌었다. 이 도시공원에는 장소에 새겨진 역사성을 보여주는 과거 자동차 공장 건물의 일부, 자동차 공장 당시 산업 활동을 보여주는 각종 기계 도구들을 공원 곳곳에 잘 배치하고 있다. 시트로앵 공원에서 조금 상류 쪽으로 에펠탑을 지나 강변을 거슬러 가면 2006년에 문을 연 퀘브랑리 박물관(Musée du quai Branly)이 자리를 잡고 있다. 자크 시라크 대통령이 재임 시기(1995~2007) 추진한 이 박물관 역시 공유지를 부동산 개발에 사용하지 않고 공공문화예술 기관으로 활용한 것이었다. 파리 교외 센강의 하류에 위치한 스갱 섬(Ile Seguin)은 2000년대 점진적으로 현대미술 전시관과 작가들의 레지던스 단지로 변모했다. 1929년부터 1992년까지 르노 자동차 공장이 있었던 곳으로 이후 유휴 부지를 어떻게 활용할 것인가를 두고 여러 계획안에 대한 논쟁과 주민들의 의견 수렴이 10여 년 이상 진행되었는데, 결국 시간이 걸리더라도 지역 공동체를 존중하며 다양한 이해관계자들의 사회적 대화를 통해 합의를 도출해 냈다.

파리는 21세기 들어서 환경보호와 기후 변화에 대응하기 위한 여러 혁신적 도시문화를 많이 선보였다. 사회당의 들라노에는 시장 재임 시기(2001~2014)에는 탄소 배출 억제책으로 저렴한 공용자전거 자유이용 체계인 벨리브Vélib를 2007년부터 2017년까지 운영했다. 이 공용자전거 체계는 서울의 '따릉이'를 비롯한 전 세계 주요 도시에 빠르게 확산되었다. 소형 공용전기차 자유이용 체계인 오토리브도 2011년부터 2018년까지 운영되었다. 1920년대 성곽이 해체된 후 들어선 외곽 순환도로 대부분을 연결하는 전차 노선과 이들 전차역과 파리를 둘러싼 수도권 소도시들을 연결하는 전차 노선도 1992년부터 새로 개통하여 현재 10개 노선이 운영되고 있다. 2030년까지 유럽에서 가장 녹지가 많은 도시를 목표로 센강변 도로의 교통량 경감과 보도 구간 확대, 강변의 녹지 공원화 역시 지속적으로 이루어지고 있다.

파리와 서울 : 역사도시의 지속가능 발전을 위하여

서울은 한강을 끼고 북한산, 관악산, 용마산, 덕양산의 외사산과 북악산, 남산, 낙타산, 인왕산의 내사산이 에워싸고 있는 세계적으로 유사한 자연 환경을 찾기 어려운, 대중교통으로 국립공원에 바로 연결되는 환경 친화적인 인구 천만의 초거대도시이다. 암사동 선사유적지, 한성백제의 토성들과 유적지, 아차산 고구려 보루들, 북한산 진흥왕순수비와 삼국의 여러 고분들, 고려시기에 중건된 사찰 등 조선 건국 이전 한국사의 모든 흔적과 기억의 장소를 지니고 있다. 서울의 원도심은 조선의 도성으로 동아시아 고유의 도성 건설 기준·풍수설 그리고 인의예지신의 유교적 이상을 구현한 14세기 말의 계획도시이다. 600년이 넘게 수도로 기능해 오면서 서울은 근대문물이 우선적으로 도입된 근대도시, 일제강점기 독립운동의 도시, '한강의 기적'이라 불리는 고도성장의 산업도시, 4·19혁명과 1980년대 민주화운동의 도시, 대규모 국제 스포츠 문화행사를 개최한 국제도시로 한국인의 모든 역사경험이 집약적으로 녹아있는 2,000년의 역사도시이다.

미래는 현재의 실천으로 만들어지지만, 현재는 연속적 과거의 산물이기에, 결국은 과거가 미래를 만들어낸다. 어떠한 장소건 오랜 시간 겹겹이 쌓여온 고유한 역사성을 지닌다. 이 역사성은 고정된 것이 아니며 나이테처럼 지속적으로 확대된다. 역사문화유산을 활용한 도시재생은 역사적이고 오래된 예스러운 삶의 흔적들을 유지·보존하는 동시에 이를 현재와 미래의 필요에 따른 경제적, 사회적 개발과 물리적 도시환경 변화에 연계해 직극적으로 활용하는 것이다.

서울은 20세기 후반기 빠른 성장 속에서 대두했던 여러 도시문제들을 하나씩 해소하거나 축소시키면서 세계 여러 도시들에 많은 자극을 주고 있다. 북촌 한옥마을이나 여러 궁궐 내에서 시야에 들어오는 현대적 고층건물과의 어울림이 주는 '전통과 혁신의 조화' 그리고 '과거와 현재의 공존'은 많은 외국인들이 서울을 방문하고 남기는 대표적인 인상 가운데 하나이다. 역사도시가 지속가능

서울 목동의 파리공원

발전을 하려면 역사문화 유산이나 자원의 보존뿐 아니라 이의 미래지향적인 활용도 중요하다. 역사문화가 수많은 고부가가치 파생 상품들을 만들어 내기 때문이다.

서울은 2010년 유네스코에 의해 세계 디자인 창의도시로 선정되었다. 혁신적, 창의적 디자인이 실제 시민의 삶의 질을 높이고 도시의 지속가능 발전에 이바지하려면 역사와 문화예술에 대한 시민의 향유 기회가 보다 확대될 필요가 있다. 우리가 살아가는 도시이자 다음 세대들이 살아갈 도시가 더욱 살기 좋은 도시가 되려면, 기후변화라는 전 인류의 문명사적 위기에 대응하며 더욱 친환경적 도시로 변화시켜 나갈 필요도 있다. 도시 사회 내에서 각종 사회갈등이 심화하거나 폭발하지 않도록 사회문제 해결에도 노력을 경주해야 한다.

유토피아는 토마스 모어가 16세기에 '어디에도 없는 장소'라는 의미를 그리스어에서 차용해 만든 용어이다. 현실의 어느 나라건, 어느 도시건 유토피아일 수는 없다. 유토피아는 만들어 가는 집단적 과정을 통해서만 가까이 다가갈 수 있다. 보다 바람직한 정주 공간으로 도시를 만들어가는, 이상의 현실화 과정에서 다른 도시의 역사적 경험은 중요한 상호적 참고가 된다. 1986년 한국과 프랑스의 수교 100주년을 맞아 파리 14구에 새로 정비된 광장이 '서울광장'으로 명명되었고, 이듬해 서울 목동에 '파리공원'이 문을 열었다. 서울과 파리는 시정 교류를 하고 있으며, 오랫동안 서울은 파리의 주요 도시정책이나 문화정책 등을 참조하고 시사점들을 얻어왔다. 교류와 소통은 일방적일 수 없다. 파리 역시 지속가능한 도시 발전을 위해 한국의 첨단 기술과 이를 적용한 서울의 각종 정책들에 관심을 보이고 있다. 서울과 파리 2,000년 역사도시가 상호 교류와 소통을 통해 유라시아 대륙의 동쪽과 서쪽에서 세계적으로 주목받는 역사도시로 지속가능 성장을 이루길 희망한다.

04

로마, 도시와 유산

로마, 도시와 유산

제4강

로마, 도시와 유산

최병진
한국외국어대학교 이탈리아어과 교수

영원의 도시 로마

이탈리아에는 17세기 중반부터 유행했던 그랜드 투어(17세기 중엽부터 유럽의 귀족들이 유럽의 역사를 이해하기 위해서 이탈리아를 방문하던 현상)가 성행했다. 당시 이탈리아는 유럽의 역사와 문화를 이해할 수 있는 공간이었으며, 특히 로마는 이탈리아의 다른 도시와 비교해 볼 때 상대적으로 많은 고고·미술·인류·건축 유산 등이 밀집되어 있었다. 이 같은 상황에서 유래한 로마의 별명인 "영원의 도시(Città eterna)"는 역사가 지층처럼 쌓여 이야기를 만들고 미래를 향해 나아가는 모습을 잘 설명해준다. 유네스코는 이 같은 특수성을 인정하여 1980년 로마를 "세계문화유산 보호지역(World Heritage Site)"으로 선언했다.

이 글에서는 로마에 문화유산이 어떻게 쌓여왔는지, 이를 둘러싼 생각이 발전하고, 그 관리는 어떻게 진행되고 있는지 역사적으로 중요한 사건들을 통해 검토하고자 한다. 도시의 삶 속에서 로마와 문화유산이 함께 살아가는 모습을 살펴보려고 한다.

기억의 그릇, 이야기의 매체

로마 시대의 시인이던 알비오 티불로Albio Tibullo는 로마의 기원에 관해서 처음으로 다루었다. 그는 지금은 잘 알려져있지 않지만 율리우스 카이사르가 갈리아를 정복하던 시절 에로틱한 시로 유명했던 인물이었다. 그는 《애가》에서 로물루스가 처음 로마의 도시 성벽을 건립했다고 설명한 바 있다. 반면 버질은 서사시인 《아이네아스》를 통해 트로이의 전쟁 영웅 아이네아스가 로마를 건국하였음을 설명하고 그리스와 교역하던 도시로써 로마의 역사적 기원을 아우구스투스 황제의 시대와 연결했다. 두 개의 전설은 모두 로마의 설립과 발전을 다루지만 아이네아스에 대한 이야기는 조금 더 로마의 발전 과정에 대한 역사적 맥락을 잘 전달해준다.

로마는 무역을 통해 성장했는데 이런 점은 도시의 주신을 모시던 신전이 있는 그리스와 달리 여러 도시의 주신들을 모아 놓은 판테온Pantheon을 통해 살펴볼 수 있다. 당시 로마의 상인들은 상품을 안전히 운반했던 사실에 감사하기 위해 판테온에 있는 자신의 주신에게 봉헌하곤 했다. 그리스와 로마의 무역은 로마의 도시 구조를 잘 설명해 준다. 또한 로마의 도시 구조는 로마 제국의 발전 속에서 유사한 도시의 설립으로 이어지며 여러 도시의 기원을 구성한다. 유사한 도시 구조로 상인들은 로마 제국의 어느 도시에서도 길을 찾기 쉬웠고, 로마에서 뻗어나간 도로가 연결되며 "모든 길은 로마로 통한다."라는 격언이 등장했다. 상인들은 로물루스의 성곽을 지나 도시를 가로지르는 대로를 따라 만났던 목욕탕에서 목욕을 한 후 도시 중심가의 스토아(상품 보관소)를 찾아 상품을 보관

로마의 판테온

하고 시장에서 교역을 했다. 또한 이들의 분쟁을 위한 법원과 재판 사례를 기록해서 보관한 도서관이 설립되었다. 또한 사람들이 많이 모이는 장소에 로마의 영화를 보여주는 극장을 설치하고, 동시에 권력자의 이야기가 전달되는 기념조형물을 만들었다.

이 과정에서 루마니아(국명의 기원이 '로마인들이 사는 장소'라는 의미이다.)까지 확장된 로마 제국의 영토에 대한 이야기가 담긴 트라이아누스 황제의 기념주(Trajan's Column)가 세워졌고, 클레오파트라와 안토니우스의 사랑이야기와 함께 옥타비아누스의 이집트 점령에 대한 소식을 전하기 위해 전리품으로서 '클레오파트라의 눈물'이라고 알려졌던 오벨리스크가 사람들이 많은 공간에 배치되었다. 고대에 로마는 마치 신문처럼 사회적 이야기를 공유하고 사람들에게 전달하는 과정에서 기념조형물의 도시로 변화되었다.

이 같은 기념조형물의 증가는 왜 로마가 역사에 대한 이야기의 그릇으로 문화재의 도시로 변화되었는지 알려준다. 실제로 기념조형물(monument)이라는 단어의 어원은 '남아있다.'라는 의미를 지닌 라틴어 '마네레manere'와 '알려주다.'라는 의미를 지닌 '모네레monere'라는 단어에서 유래한다. 즉 그곳에 남아 이야기를 알려준다는 의미를 지닌 기념조형물은 로마의 역사를 설명하는 시각적 증언으로 도시 공간을 가득 채워가기 시작했다.

역사에 대한 관심과 이를 다루는 박물관의 등장

잘 알려진 것처럼 콘스탄티누스 대제는 313년 기독교를 인정했고, 이에 대한 이야기는 콘스탄티누스 대제의 개선문에 담겨있다. 기독교 문화의 중심지로서의 로마는 그가 콘스탄티노플을 건설하러 떠나간 후, 이민족의 대이동 속에서 서로마 제국이 쇠퇴하며 로마는 교황의 도시가 되었다.

로렌초 발라의 초상

중세의 천년 속에서 교황은 세속적 권력과 경쟁하며 〈콘스탄티누스 대제의 기진장〉에 대한 이야기를 통해 권력에 대한 역사적 정당성을 주장했다. 이 문서는 콘스탄티누스 대제가 로마를 떠나며 로마에 대한 권력을 교황에게 이관했다는 내용을 담고 있다. 그러나 르네상스 시대 문헌학자였던 로렌초 발라Lorenzo Valla는 이 문서의 문헌학적 오류를 통해 위조되었다는 사실을 밝혀냈다. 이 이야기는 오랫동안 사회적으로 인정받으며 역사의 의미에 대한 탐색과 관심 속에서 로마의 첫 번째 박물관의 탄생으로 이어지는 계기가 되었다.

중세에 시작되어 오랫동안 진행되었던 순례의 문화 속에서 로마는 유럽의 다른 도시와 비교할 수 없는 부유한 도시로 성장했다. 특히 십자군 원정으로 기록된 아랍 세계의 성장은 유럽 순례자들이 예루살렘을 방문할 수 없는 상황을 만들어냈고, 결과적으로 초대 교황으로 여겨지는 성 베드로의 도시였던 로마는 순례의 종착지가 되었다. 그리고 수많은 순례자를 받아들이는 과정에서 로마에서 교회와 수도원이 끊임없이 건립되었다. 그 결과 오늘날 약 900개 이상의 교회들이 로마에 집중되어 있는 상황을 만들었고, 로마는 유럽 가톨릭 문화의 여러 측면들을 보여주는 교회 문화재의 도시가 되었다.

시스티나 예배당의 천장벽화인 〈천지창조〉

로마는 미켈란젤로가 완성했던 〈시스티나 예배당〉의 벽화들이 보여주는 것처럼 구약, 신약, 교회의 역사로 이어지는 시각적 이미지들로 채워지기 시작했다. 이 과정에서 교회는 건축·조각·회화 등 여러 종류의 이야기가 문화유산을 구성하며 지층처럼 역사 속에서 쌓여갔다. 고대 로마의 역사와 유럽의 정신과 종교를 보여주는 교회의 역사적 유산은 르네상스 시대 인문학의 발전과 함께 역사에 대한 관심을 고양시켰고, 이 같은 상황 속에서 로마에서는 첫 번째 박물관으로 기록되어 있는 카피톨리니 박물관(Musei Capitolini)이 설립되었다. '카피톨리니Capitolini'라는 단어는 '수도의'라는 의미를 지닌 형용사로 세계의 수도에 있는 박물관이라는 뜻을 지니고 있다는 점에서 로마의 문화적 자긍심을 엿볼 수 있다.

카피톨리니 박물관은 식스투스 4세 교황이 로마의 대주교좌 교회였던 라테라노 대성당을 건립하는 과정에서 발견한 로마 시대의 유물을 1471년 시청에 기증하면서 시작되었다. 이후 역사 속에서 다른 교황과 로마의 유시들이 지속적으로 유물을 기증하며 새로운 이야기가 쌓이게 되었다. 오늘날 박물관의 정확한 이탈리아어 명칭은 복수형인 카피톨리니 '박물관들(musei)'이라고 명기되지만 국내에서는 카피톨리니 박물관으로 소개되어 있다.

식스투스 4세 교황이 기증한 작품 중에는 〈가시를 뽑는 소년〉, 〈로물루스와 레무스〉와 같은 작품도 있다. 콘스탄티누스 대제로 여겨지다가 이후 마르쿠스 아우렐리우스 황제로 판명된 〈아우렐리우스의 기마상〉도 카피톨리니 박물관 소장품이다. 조각상의 인물이 콘스탄티누스 대제로 여겨졌기 때문에 보존될 수 있었으며 후에 미켈란젤로가 이 작품을 카피톨리니 박물관 앞의 캄피돌리오 광장에 배치했다. 당시 노년을 보내던 미켈란젤로는 이 작품을 배치하는 과정에서 역사를 시각화했다. 그는 당시 염소를 키우던 로마의 유적지를 등지던 시청 건물에서 바티칸으로 이어지는 중심 거리를 바라보는 방식으로 당시 〈콘스탄티누스 대제의 기마상〉으로 알려져 있었던 이 조각상을 배치했다. 후대의 연구를 통해서 오늘날 이 조각상은 〈마르쿠스 아울렐리우스 황제의 기마상〉으로 규명되었지만, 당대의 관점에서 보면 이는 콘스탄티노플을 건립하고 떠나기 전에 콘스탄티누스 황제가 교황을 찾아가는 모습을 도시 공간에 표현하는 방식으로 전시되어 〈콘스탄티누스 대제의 기진장〉에 대한 이야기를 시민에게 설명하기 위한 의도를 지니고 있었다.

이 같은 상황은 도시 공간이 역사에 대한 서사를 위한 노트처럼 다뤄지고 있으며, 이후 시민들의 자긍심과 과거 다른 시대를 살았던 사람들의 역사에 대한 관점을 전달해주고 있다는 사실을 환기해준다.

연극무대가 된 바로크 시대의 로마

17세기 문화사적으로 바로크라고 불리는 시기에도 순례의 문화는 지속되었

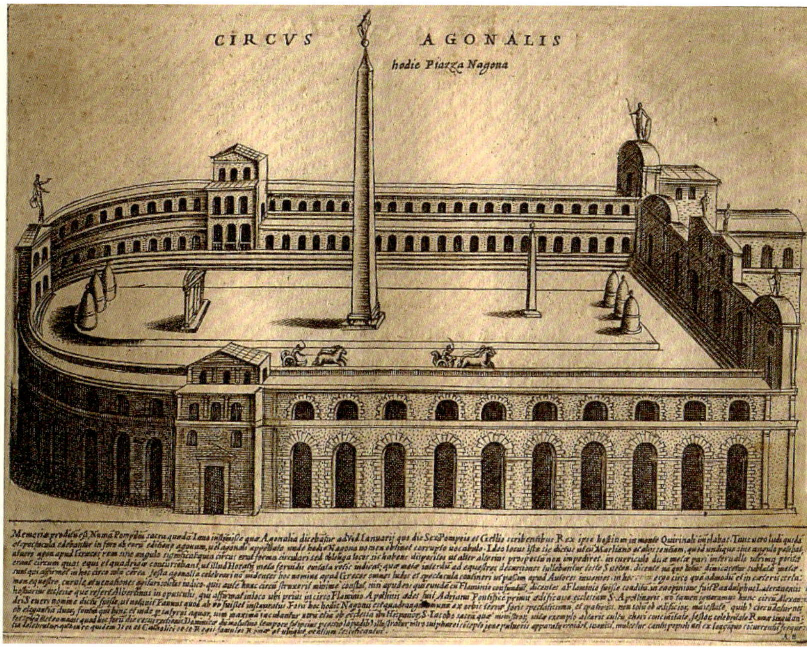

바로크 시대의 나보나 광장과 오늘날 모습

다. 바로크 시대는 연극의 시대였다. 도시의 공간들은 축제와 공연이 끊임없이 열리며 삶에 대한 교육적, 유희적 공간으로 사회 구성원들의 관계에 개입하며 삶을 변화시켜나가는 도구로서 문화의 의미를 잘 보여준다.

로마 제국 시대에 아우구스투스 황제의 무덤이었으며, 오늘날 페스트를 구한 천사에 대한 전설이 전해지는 천사의 성(Castello di Sant'Angelo)은 당시 연극과 축제가 진행되는 장소로 활용되었으며, 과거 기마 경주가 열렸던 나보나 광장에서는 순례자를 위한 축제와 기마 경주가 열리곤 했다.

이를 정비하는 과정에서 바로크 시대의 베르니니Gian Lorenzo Bernini는 로마의 도시 구조를 정비하며 순례의 인원을 분산했고, 교회 앞에 놓여있는 크고 작은 광장을 중심으로 이를 연결했다. 이는 바티칸 대성당 광장의 기획으로 완결되어 오늘날까지 이어지고 있는 성곽 내의 로마 중심가의 도시 구조를 만들어냈다.

순례자들은 북유럽, 독일, 스페인에서 프랑스를 거쳐 로마로 이어지는 로마가도Via Romana를 통해 로마의 포폴로 광장에 도착했다. 베르니니는 이곳에서 직선으로 오늘날 '삼지창'이라고 부르는 세 개의 도로를 만들어 그 끝에 있는 로마의 주요 교회의 모습을 보여주었다. 베르니니는 순례자가 세 개의 길 중 하나를 통해 교회를 방문하고, 목적지에 있는 교회에서는 다시 분기된 길들을 통해 다른 교회를 방문할 수 있도록 도로를 정비했다. 이 같은 도로의 정비는 순례자의 인원을 효과적으로 분산하기 위한 목적을 지니고 있었다. 이 과정에서 고대 로마의 영화를 보여주었던 오벨리스크는 도로를 정비하는 광장을 위한 이정표로 활용되었다. 이 시기 지중해 무역에서 대서양 무역으로 교역의 중심이 이동하는 과정에서 이탈리아의 경제적 중요성은 줄어들었지만 순례의 행렬은 당시 '대희년(Giubileo)'과 '성인의 해'에 지속적으로 유입되었고, 로마는 점점 역사를 이해할 수 있는 국제도시(Cosmopolitan)의 면모를 유지할 수 있었다.

오랜 기간 알려져 있는 로마의 문화재와 유적지에 대한 가치가 유럽에서 공유되는 과정 속에서 리처드 러셀Richard Russell은 사후에 출간되었던 《이탈리아 여행기》(1670)에서 '그랜드 투어Grand Tour'라는 표현을 사용했고, 이는 당시 유럽의 귀족들이 역사를 위해 로마를 방문하는 현상을 설명하기 위한 용어로 사용되기 시작했다. 이 과정에서 독일의 대문호였던 괴테를 비롯해 스탕달, 마르키스 드 사드와 같은 지식인들의 여행기가 출간되었다. 이탈리아와 로마는 유럽 지성인들의 세계에 대한 호기심을 충족할 수 있는 장소로 변화되었다.

(1)

THE
VOYAGE
OF
ITALY.

PART. I.

BEfore I come to a particular description of *Italy*, as I found it in my Five several voyages through it, I think it not amiss to speak something in General of the Country it self, its Inhabitants, their Humours, Manners, Customs, Riches, and Religion.

For the Country it self, it seemed to me to be *Nature's Darling*, and the *Eldest Sister* of all other Countries; carrying away from them all the greatest blessings and favours, and receiving such gracious looks from the *Sun* and *Heaven*, that if there be any fault in *Italy*, it is, that her Mother *Nature* hath cockered her too much, even to make her become Wanton: Witness luxuriant

The Fertility of Italy.

B

리처드 러셀의
《이탈리아 여행기》(1670)

역사를 기록하고 동시대에 공유하며 사회 구성원에게 이야기를 전달하는 과정에서 문화재로 가득 채워졌던 로마는 문화재가 보여주는 당시의 역사뿐만 아니라 이를 이용해서 동시대 역사의 관점을 보여주는 서사의 공간이 되었던 것이다. 그 결과 로마는 유럽인들에게 문화의 심장 같은 공간으로 변화되고 역사의 지속적인 서사 속에서 문화적 가치를 평가 받을 수 있게 되었다.

문화에 대한 인식과 관리

역사의 이야기가 중첩되며 유산의 시각적 증언으로 변화된 로마에서는 이를 다루는 문화재에 대한 인식과 관리에 대한 새로운 태도들이 나타났다. 과거 유럽 종교의 정신적 지주일 뿐만 아니라 로마의 권력자이기도 했던 역대 교황들은 역사에 대한 시각적 서사에 기여하며 이야기를 분류했고 일부는 카피톨리니 박물관에, 그리고 많은 부분은 바티칸 박물관의 소장품들을 구성하며 기증에 대한 이야기를 만들어냈다.

이를 위해서 많은 수의 감정가, 역사가, 고고학자, 골동학자 등이 등장했다. 18세기 고고학의 발전에 기여했던 요한 요아힘 빈켈만은 대표적인 인물로 유적과 유물에 대한 카탈로그를 기술한 바 있다. '카탈로그'라는 단어에 대한 기원은 유물의 목록을 다루는 '인벤토리inventory'와 달리 '사물의 의미를 서사한다.'는 뜻으로 이는 빈켈만의 고고학에 대한 저술 속에 남아있다. 이 같은 변화는 로마의 유적에 대한 종합적 서사로 발전했고, 이를 토대로 로마의 고고학 사이트와 유물에 대한 역사적 자긍심이 고양되었다. 빈켈만이 일했던 알바니 추기경의 소장품은 이 같은 자긍심을 관찰할 수 있는 여러 사례 중 하나이다.

당시 알바니 추기경은 오늘날 살라리아 가도에 있는 자신의 빌라(Villa Albani-Torlonia)를 위해 무리하게 작품을 수집하는 과정에서 경제적 어려움을 겪었다. 그래서 이를 판매하려고 했으나 당시 교황이던 클레멘스 12세가 로마의 역사가 다른 장소로 유출되는 것을 막기 위해 국외로 판매하려던 알바니 컬렉션을 구입하여 카피톨리니 박물관에 기증했다. 이 같은 사례는 로마 문화유산의 유출을 막고 보호할 필요성을 인식했다는 점을 보여주기 때문에 주목된다.

이 같은 자긍심이 수집의 문화에 영향을 끼치는 상황 속에서 1789년 일어난 프랑스 대혁명은 로마에서 문화재와 유산을 보호하기 위한 제도의 출현 계기가 되었다. 프랑스 대혁명의 여파 속에서 1793년 설립되었던 루브르 박물관은 프랑스 공화정의 이상을 유럽으로 전파하기 위한 목적으로 진행되었던 유럽의 원정 과정에서 구체제(Ancien Régime)에 속했던 문화재를 이관하며 유럽 문화를 보여주는 종합적인 박물관으로 발전했다. 로마의 경우에도 많은 문화재를 루브르 박물관으로 보내야 했다. 하지만 프랑스 대혁명의 실패 속에서 1815년 열렸던 빈 협약은 문화재 반환에 대한 논의로 이어졌다. 당시 신고전주의를 대표하는 조각가였던 안토니오 카노바Antonio Canova는 일부 문화재를 로마로 다시 반환받는 책임자로 일했지만 그는 반출 문화재 목록을 모두 파악하지 못했다. 때문에 로마에서 루브르 박물관으로 이관되었던 문화재 전체가 돌아온 것은 아니었다.

이 같은 상황 속에서 문화재와 컨텍스트의 관계가 논의되며 문화재 보호를 위한 제도적 논의가 로마에서 진행되었다. 사실 이미 루브르 박물관으로 로마의 문화재가 이관되었을 때 프랑스에서도 카트르메르 데 퀸시는 〈미란다에게 보내는 편지〉를 통해 이 같은 문제를 다룬 바 있다. 당시 프랑스의 문화부 장관의 역할을 수행하던 〈미란다에게 보내는 편지〉에서 그는 문화재가 생산된 장소에 놓여있을 때 역사를 가장 잘 보여줄 수 있다고 주장하며 로마의 문화재가 이관되는 상황에 반대 의사를 표명한 적이 있었다. 결과적으로 프랑스 대혁명 이후 로마의 추기경인 바르톨로메오 파카는 문화재 보호법을 공포했다. 오늘날 〈파카의 문화재법〉(1820)이라는 이름으로 알려져 있는 이 법안은 로마에 속해있는 문화유산의 해외 반출과 상업적 판매를 금지하고, 복원 과정에서 과거 역사를 보여주는 시각적 증언 부분을 훼손하는 것을 막는 내용을 포함하고 있다. 문화재의 도시에서 이 법안은 이탈리아가 통일된 이후에 만들어질 문화재법의 토대가 되었다. 로마에서 공표된 〈파가의 문화재법〉은 결과적으로 문화재와 유산에 대한 공공성을 표명했다는 점에서 문화재와 유적의 관리와 보존에 대한 새로운 사회적 인식을 보여주는 중요한 사례로 남아있다.

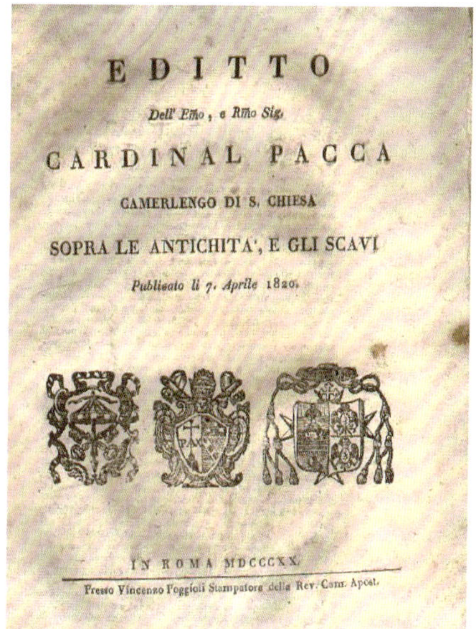
EDITTO

Dell' Emo, e Rmo Sig.

CARDINAL PACCA

CAMERLENGO DI S. CHIESA

SOPRA LE ANTICHITA', E GLI SCAVI

Publicato li 7. Aprile 1820.

IN ROMA MDCCCXX.

Presso Vincenzo Poggioli Stampatore della Rev. Cam. Apost.

《파카 추기경의 입법(1820)》

프랑스 대혁명이 전파한 공화정에 대한 이상이 발전하는 가운데 이탈리아는 1861년 통일되었다. 당시 이탈리아 왕국(Regno d'Italia)은 1870년 로마를 점령하였고, 이듬해 로마는 이탈리아의 수도가 되었다. 한 국가의 통일은 다양한 지역의 문화적 · 정치적 · 사회적 · 경제적 다양성을 마주하게 만들어준다. 이탈리아의 근대사는 로마가 속해있었던 교황령을 비롯해서 영주국(Signorie)과 도시국가(Comuni)로 분리되어 있었다는 점에서 유럽의 다른 지역에 비해 이 같은 다양성이 상대적으로 부각된다. 로마에서 역사의 기원은 이탈리아의 다양성이 분화된 역사의 중심지로 여겨졌기 때문에 매우 중요하게 다뤄지게 되었으며, 문화재에 대한 관리와 제도 역시 중요성을 획득해나갔다.

통일 이후 이탈리아 정부는 문화유산을 관리하기 위한 제도를 정비하며 소관 부처를 설립해나갔다. 로마의 경우 1872년 '시청 고고학 위원회 기술-행정부'가 설립되었다. 이는 1927년 '고대 및 미술에 대한 X 관할국(Ripartizione X Antichita e Belle Arti)'으로 변경되었고, 제2차 세계대전 이후 전후에 대한 복구가 진행되면서 1967년 '박물관, 갤러리, 기념조형물 및 고고학 유적지에 대한 문화재 관리국'의 설립으로 이어졌다. 오늘날 이 문화재 관리국은 통상적으로 '카피톨리나 문화재국'으로 불리고 있다.

문화유산과 함께 살아가기 : 로마의 문화유산과 사회적 담론

통일 이후에 이탈리아의 문화재 및 유산에 대한 법안이 발전하면서 로마의 문화재를 관리하는 역할은 아카이브와 박물관을 중심으로 다양한 관리 시스템을 발전시켜왔다. 로마에서는 이탈리아 전국의 문화유산에 대한 목록을 정비하는 과정에서 카탈로그와 문헌 관리를 위한 중앙 아카이브(ICCD, Istituto Centrale per il Catalogo e la Documentazione)를 설립한 바 있으며, 이 안에서 로마의 박물관은 여러 시스템을 적용하고 있다. 이 과정에서 20세기 로마에는 여러 박물관들이 정비되고 설립되었으며 문화유산의 허브 역할을 수행했다.

오늘날 로마는 국립 박물관 시스템, 바티칸 박물관 시스템, 로마 시립 박물관

바티칸 광장 전경

시스템과 비영리 법인에서 관찰하는 독립적인 사립 박물관이 운영되고 있다.

2017년 이탈리아 국회의 문화 보고서인 〈나는 문화다(Io sono cultura)〉의 통계를 기준으로 보았을 때 로마 국립 박물관 시스템에 속한 박물관의 관람자수는 이탈리아 전역의 관람자 수 대비 43.8%를 차지하고 있다. 이는 다른 지역에 비해 문화유산 및 기관의 밀집도가 매우 높다는 사실을 알려준다. 로마 국립 박물관 시스템은 로마 시내의 국립 박물관들과 인접 지역의 국립 박물관을 포괄하며, 이 안에서도 로마 시내의 박물관 방문자의 비율은 95.4%로 매우 높다.

국립 박물관과 사립 박물관 외에도 로마 시청에서 관할하고 있는 박물관은 20개로 구성되어 있다. 이 외에도 바티칸 시국에서 관리하는 바티칸 박물관을 위시해서 교회 박물관은 매우 많은 수의 관람자 수를 기록하고 있다. 이 같은 로마의 여러 문화유산을 관리하는 박물관은 서로 다른 주제와 관람자를 위한 소통 채널을 활용하며 로마의 문화유산에 대한 복합적이고 다양한 관점을 다루고 있다.

로마의 도시 구조가 역사적으로 변화되는 과정 속에서 당대의 문화에 대한 관점을 구성해서 보여주는 문화유산 관리기관의 증가로 인한 문화적 다원성과 소통 채널의 증가는 로마와 공공성을 지닌 문화의 가치를 결합시키고 삶의 일부로 변화시켜왔다. 예를 들어 로마의 문화유산을 관리하는 주체에 따라서 구성되었던 3개의 시스템과 사립 박물관들 가운데 시립 박물관 시스템은 이 같은 문화적 다양성을 매우 잘 보여주는 사례라고 볼 수 있다. 시립 박물관 시스템은 로마 시청에서 주도적으로 설립한 제테마Zètema라는 법인에 의해서 다뤄지고 있으며 시립 박물관의 수는 20개로 구성되어 있다. 로마 시립 박물관 시스템 속에는 9개의 고고학 사이트와 7개의 근대 유산 소장품, 2개의 현대 유산 소장품과 2개의 과학 분야 컬렉션이 포함되어 있다.

시립 박물관에 한정해서 보아도 로마는 유럽이나 이탈리아의 다른 도시에 비해서 시립 박물관의 수가 많다. 로마에 시립 박물관의 기원을 구성하는 카피톨리니 박물관이 있음에도 새로운 박물관들이 설립되고 하나의 시스템을 만들어 냈던 이유는 단순히 재원에 대한 문제가 아니라 시대와 주제를 다르게 다루며 복합적인 지평을 구성하고, 기획과정에 담긴 역사를 바라보는 서로 다른 관점을 다루고 공유해야 했기 때문이다. 카피톨리니 박물관에서 분화되어 나온 몬테마르티니 센터는 그리스-로마 시대의 조각상을 전시한다는 점에서 컬렉션의 범주는 동일하다. 하지만 로마의 화력 발전소를 활용한 공간에 전시가 이뤄지며 과거와 현재의 대화를 다루는 경험을 제공하고 산업 고고학의 관점과 결합되어 있다. 또 다른 시립 박물관인 크립타 발비 유적을 발굴하는 과정을 통해 연대기에 따라 지층에 누적된 사물을 전시함으로써 역사의 변화를 조명하고 설명할 수 있는 또 다른 경험을 제공하며 도시 고고학의 지평을 보여주고 있다. 즉 새로운 문화공간의 설립과 성장은 역사에 대한 입체적이고 다양한 관점을 통해 사회적 담론의 형성과 다양성을 보여주고 있는 것이다.

시립 박물관의 사례만 보더라도 로마는 여러 문화유산 관리기관 사이에서 서로 다른 분야의 융복합적 접근 방식과 역사를 바라보는 관점에 따라 로마의 문화유산의 플랫폼을 만들고 있다는 사실을 보여준다. 그리고 이 같은 상황 속에서 문화유산 유적은 다양한 문화적 활동의 무대로 변화되고 있다는 점도 확인할 수 있다. 예를 들어 포리 임페리얼 박물관은 트라이아누스 황제의 시장과 고대 포룸에서 발굴한 유물을 가지고 1982년부터 이를 분석하여 두 점의 작품을 복원해서 전시하고 있지만, 종종 패션쇼의 무대가 되기도 한다. 고고학 유적지인 카라칼라 목욕탕에서도 여름에 오페라 혹은 음악 공연이 열리고 있으며, 고대 로마의 수원이자 오늘날까지 로마 시민들에게 물을 공급하는 수로에서는 간혹 현악 4중주와 같은 음악 공연이 열리기도 한다. 이 같은 색다른 경험들은 문화유산이 과거에 속해있는 것이 아니라 새로운 경험과 기억을 생산하며 동시대 삶의 공간이 되는 과정을 보여주기도 한다.

문화에 대한 복합적인 향유와 기억의 공간이 만들어지는 과정 속에서 박물관들은 참여자 중심의 프로그램을 진행하기도 한다. 포리 임페리얼 박물관에서 학생들은 고대의 유적에 대한 자신의 감정을 표현하여 전시하기도 한다. 일부 시립 박물관은 인턴 활동이나 대학 유관 분야의 교육 프로그램과 결합해서 학생들과 함께 프로그램을 구성하거나, 시민들에 의해서 만들어지는 전시를 여는 경우도 있다. 이 같은 '참여적' 특성은 로마의 시민들에게 문화유산에 대한 관심을 높여주고 더 적극적인 태도를 지니도록 도와주고 있고, 지속적으로 자신의 삶과 문화유산의 연관성을 강화시켜준다. 그 결과 로마의 문화유산은 해석의 공간을 넘어서 삶과 결합된 새로운 이야기를 부여받고 의미를 확장하고 있다.

더 나아가 최근에는 전통적인 컬렉션의 전시 방식을 변화시키기도 한다. 오늘날 로마의 보르게제 정원에 있는 근현대국립미술관은 2017년 전통적인 연대기에 따라 미술의 변화를 역사적으로 전달하던 전시 방식을 벗어나 자유로운 테마와 미술의 매체를 활용해서 미술의 역사에 대한 상상력과 동시대의 미술을 보여주는 상설 전시를 기획했다. 이는 전시된 이야기의 역사성을 넘어 동시대의 관점에 따라 작품의 의미가 변화되고 새로운 경험을 제공할 수 있다는 사실을 보여준다는 평가를 받고 있다.

로마라는 도시와 이 안에 놓여있는 유물과 유적을 다루는 방식의 변화의 이면에는 문화가 인간의 권리라는 생각이 놓여있다. 1948년 〈세계인권선언〉은 인권에 사회적, 경제적, 문화적 권리를 명시한 바 있다. 문화는 자연에 대한 인간의 선택이자 이를 통해 만들어지는 삶의 양식이며, 더 나아가 자신에 대한 삶에 대한 표현은 개개인에 대한 존중의 출발점이기 때문이다. 이에 따라 문화를 누구나 공유해야 한다는 생각이 문화유산의 공공성에 대한 생각으로 이어졌다. 동시에 문화민주주의의 개념처럼 누구나 자신의 생각을 표현하고 공유할 수 있는 문화 다양성에 대한 채널이 로마에서 오랫동안 논의되고, 문화유산의 관리 기관과 이용자 사이를 이어주며 다원화되고 늘어났다. 역사가 삶을 기록하고 전승해준다면, 문화유산을 바라보는 생각이 발전하고 더 나아가 사회적 담론을

서울 도심에서 발굴조사 된 청진12-16지구 유적

생산하면서 로마와 문화유산의 관계는 정체성의 실천과 실험의 공간을 지향하고 있다.

로마에서 문화유산의 관리 시스템 안에 포함된 약 900여 개의 박물관과 추가로 설립되어 있는 사립 박물관, 고고학 유적들은 도시 자체를 문화적 소통의 플랫폼으로 변화시켰다. 나아가 오늘날 인간과 과거의 기억이 어울리며 서로 다른 세대의 소통 장소이자 동시대 서로 다른 사회 계급의 관계를 변화시키면서 사회를 변화시킬 수 있는 도구이자 지속가능한 발전의 매체로 문화를 적극적인 미래로 나아가도록 만들고 있다.

결론적으로 로마라는 도시는 단순히 보이는 물리적 현실을 넘어 도시 자체의 기억과 생각, 역사적 상상력이 교차하는 은유적 공간이라고 볼 수 있다. 그리고 이런 점은 새로운 사회적 담론을 통해 유산을 다시 재생시키고 새로운 삶을 향해 나아가도록 만들어준다.

05

타이베이와 서울, 닮은 듯 다른 두 도시 이야기

타이베이와 서울, 닮은 듯 다른 두 도시 이야기

닮은 듯 다른 타이베이의 첫 인상
일본 통치 이전 타이베이와 서울의 도시구조
일제강점기 초기 타이베이와 서울의 도시계획
일제강점 하 타이베이와 서울의 식민근대도시화과정 비교
타이베이와 서울, 닮은 듯 다른 두 도시

제5강

타이베이와 서울, 닮은 듯 다른 두 도시 이야기

이연경
인천대학교 지역인문정보융합연구소 학술연구교수

닮은 듯 다른 타이베이의 첫인상

> 어느 누구나 타이완이라면 곧 과실점두에 보이는 빠나나를 생각하며 우리가 그 진귀한 빠나나를 먹을 때는 누구나 타이완을 아니 연상하는 자가 없을 것이다.

1934년 열대지방의 원예생산물을 조사하기 위하여 대만시찰을 다녀온 김봉식은 《동아일보》에 빠나나 이야기를 2회(1934년 2월 8일, 9일)에 걸쳐 연재한다. 그는 '대만하면 조선인들은 모두 바나나를 생각할 것이다.'라며, 동양의 작은 파리라 하는 대만의 수도 타이베이의 신공원(현재의 228 평화기념공원) 노점에서 조선보다 싼 가격에 잘 익은 바나나를 사서 먹는 감상을 언급하고 있다. 여기에서 흥미로운 두 가지는 바로 당시에도 서울에 대만의 바나나가 수입되어 비싼 값에 팔리고 있었다는 점과 화자가 타이베이를 '동양의 작은 파리'라고 부르고 있다는 점이다.

식민지 조선에 '바나나'로 알려져 있던 대만 그리고 '동양의 작은 파리'로 알려져 있던 타이베이는 분명 같은 일본의 식민지였으나 다소 이국적 풍경의 열대나라로 여겨졌던 것 같다. 지금도 타이베이하면 '망고빙수'와 '버블티' 등이 먼저 떠오르는 걸 보면, 어쩌면 그 시기와 지금의 대만에 대한 인식은 크게 달라지지 않았을지도 모르겠다.

언젠가부터 TV프로그램의 영향인지 많은 사람들이 타이완의 수도 타이베이로 여행을 가는 듯 하다. 따뜻한 날씨와 다양한 먹거리들, 야시장과 고궁박물관, 일본식 도시 시스템과 중국식 문화는 여행객들에게 타이베이를 매력적인 도시로 소개한다. 도시 곳곳에 남아 있는 일본통치시기의 건축물들과 우리와 비슷한 20세기의 시간을 겪은 흔적들은 동질감을 느끼게 해주는 동시에 야자수가 늘어서 있는 이국적 풍경에 이질감을 느끼게 하는 곳이 바로 타이베이이다. 닮은 듯 다른 도시, 타이베이의 어제와 오늘은 서울의 어제와 오늘과 어떻게 닮아 있고 어떻게 다를까?

일본 통치 이전 타이베이와 서울의 도시구조

타이베이가 타이완의 중심이 된 것은 19세기 후반의 일이다. 1860년 딴수이淡水가 개항장으로 설정되면서부터 타이완 북부가 빠른 속도로 발전하기 시작하였고, 1875년에는 타이베이부臺北府가 되어 타이완 2대 도시가 되었다. 1879년부터는 타이베이성의 건설이 시작되어 1884년 비로소 완공되었고, 1891년에는 타이완의 성도省都가 되었다. 1875년 설립된 타이베이부는 다다오청大稻埕과 방카萬

華(현재 멍지아 일대)라는 기존의 타이완 북부 중심지를 벗어나 그 중간에 위치한 수전水田에 새로운 도시를 건설한 것이었다.

타이베이성은 《주례》〈고공기〉를 따라 장방형의 형태로 계획되었는데, 성벽은 북동향으로 기울어져 있는 반면 그 내부의 길들은 약간 북서형으로 기울어져 있다. 이는 타이베이 성벽과 내부 도로의 건설 당시 각각 다른 풍수 이론을 따랐기 때문으로, 성벽 건설 초기 천위잉岑毓英에 의해 먼저 건설된 도로는 풍수지리론의 이기론理氣論에 따라 타이베이부와 공묘孔廟(공자를 모신 사당)를 잇는 남북축을 기준으로 건설되었고, 이후 타이베이 성시의 실질적 건설자였던 리우아오劉璈가 풍수지리의 형세론形勢論에 따르기로 변경함에 따라 성벽은 약 15° 가량 북동측으로 기울어진 형태가 되었다. 타이베이의 성벽에는 북문·서문·동문·남문 및 남소문을 포함한 총 5개의 성문이 있었다. 타이베이의 성문은 《주례》〈고공기〉에 따른 중국 성시의 이상향처럼 정동·정서·정남·정북의 방향에 위치한 것이 아니라 북문은 거의 북서쪽 모서리에, 남문은 남서쪽에 치우쳐 위치하였는데, 이는 북서측의 다다오청과 남서측의 방카 그리고 동측의 경작지와의 지리적 연계를 위한 것이었다.

1879년부터 1881년에는 타이베이 성내에는 타이베이부아문臺北府衙門·공묘·부청황묘府城隍廟, 과거시험장·학정청學政廳 등의 주요 시설들이 건축되었다. 행정시설을 비롯한 대부분의 시설들은 타이베이 성내 3개의 주요 도로인 북쪽의 타이베이부와 남쪽의 공묘를 잇는 돌로 포장된 주도로인 푸치안지에府前街, 이 도로와 평행하며 1888년 건설된 마조공媽祖宮까지 연결되는 푸호우지에府後街 그리고 이 도로들과 직교하며 부청사와 부청황묘를 잇는 푸지지에府直街 주변인 성 내 북서측에 밀집하여 위치하였으며, 공묘 등 일부 종교시설들과 군사시설만이 남측에, 과거시험장 및 학정청 등 교육시설 일부만이 북동측에 위치하였다. 일본의 식민지가 된 1895년의 지도에서 보면, 타이베이 성내 북서측은 타이베이부를 포함한 주요 행정시설이 밀집해 있는 반면, 남동측은 공묘·천후궁天后

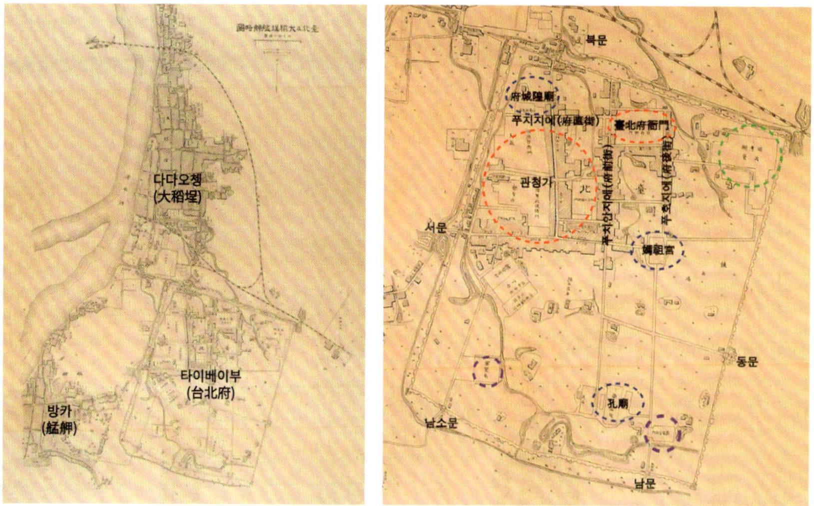

1895년 삼시가와 타이페이부의 모습

宮을 제외하고는 대부분 빈 상태 그대로 남아 있는 상황이었다. 이는 향후 타이베이라는 도시가 식민화와 동시에 근대화를 겪는 과정에서 중요한 의미를 가진다. 1895년 일본의 식민지배가 시작되며, 일본의 주요 통치시설들은 비어있던 지역이던 타이베이 성내의 남동측을 차지하기 시작했으며, 성 남측으로 일본인들이 거주하기 시작함으로써, 타이베이 성내의 중심이 북서측에서 남동측으로 이동하였다.

한성부漢城府는 1394년 태조 이성계가 개경에서 한양부漢陽府로 수도를 옮기고, 1395년 한성부로 개칭된 이후 1910년 일본에 의해 경성부京城府로 격하될 때까지 조선왕조의 수도로서 정치·사회·경제·문화 등 모든 부분의 중심지였다. 한성부는 내사산으로 둘러싸인 분지에 조성된 성곽도시로, 4개의 대문大門과 4개의 소문小門이 도시의 관문 역할을 하였다. 한성부의 주요 도로들은 이 문들과 중심의 두 개의 궁궐(경복궁과 창덕궁)을 연결하는 것으로, 대표적으로 동대문과 서대문을 잇는 종로, 종로와 남대문을 잇는 남대문로, 그리고 종로와 경복궁을 잇는 육조거리가 있다. 조선시대 한성부의 주요 궁궐들과 관아는 주로 종로 이북

지역에 자리 잡고 있었으며, 종묘와 사직은 각각 경복궁의 동측, 서측에 위치하였다. 상업지역은 종로와 청계천변, 남대문로 일대와 서소문밖 등에 형성되어 있었으며 나머지 지역은 일부 농경지를 제외하고는 대부분 거주지였다.

한성부에서는 1882년 한성개잔권漢城開棧權을 명문화함으로써, 공식적으로 외국상인들의 한성 내 거주 통상이 허용되었고, 서양인들은 정동 일대, 일본인들은 진고개 일대, 청국인들은 수표교와 남대문 일대에 거주하게 되었다. 이들은 대부분 서울의 남쪽 일대에 그 터전을 마련하게 되었는데, 이는 서대문과 남대문과의 인접함으로 인하여 이들이 주로 입경하는 경로였던 인천과의 연계성이 좋았던 데다가 상대적으로 하급계층의 주거지였던 남촌 일대에 외국인들이 터를 잡을 수 있는 여건이 형성되었기 때문이다.

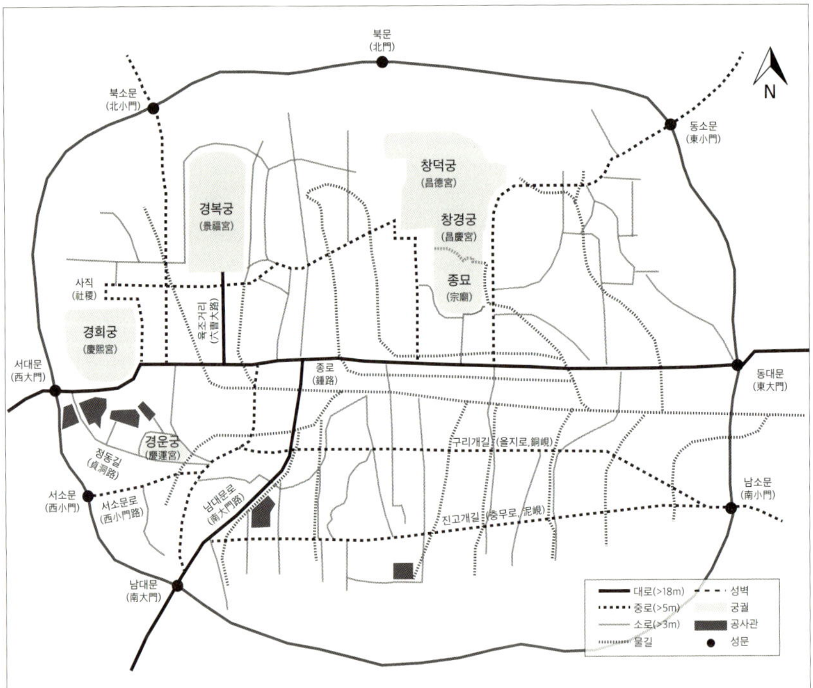

1900년경 한성부 도시구조

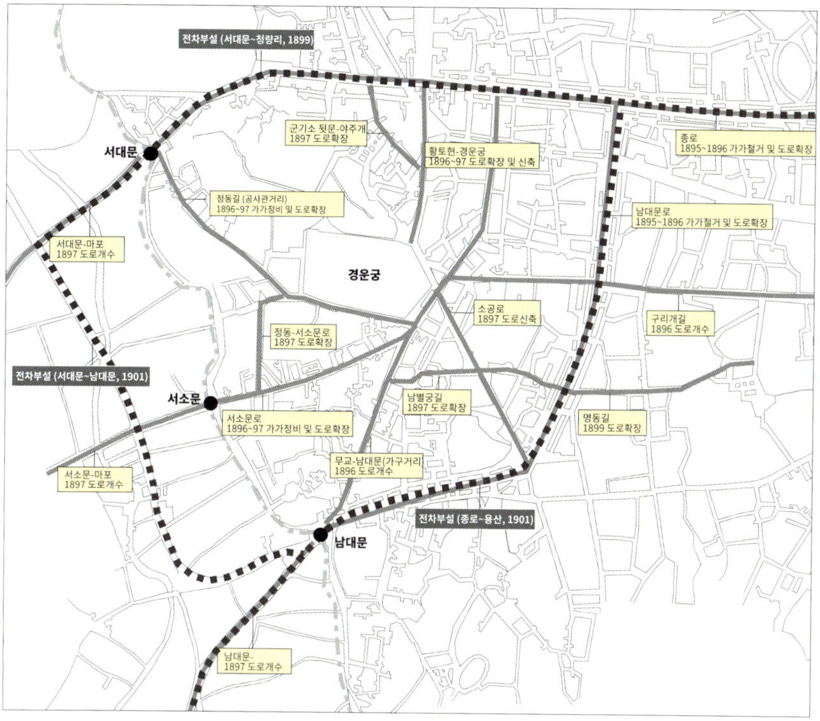

1895~1899년 한성부의 도시개조사업

한성부의 도시개조사업은 1895년부터 남대문로의 가가철거사업을 비롯한 도시 정비사업이 시행되며 시작되었다. 또한 1896년에는 좀 더 본격적으로 기존의 도로들인 종로, 남대문로를 개수하고, 경운궁 주변의 도로들인 서대문로·정동길·서소문로·미동로·경운궁-경복궁 연결도로 등을 정비하였으며, 1897년에는 경운궁과 남대문로를 잇는 소공로를 정비하고 남대문과 서대문에서 용산 및 마포를 잇는 외곽도로를 개수하였다. 이로써 경운궁을 중심으로 하는 도로체계가 구축되었으며, 전기·전차·철도 등의 새로운 도시기반시설과 교통수단이 등상하였다. 이 도시개조사업은 1896년부터 1897년까지 2년간 급격하게 진행되었으나 재정의 확보의 어려움으로 지속되지 못하였다.

일제강점기 초기 타이베이와 서울의 도시계획

청 왕조가 건설했던 타이베이부는 다다오첑과 방카로 이어지는 북서측에 주요 시설들이 집중되어 있었으며 이에 비해 동측은 몇몇 중요 종교시설을 제외하고는 대부분 여전히 빈 상태로 남아 있었다. 1895년 식민화 이후 일본은 우선 이 빈 지역에 식민지 경영을 위한 시설들을 건설하고, 주변 도로를 정비하였다. 식민 초기 일본의 타이베이부에 대한 계획은 주로 위생개선과 재난 방재 그리고 가로 개수에 관한 것으로 비어 있던 남동쪽 부지에 총독관저와 같은 새로운 시설들을 건립한 것을 제외하고는 대부분 현 상태의 도시를 수정해나가는 수준이었다. 1895년 성벽 외측에 임시 구거溝渠를 설치하고 1896년 성내도로에 개거식開渠式 하수도 설비를 하였다.

1899년에는 〈타이완가옥건축규칙〉을 제정하였는데, 이 규칙의 주요 내용은 방화 및 구조 내용을 포함하는 안전과 환기, 자연채광, 감염예방 등의 내용을 포함하는 위생을 주요 골자로 하는 것이었다. 1900년에 수립된 〈타이호쿠성내시가계획〉은 성벽이 있는 도시의 기존 체계 내에서 52개의 블록을 계획하고, 도로를 확장하고 하수도를 만들며, 총독부 및 시청 및 관저 등의 위치를 정하고, 총독부 앞에 공원을 계획하는 것을 주요 골자로 하였다. 1901년의 〈타이호쿠성외남방시구계획台北城外南方市區計畫〉은 늘어난 일본인 거주자들의 거주지역을 건설하기 위한 것이었다.

본격적으로 성시 타이베이臺北가 식민근대도시 타이호쿠台北가 되는 것은 4번째 총독인 고다마 겐타로의 부임과 함께 총독부 민정국장으로 타이베이에 온 고토 신페이가 세운 〈타이호쿠시구계획台北市區計畫〉에 의해서였다. 이 계획은 1929년 타이베이가 25만 명의 인구를 가질 것이라는 가정 하에, 타이베이의 성벽을 철거하고 그 자리에는 37~72m 폭의 환상형 대로를 건설하며, 다다오쳉과 방카 지역까지 포함하는 720ha에 달하는 타이베이시를 건설하는 것이었다. 이

臺北市區改正
明治三十八年十月調製
臺灣總督府民政部土木
縮尺五千分之一
타이호쿠 시구개정
북문
삼선로(三線路)_성벽해체
타이호쿠 병원
타이호쿠 신공원
대만총독부 부지
총독관저
동문
관사지역
남소문
교육시설
남문
새로 계획된 로터리
- 새로 계획된 도로

계획에서는 성벽과 평행하게 새로운 도로들을 건설하여 전체적으로 타이베이 시가 그리드 시스템으로 구획될 수 있게 하였으며, 여러 개의 로터리를 설치하여 도시의 결절점(node)로서의 역할을 할 수 있게 하였다. 한편 오래된 도시취락인 다다오쳉과 방카의 도로들 역시 직선화하는 등 타이호쿠는 타이베이 성시의 경계를 넘어 17세기부터 형성된 한족漢族들의 중심지인 다다오쳉과 방카를 포함함으로써 그 영역을 넓히고 근대 도시로서의 체계를 갖추고자 하였다.

1900년과 1905년의 계획을 비교해 보면, 타이베이 성벽 철거의 의미를 좀 더 분명히 짚어볼 수 있다. 우선 1900년의 계획은 성내의 도로와 블록을 정비하는 동시에, 9개의 성문을 신설하여 총 14개의 성문(북4 · 동3 · 남4 · 서3)을 설치함으로써 성내외 교통을 좀 더 원활하게 하고자 하는 시도였다. 하지만 1905년의 계획은 성벽 자체를 철거함으로써, 교통을 원활하게 하는 수준이 아닌 다다오쳉과 방카, 성내城內로 이루어지던 삼시가三市街 시스템을 넘어 타이호쿠라는 하나의 도시로 통합되는 단계에 이르렀다. 이와 같은 타이호쿠시의 확장에 따라 타이베이 성시의 경계이자 차단벽으로서의 역할을 하던 성벽은 타이호쿠시의 중심인 순환도로가 되었다.

한편 1912년 조선총독부는 총독부 직할 경성토목출장소를 설치하여 〈경성시구개수〉를 입안, 시행하였다. 〈경성시구개수〉는 기본적으로 경성 도심부 중심가로의 직선화 및 노폭 확장을 목적으로 한 것으로, 최초에는 29개 노선을 예정하였으나 이후 수차례 개정되었다. 특히 1919년에는 15개 노선이 추가, 삭제 변경되는 등 큰 폭의 개정이 있었다. 이후 1929년까지 모두 579만 2,000여 원을 투입하여 21.3km의 가로망을 부설하였다. 먼저, 1912년의 시구개수 예정노선을 살펴보면, 전체적으로 기존의 서울의 도로망과는 무관한 도로들이 등장하고 있음을 알 수 있다. 특히 경복궁 앞 육조거리와 덕수궁 그리고 남대문을 남북으로 잇는 직선도로인 태평로와 종로-을지로-충무로를 잇는 남북도로 및 방사형 도로체계는 이전에는 없었던 도로망으로, 기존의 도시 조직에 대한 대대적인 개수

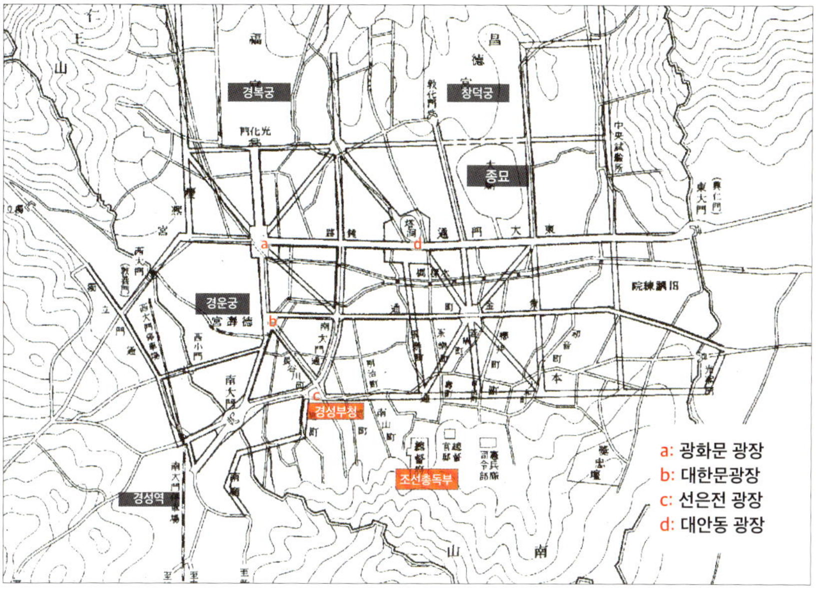

1912년 경성시구개수 예정계획 노선과 1919년 수정 노선

를 예고하는 것이었다. 그러나 다소 과격했던 1912년의 시구개수 예정노선은 태평로를 제외하고는 이대로 진행되지 못하고, 1919년 대폭 수정되었다. 1919년 시구개수는 1916년 조선총독부 이전이 결정되며 을지로의 방사형 도로 계획이 사라지고, 대신하여 경복궁을 기점으로 대각선 도로가 추가되고, 창덕궁과 종묘를 가로지르는 현재의 율곡로도 추가되었다. 시구개수는 1929년까지 지속되었는데, 기본적으로는 기존의 어긋난 도로들을 정비하여 직선화하고, 새로운 도로들을 일부 추가하여 직교하는 도로망을 만듦으로써 도시 교통을 원활하게 하고자 하는 것이었다.

1930년대 들어서며 경성과 타이베이의 도시계획은 새로운 국면에 접어들게 되었다. 1930년 타이호쿠시의 인구가 23만 7,866명에 이르자, 25만 명을 기준으로 삼은 1905년의 〈타이호쿠시구계획〉을 수정·보완해야 할 필요성이 생겼다. 〈대타이호쿠계획大台北計畫, The Great Taipei City Plan〉으로 불리는 1932년 고시된 〈타

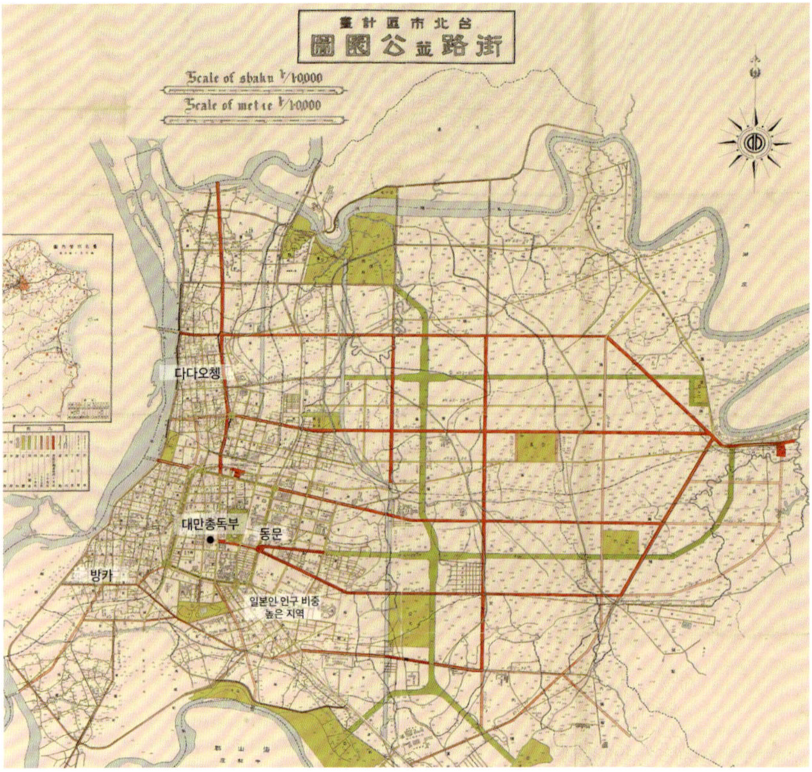

1932년 〈대타이호쿠계획〉

이호쿠시구계획〉은 여전히 경작지였던 타이베이 동측으로 도시를 확장시키며 기존의 그리드 시스템을 확장하여 더 기하학적인 패턴을 가지는 도시를 건설하고자 하였다. 1932년 〈타이호쿠시구계획〉에서는 타이베이의 도로를 3개의 레벨로 분류하였다. 첫 번째는 대타이호쿠의 중심 축이라 할 수 있는 직교 그리드 체제의 100m, 70m, 50m 폭의 대로, 그리고 두 번째는 40m 폭의 방사선도로, 그리고 마지막은 그 사이를 연결하는 20~30m 폭의 도로였다. 또한 공원 시스템이 이 계획의 또 다른 주안점으로 기존의 4개의 공원(타이베이 신공원·위안샨 공원·룽샨사 공원·삼선로)에 더해 총 256ha에 이르는 16개의 공원이 계획되었다.

한편 서울에서는 1934년에 최초의 근대적 도시계획법인 〈조선시가지계획령〉이 제정되었다. 〈조선시가지계획령〉의 시행에 따라 1936년 경성부는 고양군 용강면·한지면·독도면·숭인면·은평면·연희면 및 시흥군 북면·양동면·동면·영등포읍 등을 포함하는 행정구역 확장안을 발표하였고, 이에 따라 경성부의 면적은 약 3.5배로 증가되었다. 1937년 발표된 〈경성시가지계획이유서〉에 따르면, 확장된 경성부를 소지역으로 나누어 각 지역별 성격을 부여하는 지역개발을 시도하였다. 또한 영등포를 제외한 편입된 지역에는 가로망이 거의 없었으므로, 도시 전체를 구도심부·용산부·청량리구·왕십리구·한강리구·마포구·영등포구의 7개의 교통구역으로 나누고 주심과 부심을 연결하는 주간선도로, 부심 상호간 및 교통구역 내부의 주요 지점들을 연결하는 준간선도로, 기타 지선도로로 나누어 도로망을 구성하였다. 이 계획은 이전의 시구개수사업과 달리 도로뿐 아니라 도시의 체계적인 개발을 추구하였다는 점에서 차이를 가진다.

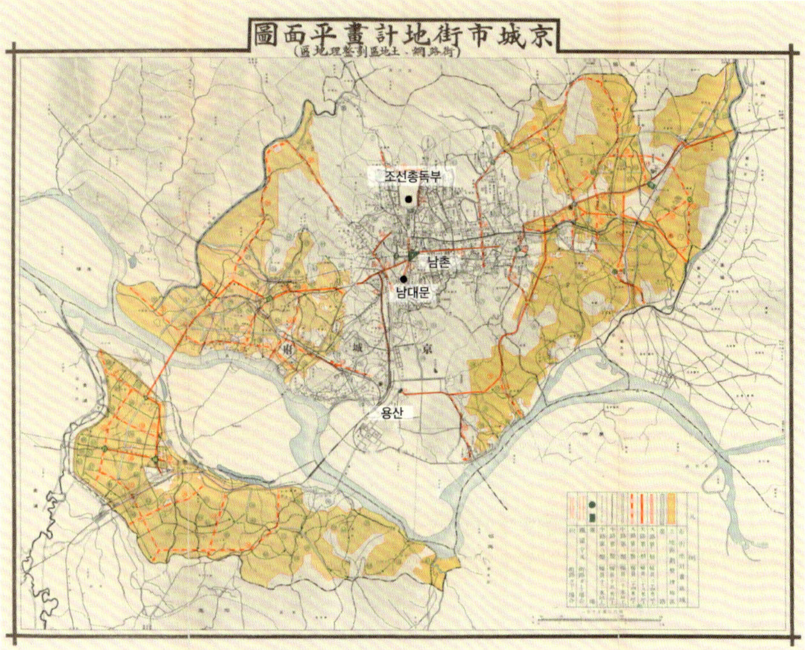

1936년 〈대경성계획〉

일제강점 하 타이베이와 서울의 식민근대도시화과정 비교

서울과 타이베이를 비롯한 아시아의 근대도시화 과정은 식민화와 근대화가 동시에 진행된 과정으로서, 폭발적 인구증가와 산업구조의 변화에 따른 보편적 근대도시화뿐 아니라 식민권력에 의한 도시공간의 재편을 겪는 과정이었다. 특히 식민시기 만들어진 도시계획은 1945년 이후에도 계속하여 이어졌고, 특히 토지구획정리사업, 지역지구제 등은 현재까지도 서울과 타이베이를 비롯한 한국과 대만의 도시에 큰 영향을 미쳤다. 두 도시가 식민지 하에서 근대도시화가 되는 과정은 상당히 유사한 측면이 많지만 차이점도 동시에 존재한다.

타이베이는 성도가 된지 3년 만인 1895년에 일본의 식민지가 되었고, 서울은 1910년에 일본의 식민지가 되었다. 식민지배 하에서 두 도시의 도시계획이 만들어진 양상은 유사하면서도 다른 측면이 있다. 식민 초기부터 1900년까지는 도시계획 자체가 성내에 한정되었으나, 1901년 남문 밖 지역에 일본인 거주지역이 건설된 이후 시행된 1905년의 〈타이호쿠시구계획〉은 방카, 다다오쳉을 포함한 삼시가를 하나의 타이베이로 계획하는 것이었다. 1896년 제작된 〈타이호쿠·다다오쳉·멍지아 약도〉는 세 개의 시가가 별도의 구역임을 보여주나, 1905년 타이호쿠 시가개수는 타이베이 성벽을 철거하며 성벽은 도로가 되고, 성문이 있던 곳은 로터리가 되면서 성내-다다오쳉-멍지아 사이의 도로 체계가 만들어졌을 뿐 아니라 타이베이 성 북문과 서문 사이에 시가지가 발달함으로써 멍지아-다다오쳉-타이베이 성내가 통합된 하나의 도시 체계가 되고 있는 것을 보여준다.

서울도 마찬가지로 식민화 이전 한성부는 성내와 성저십리로 구성되어 있었으나, 1913년 총독부령 제111호 〈도의 위치, 관할구역과 부군의 명칭, 위치, 관할구역〉이 제정됨에 따라 1914년 3월 경성부의 구역은 기존의 한성부 성내와 숭신면·한지면·두모면의 일부를 각각 서울의 동부·서부·남부에 편입시키며 확정되었다. 이는 곧 기존의 한성부 성내와 주변 일부, 그리고 용산이 합병된 구조였다.

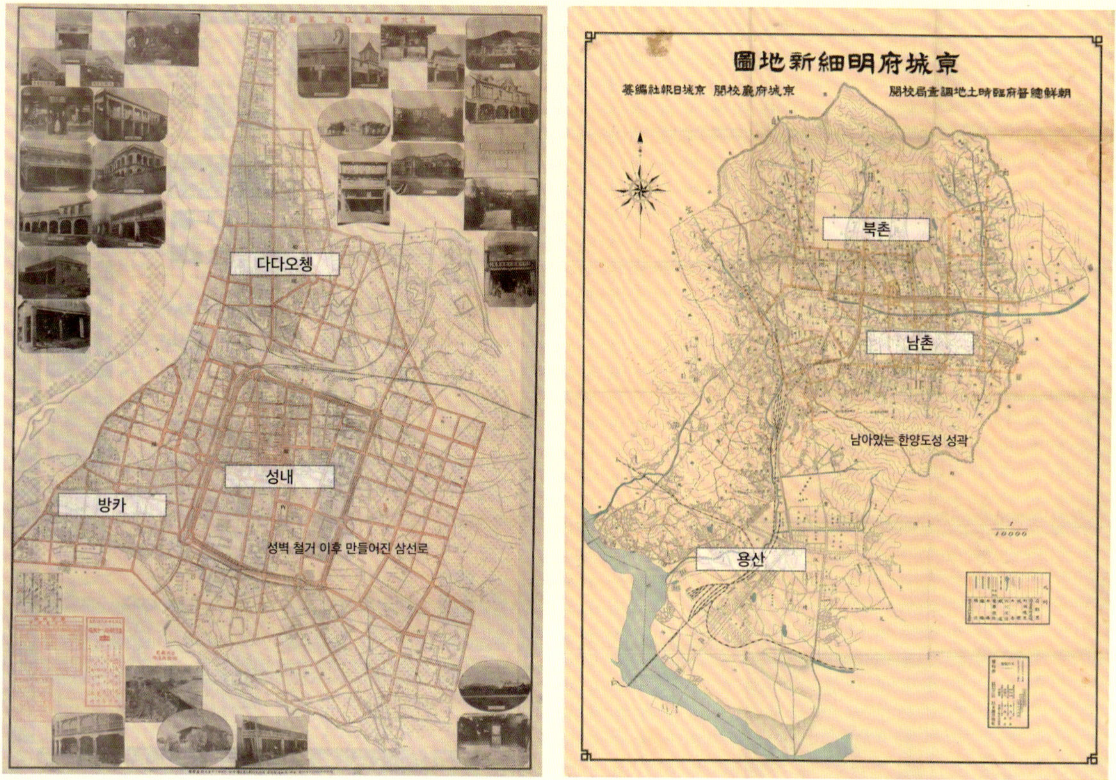

1907년경 타이베이의 도시구조와 1910년경 서울의 도시구조

기존의 전통적 성곽도시에 군사기지 용산이 합병된 표주박 형태의 독특한 이중 도시를 형성하는 결과를 낳았다. 서울의 경우 타이베이처럼 성곽이 전면적으로 철거되지는 않았으나, 남대문을 통해 용산으로 가는 경로가 중요해짐에 따라 남대문 부근의 성곽이 1907년부터 철거되면서 성벽의 철거가 차츰 이루어졌다.

티이베이와 서울에서 본격적인 도시계획이라 할 수 있는 계획은 각각 1905년과 1912년에 등장하였지만, 두 도시에서 노폭을 확장하고 하수도를 구축하는 등 근대적 도로게수가 시작된 것은 1895년의 일이었다. 타이베이는 식민화 이후였기 때문에 이것이 일본제국에 의해, 서울은 한성부와 일본인 거류민에 의해 진행되었다는 차이가 있지만, 두 도시 모두 19세기 말 도로개수사업을 계기로

서울의 일본인 인구비율(1935년)과 타이베이의 일본인 인구비율(1932년)

근대적 도시화를 시작하였다. 동시에 두 도시에서는 늘어나는 일본인 인구를 수용하기 위해 일본인 거주지가 계속하여 확장되는 양상을 보였다. 타이베이의 경우 성내 동남측과 성외 방카지역, 서울의 경우 성내 남촌과 성외 용산 지역에 일본인 거주지가 형성되었다. 타이베이에서 일본인들의 초기 거주지는 성내 빈 지역이었던 동남측에, 이후에는 기존의 시가지인 방카 지역으로 확장되었음에 반해, 서울의 경우 초기 거주지는 한성부 성내 기존 조선인 시가지인 남촌에서 시작하여, 이후에는 용산에 신시가지를 구축하는 양상으로 나타났다. 즉 타이베이와 서울 모두에서 상대적으로 비어 있던(밀도가 낮던) 성내 남쪽 부분에 일본인 거주지가 자리잡은 후 이후 성외 지역으로 확장되는 양상을 보였다. 또한 일본인 거주지 내에 행정시설이 함께 설치되었는데, 식민화와 함께 일본인 인구가 크게 증가한 타이베이의 경우 대만총독부 산하 통치기구들의 설립과 함께 일본인 거주지가 형성되었으나, 상업 등을 위해 도항한 일본인 인구가 크게 증가한 이후 비로소 조선총독부가 설치된 서울의 경우 일본인 거주지 내에 이후 통치시설들이 들어서는 차이를 보였다.

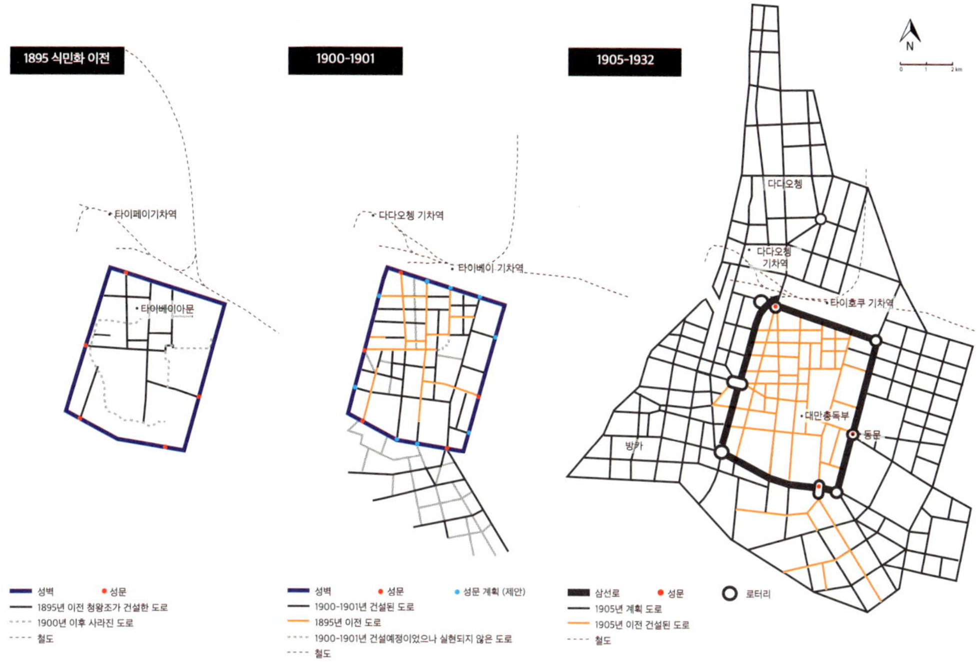

Base Map: Taibeijidadaocheng,bankaleutu(台北及大稻埕, 艋舺略圖), 1895

Base Map: Taihokujyonaishigaikeikaku(台北城內市街計畫), 1900
Kaojotaihokushigajendo(改正臺北市街全圖), 1901

Base Map: Taihokushikukeikaku(臺北市街計畫), 1905

일본 통치 전후 타이베이의 도시구조 변화

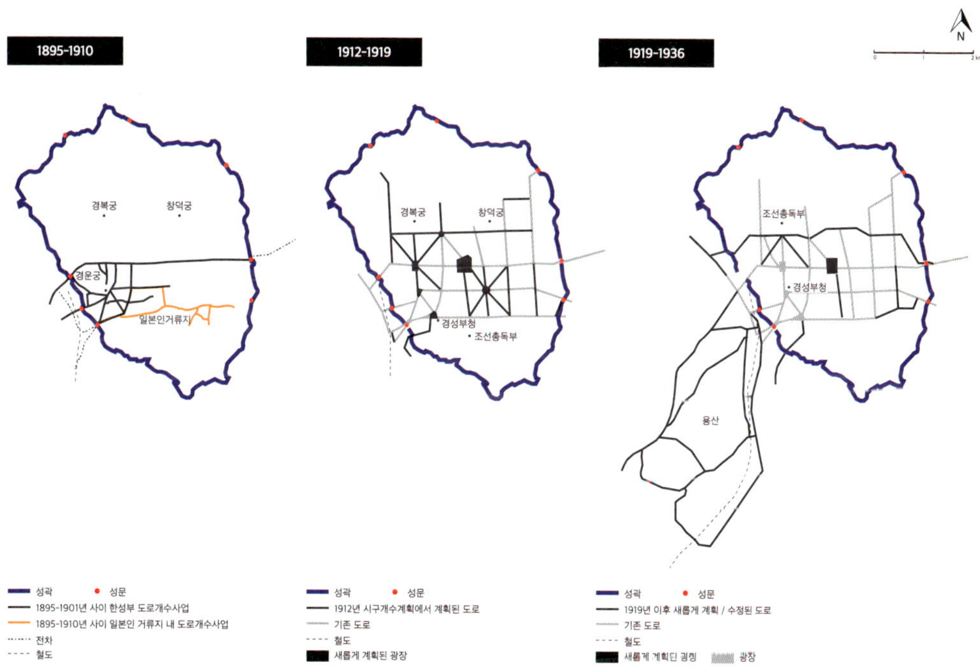

Base Map: Keijoshigaizu(京城市街圖),1907

Base Map: Keijo Urban Improvement Plan Map, 1912

Base Map: Modified Keijo Urban Improvement Plan Map, 1919

일제강점기 전후 서울의 도시구조 변화

1905년의 〈타이호쿠시구개수계획〉과 1912년 〈경성시구개수계획〉은 모두 1930년대 〈대타이호쿠계획〉과 〈대경성계획〉이 등장하기 이전까지 기본적인 도시계획법으로서 역할을 했는데, 기본적으로는 도로의 신설과 개착을 중심으로 도시의 새로운 중심과 기존의 중심을 연결하기 위한 계획이었다. 즉, 1905년과 1912년의 타이베이와 경성의 도시계획은 확장되는 도시의 체계를 만들기 위한 도로망과 가구체계(블럭)를 구축하는 것에 초점을 두고 있었다. 타이베이의 경우 일본인들이 주로 거주하는 성내와 주변을 연결하는 것, 경성의 경우 일본인들의 주요 거주지인 남촌과 북촌을 연결하는 것에 주안점을 둔 것을 볼 수 있다. 도로망 체계는 기본적으로는 격자형 체계를 기본으로 하였지만, 로터리 주변으로는 방사선의 도로체계를 결합하는 양상을 보였다. 1905년 〈타이호쿠시구개수〉는 당시 대만총독부 총독이었던 고토 신페이가, 1912년의 경성시구개수는 대만에서 초빙되어 모치지 로쿠사부로對地六三郎가 주도하였기 때문에 기본적으로 지향하는 도시의 성격(격자형 도시구조와 로터리의 건설)에 영향을 줄 수밖에 없었다.

그러나 전체적인 도시계획의 방향과 달리 실제 도시계획의 세부적인 상황들은 차이가 있을 수 밖에 없었다. 성문이 있던 자리가 그대로 로터리가 된 타이베이와 달리 경성에서는 기존의 도시 조직에 새롭게 로터리를 만들려 하였으며, 심지어 황금정통 로터리 같은 경우 재경성일본인들의 중심지였기 때문에 반대에 부딪혀 그 계획은 실현될 수 없었다. 경성의 로터리는 대한제국기 도로개수사업과 함께 만들어진 대안문 앞 로터리(시청 앞 광장), 선은전 광장 및 한양도성의 일부를 철거하고 만든 남대문 로터리 뿐이었다. 또한 가로망 구축으로 블럭을 만들고자 했던 계획 역시 상대적으로 미개발지가 많았던 타이베이에 비해, 경성은 이미 시가지가 구축되어 있었던 상황이었기 때문에 4개의 동서도로, 5개의 남북도로로 만들어진 큰 틀로서의 도로 체계는 만들었으나, 가구(district)로서의 격자형 블럭 체계의 구축은 불가능하였다. 또한 1905년 성벽의 철거와 철거된 성벽의 위치에 순환도로를 만듦으로서 동서남북 방향으로 도시의 확장이 가능하게 된 타이베이와 달리, 기본적으로 산성의 성격을 가진 한양도성의 경우 일부 구간, 특히 남대문, 서대문 일대의 성문과 성벽이 철거되며 서울의 도시 확장이 주로 남-서로 갈 수 밖에 없는 상황이 만들어졌다.

1932년 〈대타이호쿠계획〉이 공포되지 전까지 타이베이 도시계획의 기본 틀이 된 1905년의 〈타이호쿠시구계획〉과 달리, 1912년 〈경성시구개수계획〉은 태평로 건설을 제외하고는 기존 도로를 정리하는 정도에 머물렀고 결국 1919년 크게 수정되었다. 식민 초기 조선총독부가 위치하였던 남촌은 지리적으로 도시의 중심으로 역할하기에는 불리하였고, 여기에 더해 남촌을 중심으로 만들기 위한 황금정통 광장을 중심으로 한 방사선 도로체계의 구축을 위한 토지 수용을 재경성일본인들이 거부하였기 때문이었다. 이는 식민화 이후에 비로소 일본인의 거주가 많아지는 타이베이와 달리, 식민화 이전부터 도시 내에 크게 일본인거류지가 형성되어 있었던 경성의 경우 조선총독부와 입장을 달리하는 경제적으로 부유한 계층인 재경성일본인이 이미 토착화되어 있었기 때문이었다. 따라서 식민 초기부터 일본이 타이베이성의 남동측에 정치적 중심지이자 생활의 중심지를 구축해나간 것과 달리, 경성에서는 식민화 이전 한국에 진출한 기존의 일본인들이 구축한 거류지에 처음에는 총독부를 비롯한 기관들이 자리잡게 되었다. 그러나 이 지역은 지대가 높아 교통상 불편하며 지정학적으로도 정치적 중심으로서의 상징을 가지기 어려웠기에 결국 조선총독부는 경복궁이 있는 북촌으로 이전하게 되었다.

결국 1905년 〈타이호쿠시구계획〉에 의해 타이베이는 성내 동남측 신시가지의 행정 중심 및 동남쪽 성외 지역의 신시가지 건설, 북서쪽의 대만인 위주의 기존 시가지라는 성격을 가진 도시로, 경성은 기존 조선인 중심 기존 시가지에 행정 중심이 이동하며 행정중심+조선인위주 거주지, 남촌의 일본인 거주지 그리고 남대문 밖의 일본인 신시가지라는 도시 공간의 구조를 만들어내는 결과를 만들어 내게 되었다.

타이베이와 서울, 닮은 듯 다른 두 도시

한국과 대만은 일본의 식민지로부터 광복되자마자 전쟁으로 인한 어려움을 겪었고 이후 이어진 군부통치 하에서 폭발적 경제성장을 이루어냈다. 이 같은 상황에서 서울과 타이베이는 각각 한국과 대만의 수도로서 전통 도시에서 식민도시로, 식민도시에서 자본주의 도시로의 드라마틱한 변화과정을 겪었다. 서울과 타이베이는 20세기의 드라마틱한 역사적·정치적·사회적 변화 과정이 닮아 있는 도시이며, 일본의 공식적인 두 식민지의 수도로서 일본의 개입에 의해 근대도시화하게 된 도시라는 측면에서 닮은 점이 많으나, 광복 이후 일본에 대한 인식 차이로 인해 현재 일제강점기의 흔적들에 대한 평가는 다소 다른 양상을 보인다.

1885년 성벽을 쌓으며 비로소 성시가 된 타이베이는 불과 20년 후 성벽이 철거되며 일본의 도시계획에 의해 만들어진 식민근대도시 타이호쿠가 되었고, 일본 패전 이후 타이호쿠가 타이베이로 다시 돌아오는 과정에서 국민당정부에 의해 삼선로의 이름들이 중화민국식으로 대체되었다. 그러나 총통부 앞 길의 이름이 지슈루介壽路로, 그 앞 공원이 으로 변경되는 상황을 겪음과 동시에 총독부는 총통부로 이름만 바뀌었을 뿐 일본의 지배를 상징하는 건물들은 그 권력만 대체되는 상황을 겪었다. 이는 우리에게

카이거다란 대로의 복원된 북문

광화문 앞에 있었던 중앙청의 모습

조선왕조의 수도 한성이 역시나 성벽이 철거되고 일본의 도시계획이 실현되며 식민근대도시 경성이 되는 과정을 떠올리게 한다. 또한 광복 이후 조선총독부가 그대로 중앙청이 됨과 동시에 본정은 충무로로, 황금정은 을지로로 지명을 변경했던 것을 떠오르게 한다.

도시건축에 있어서도 마찬가지이다. 1960~70년대 우리가 김수근과 김중업을 통해 그토록 부르짖던 한국적 모더니티는, 타이완에서는 왕다홍王大閎의 중화적 모더니티로 재현되었고, 철근콘크리트라는 재료로 만드는 민족의 건축에는 지붕과 기둥 같은 형태적 요소의 차용부터 마당과 중정이라는 공간적 요소의 적용이라는 요소들이 공통적으로 나타났다. 도시로의 인구 집중과 그에 따른 주거 부족을 해결하기 위해 우리는 세운상가군이라는 메가스트럭처를 만들어 냈고, 그들은 화강정건주택이나 난지창 같은 역시나 메가스트럭처의 정건주택들을 만들어 냈다. 1990년대 후반 이후 일본문화에 대한 개방과 동경 그리고 이보다 더 나아가 타이완에서 나타난 일본통치시기에 대한 향수는 되려 일본통치시기 근대건축물들의 재활용이라는 결과로 이어졌고, 이는 지금까지도 이어져가고 있다. 한편 식민의 공간에서 시민의 공간으로 변화한 광화문 광장처럼, 총통부 앞 광장 역시 사실은 대로이며, 대로이자 광장인 이 두 곳엔 주말이면 사람들이 가득 차 시위를 한다. 이처럼 20세기 전반에 일본의 식민지배를 겪은 두 나라가 20세기 후반을 보내며 21세기로 향하는 모습은 도시 구조와 도시 역사의 본질적인 차이에도 불구하고 묘하게도 굉장히 많이 닮아 있다.

06+

다른 듯 닮은 카이로,
서울과는 닮았을까?

다른 듯 닮은 카이로, 서울과는 닮았을까?

다양한 문화와 충돌하며 살아온 카이로

그들의 조상 파라오, 그들이 후손에게 남긴 유물은 어디에?

카이로의 젖줄 나일강, 서울의 젖줄 한강

다른 듯 닮은 카이로 가족문화

제6강

다른 듯 닮은 카이로, 서울과는 닮았을까?

박재양
부산외국어대학교 아랍학과 조교수

다양한 문화와 충돌하며 살아온 카이로

5,000년 전 피라미드와 스핑크스를 세웠던 파라오 왕조, 그들은 누구의 조상인가? 3,000여 년의 화려한 역사를 이끌었던 그들은 누구인가? 어린 시절부터 우리의 머리 속에서 떠나지 않고 있는 피라미드, 스핑크스, 미라 등 고대 문화의 주인은 누구의 조상인가?

그들은 이집트인의 조상이다. 이집트는 지리적으로 아프리카 대륙의 북동쪽에 위치하고 있다. 북쪽에는 아프리카 대륙을 가로질러 흐르는 나일강의 종착점인 지중해가 있고, 그 너머 유럽이 있으며, 남쪽으로는 수단, 동쪽으로는 사우디 아라비아·요르단·이스라엘과 국경을 접하고 있다. 서쪽으로 리비아와 이웃 국가이기도 하다. 이집트는 우리가 알고 있는 여러 아라비아반도의 왕정국가와 달리 대통령 중심제 국가이다. 1952년 자말 압둘 나세르Gamal Abdel Nasser가 혁명을 통하여 왕정체제 국가를 무너트리고 대통령 중심 사회주의 노선을 걸었으나, 현재는 민주주의와 사회주의를 혼합한 대통령 중심제 국가이다.

자말 압둘 나세르 대통령

이집트의 가장 큰 강줄기는 4대 문명의 발상지인 나일강이다. 아프리카 중앙의 빅토리아 호수부터 아프리카 대륙을 가로질러 지중해 바다로 흘러가며, 그 길이만 해도 약 6,700km가 된다. 이집트의 나일강 유역은 기원전 3,000여 년부터 고대 문명의 한 축인 파라오 문명이 출현하며 번창하였다.

오늘날 이집트의 수도 카이로Cairo는 파라오 초기 왕조의 수도 멤피스Memphis로부터 기원하고 있다. 멤피스는 현재 카이로 중심 지역에서 약 30km 벗어난 지역에 위치하고 있지만, 그 당시에 얼마나 찬란한 도시였는지는 오늘날 발굴되는 유물에서 알 수 있다. 그곳에서는 최초로 돌을 사용한 건축물과 파라오 왕의 무덤이 만들어지기 시작하였다. 이때부터 돌을 이용한 건축물 건설에 기술력을 쌓은 이집트 조상들은 여러 시행착오를 거쳐 오늘날 우리가 감탄을 금치 못하는 거대한 건축물인 피라미드와 스핑크스를 완성하였다.

지금도 카이로의 나일강 서쪽지역, 저 멀리 80여 개의 피라미드가 다양한 형태로 남아 후손에게 유산으로 남겨져있다. 이렇듯 카이로는 기원전의 파라오 시대부터 수도로 이 지역의 핵심 도시로 번성하였으며, 오늘날에도 아랍권의 중심 지역으로 알려져있다. 아랍연맹의 본부가 있는 도시로 파라오의 후손답게 그들은 주변 아랍권의 맹주국가로 문화, 사회, 정치, 군사 등 다양한 분야에서 아랍권을 선도하고 있다.

카이로시대 이후 또 다른 파라오의 찬란한 문화를 가진 도시가 이집트 남쪽 지역에서 번성하였다. 룩소르와 아스완이다. 이 두 도시는 카이로와 함께 이집트에서 파라오 문화유산을 체험할 수 있는 곳이다. 그 당시 얼마나 화려하고 부유한 지역이었는지는 현존하는 찬란한 문화유산을 보고 알 수 있다.

룩소르Luxor는 카이로에서 약 800km 멀리 떨어져 있는 도시로 파라오의 신왕조의 수도였으며, 수도 이름은 테베Thebes였다. 3,000여 년 전에 테베에는 무슨 일이 일어나고 있었기에 오늘날 우리를 놀라게 하는 문화유산이 남아 있는 것일까? 나일강 서쪽에는 파라오의 주검을 미라로 만들어 보존하기 위하여 계곡의 바위를 뚫어 왕들의 무덤을 만들었다. 여기서 바로 우리가 어릴 적부터 들어온 황금가면의 주인 투탕카멘 소년왕의 무덤이 발견된 곳이다. 나일강 동쪽에는 태양신 등을 모시는 신전을 짓고 신전 벽화에는 파라오 업적 등을 기록해 놓았다. 돌을 이용하여 134개의 열주식 원통기둥을 만들고, 오벨리스크 등에는 그들의 신과 파라오의 굳건함을 상징하는 기록을 돌에 새겨 놓았다. 룩소르는 도시 전체가 고대 파라오의 흔적이 남아 있는 도시이다.

룩소르에서 나일강 상류 쪽으로 350km를 올라가면 나일강의 수량 조절과 전력을 위한 아스완 댐과 하이 댐이 있다. 특히, 두 댐의 건설로 필라 신전과 파라오 람세스의 아부심벨 신전은 수몰 위기에 놓였으나, 유네스코의 도움으로 신전을 높은 지역으로 통째로 옮겨 재건하였다. 필라 신전은 프톨레마이오스 왕조 시기에 건설된 것으로 동서 문화가 융합된 건축물이 있는 곳이기도 하다. 아부심벨 신전은 파라오의 강력한 왕 람세스 2세의 치적을 위하여 세워진 신전으로 그 웅장함에 감탄할 따름이다.

이집트인의 조상 파라오들은 나일강의 상류인 아스완과 룩소르부터 하류인 카이로까지 그들의 파라오 문화를 후손들에게 남겼다. 이런 찬란한 파라오 시대도 기원전 332년에 알렉산드로스 대왕에 의하여 멸망한다. 그의 후예들은 파라오 땅의 첫발을 딛고 새로운 도시 알렉산드리아를 세웠다. 오늘날 알렉산드리아는 나일강 하류에 위치한 이집트 제2의 도시로 지중해 바다와 나일강 강물이 만나는 지점이기도 하다. 이 도시는 동서 문화의 융합으로 탄생된 헬레니즘 문

룩소르 신전과 오벨리스크

화의 중심지로서 지중해변의 유럽까지 영향력을 행사한 가장 큰 도시였다.

이렇듯 수천 년 전의 찬란한 문화유산을 가진 이집트인은 기독교 문화를 받아들이고, 동서양의 문화를 융합 발전시켜 헬레니즘시대를 거쳐 세계 문화사적으로 한 획을 그을 수 있는 비잔틴시대를 경험하고, 7세기 중엽에 아라비아반도에서 탄생된 아랍인의 이슬람을 받아들였다.

아라비아반도의 신흥종교 이슬람은 지역적인 한계를 벗어나 과거의 찬란한 문명을 가지고 있던 파라오 후손을 아랍민족으로 포함시키면서 사막에서 탄생된 종교의 한계를 뛰어넘는 계기를 마련하였다.

오늘날 이집트 인구의 90%가 아랍문화를 기반으로 탄생된 이슬람교를 믿고 있다. 한마디로 그들의 주류 문화는 파라오문화, 기독교문화를 거쳐 아랍문화로 정착했다. 이집트 기층문화는 아랍민족들이 가지고 있는 특징을 고스란히 간직한 아랍문화다. 의식주, 언어, 종교 등 인간의 가장 기본적인 부분까지 아랍문화가 이집트인들의 가슴에서 숨 쉬고 있다.

그럼 아랍의 의미는 무엇인가? 민족적으로 함족, 셈족이며, 아랍어를 모국어로 사용하는 사람을 가리킨다. 이집트인은 7세기 이슬람을 받아들이면서 그 당시 이집트인이 사용하고 있던 언어인 콥틱어를 버리고 아랍어를 받아들였다. 이미 헬레니즘과 비잔틴문화를 경험했던 파라오의 후손 이집트인은 생소한 이슬람문화에 저항 없이 동화했다.

이집트의 수도 카이로는 중세시대에는 강력한 시아파 왕조의 수도로, 이라크의 바그다드와 스페인의 코로도바와 함께 이슬람세계의 학문, 정치, 문화의 중심지로 번창했다. 그 당시 중세시대의 강력한 왕조였던 바그다드의 압바스 왕조가 칭키스칸의 후예들에게 점령당하고, 몽골이 파라오의 영토를 넘보았을 때, 카이로 왕조는 아이잔루트 전투에서 몽골을 격퇴하며, 더 이상 파라오 땅과 아랍지역을 넘보지 못하도록 했다.

이런 승리의 원천은 무엇인가? 파라오 시대부터 외세침입에 유연하게 대처해

온 결과로 이슬람을 받아들이며, 알라 앞에서는 만민이 평등하다는 기조 아래 집권층과 국민들이 단결하여 싸운 결과가 아닐까 한다. 아랍권의 강력한 리더로 성장한 이집트, 그들이 아랍권에 행사하는 영향력은 겉으로 표출된 것보다 강하다. 이집트인은 아라비아반도 국가의 기간산업에서 종사해 오고 있다. 이집트 문화가 그들의 기층문화와 오랜 기간 교류를 자연스럽게 해 오고 있어 아라비아반도의 사람들은 이집트인의 언어, 행동 등에 익숙해져 있다.

이집트문화는 파라오문화, 헬레니즘문화, 비잔틴문화, 이슬람-아랍문화 등의 중심지로 북부아프리카에서 아라비안반도, 서아시아까지 아우르는 지역문화에 중추적 역할을 한다. 이집트인의 아랍문화를 이해하면 주변 아랍권의 문화와 사회를 이해하면서, 우리가 알고 있는 산유국 중심의 이슬람-아랍문화를 탈피하는 계기가 될 것이다.

오늘날 이집트에는 아랍국가들이 권익을 위하여 창설된 아랍연맹 본부가 있다. 22개국을 회원국으로 가지고 있는 아랍연맹의 공식종교는 이슬람교이고, 아랍문화를 기반으로 하고 있다.

아랍문화의 뿌리인 이슬람문화는 무엇인가? 아랍을 하나의 문화로 묶어주는 이슬람문화의 원천은 어디에서 나오는 것인가? 알라의 말씀인 《꾸란》과 사도 무함마드의 언행록인 《하디스》에서 나온다. 이 두 경전은 아랍 사회에서 발생하는 모든 것을 규제한다. 특히 성서인 《꾸란》에 대한 경애는 타 종교에 비교할 때 매우 높다. 《꾸란》이 바닥에 놓여 있거나, 다른 책과 겹쳐 놓으면 안 된다. 타인에게 《꾸란》을 전할 때는 오른손으로 건네고, 낙서해서도 안 되며, 찢거나 훼손하시 말아야 한다.

아랍인의 사무실이나 집 등을 방문해보면, 항상 깨끗하고 높은 장소에 질 보관되어 있는 《꾸란》을 볼 수 있다. 아랍인은 아름답게 제본된 《꾸란》을 선물로 주고받는다. 아랍국가간 지도자의 선물로도 《꾸란》이 빠지지 않는다. 《하디스》는 사도 무함마드의 언행록으로 성서인 《꾸란》의 이해를 돕고자 사도가 직접 추종자에

살라흐딘 성채

게 말과 행동으로 설명한 것을 집대성한 것이다. 이슬람사회는 알라의 말씀인《꾸란》과 사도의 언행록인《하디스》를 기본으로 수니와 시아로 구분된다. 두 파의 종교적 차이점은 이슬람 초기 국가개념인 '움마'를 이끄는 지도자 선출방식에서 차이를 보이고 있다. 공동체의 '이즈마아(만장일치)'를 통하여 지도자를 정해야 한다는 수니와 사도 무함마드 혈통만이 지도자가 되어야 한다는 시아로 구분된다.

시아로 구분되는 대표적인 국가는 이란이며, 인구의 90% 이상이 시아파에 속한다. 인구의 반수 이상이 시아를 추종하는 국가로는 이라크, 바레인이 있다. 시리아, 레바논, 예멘에도 시아파들이 있지만 반수를 넘지는 않는다. 오늘날에는 수니 및 시아의 추종 세력이 아랍 국가마다 있고, 타 종교를 믿는 아랍인도 있다. 그러나 서로 다른 종교상의 이유로 심하게 반목하지는 않는다. 하나의 아랍 사회라도 국가별로 다양한 관습을 가지고 있다. 아라비아반도에서 출발한 베드윈의 문화가 주변의 문명 지역으로 퍼져 나갈 때 피지배 지역의 전통과 관습을 말살하지 않고 수용한 결과이다.《꾸란》과《하디스》를 근본으로 한 아랍 사회, 그들은 두 경전을 바탕으로 사회의 규범을 정할 때도 각 나라의 전통, 관습, 부족의 관례 등을 참조하며 다양한 유권 해석을 내렸다.

1,400여 년을 하나의 종교로 꿋꿋이 이어온 아랍 사회를 지탱한 원천은 일상생활에서 실천하는 이슬람의 오주와 육신에서 찾을 수 있다. 무슬림의 실천행위 규범인 오주는 '증언'·'예배'·'단식'·'희사'·'순례'로 구분한다. '증언'은 알라는 한 분이시며, 무함마드는 사도라는 것을 믿고 표현하는 것이며, '예배'는 하루에 정해진 시간에 다섯 번 드리는 것이고, '단식'은 월 한 달 동안에 굶는 것이다. '희사'는 총수입의 2.5%를 가난한 사람들을 위하여 내어놓는 것이며, '순례'는 무슬림이 평생에 한 번을 정해진 기간에 메카를 다녀오는 것이다. 육신은 신의 유일성 및 천사들을 믿고, 사도들과 경전을 믿고, 최후 심판일, 정명론을 믿는 것이다. 단순하고 간략한 오주와 육신 교리를 전 아랍권 사회가 실천하면서 1,400여 년 동안 타 문화의 침입에 흔들리지 않고 지탱해올 수 있었다. 과격 단

체가 생겼다가 사라지고, 또다시 출현하여도 흔들리지 않는 아랍사회는 이슬람의 다양성으로 설명할 수 있다.

과격파나 온건파나 그들이 주장하는 근원은 《꾸란》과 《하디스》이다. 과격파는 모호한 《꾸란》 구절을 이용하여 자기들에게 유리하게 해석하여 정의를 내린다. 사회적 분위기가 혼란스러울 때 과격 그룹이 세를 확장하다가, 사라지는 일이 반복되는 것은 과격 그룹이 경전에서 그때그때 사회적 상황에 맞추어 유리한 유권 해석을 이끌어 설득력을 얻기 때문이다. 경전의 다양한 해석은 이슬람 공동체가 아라비아반도를 벗어나 주변으로 확장되어 문명화된 사회(페르시아·비잔틴·파라오·메소포티미아)를 지배하면서 가능해졌다. 이슬람의 근원인 《꾸란》과 《하디스》의 훼손 없이 피지배 지역 사회의 전통을 반영한 유권 해석을 내린 결과가 아닌가 한다.

오늘날에도 아랍 사회는 《꾸란》과 《하디스》로 적용이 안 되는 사항을 각 나라의 상황에 맞도록 종교적인 견해를 내리는 '무프티'가 존재한다. 1,400여 년 전에 계시된 《꾸란》과 《하디스》의 두 경전으로 현대사회에서 발생하는 모든 일을 100% 딱 맞게 규범을 적용한다는 것은 불가능하다. 이때 학식이 풍부한 '울라마' 출신인 무프티가 현대사회에 맞게 성서의 훼손 없이 '파티와'(종교적 견해)를 내려 아랍 사회의 규범을 유지하고 있다.

그들의 조상 파라오, 후손에게 남긴 유물은 어디에?

나폴레옹은 1798년 이집트 정복길에 오른다. 그는 군대와 함께 200여 명의 다양한 분야의 학자를 거느리고 파라오 땅을 밟는다. 이집트 내의 하드웨어 및 소프트웨어까지 속속들이 다 정복하기 위함이다. 그는 왜 이집트의 소프트웨어까지 정복이 필요했을까? 아마도 기원전 3,000여 년 전부터 이어온 파라오문화, 동서양 문화가 활짝 핀 헬레니즘문화, 기독교문화, 이슬람문화 등 다양한 문화가 쉼 없이 이어져 온 이집트 대륙의 신비와 비밀을 알아내기 위함이 아니었을까? 나폴레옹이 파리로 돌아갔음에도 불구하고 200여 명의 학자들은 파라오 땅에 남아 파라오 유적, 나일강 생태계, 사막의 환경, 이집트 고대인들의 삶 등 다양한 분야를 연구했다.

나폴레옹 군대는 이집트 지중해변의 항구도시 라쉬드 지역에서 방어 성벽을 재건하던 중 파라오의 비밀을 밝히는데 열쇠가 된 유물 '로제타 스톤비석' 을 발견했다. 로제타 스톤비석은 3개의 언어형태로 적혀 있었는데, 고대 이집트인들의 '상형문자'와 '민영문자', 그리고 '헬라어문자'로 파라오시대가 저물고 알렉산드로스 대왕 후손들이 세운 프톨레마이오스 왕조 때 만들어진 비석이었다. 후에 이 비석의 내용이 해독되어 기원전 3,000여 년의 역사를 이끌어온 피라미드 주인들의 역사가 세상 밖으로 나오게 되었다.

로제타 스톤은 프랑스 군대가 발굴하였으나, 후에 영국이 이집트를 침공할 때 프랑스 군대로부터 획득한 후, 본국으로 이송하였다. 현재는 대영박물관에 소장되어 있으며, 원래 주인인 이집트에는 카이로 국립박물관에 로제타 스톤의 모조품이 전시되어 있다. 나폴레옹의 이집트 침공 이후, 유럽인의 이집트 유물에 대한 관심이 어느 때보다도 고조되었다. 유럽의 정부와 부호들은 파라오의 비밀을 밝히기 위하여(?) 고고학 발굴 팀을 이집트에 파견하였고, 오늘날에도 이집트 전역의 파라오 유적지에는 세계 각국에서 파견된 고고학 팀들이 발굴 작업을 진행하고 있다.

19세기 중반까지만 해도 이집트에는 선조들이 남긴 귀중한 유물을 거래하는데 아무런 규제가 없었다. 그 당시 셀 수 없는 찬란한 파라오 유물들이 반출되었을 것으로 추정하고 있다. 1835년 이집트 통치자는 선조들의 귀중한 유물을 거래하고 반출하는 것을 금지하는 법령을 공포하였다. 그러나 정작 통치자들은 그들이 법령을 발표하였음에도 불구하고, 이집트를 방문한 유럽의 저명인사들에게 파라오 유물을 방문 선물로 제공하였다. 오늘날 프랑스 파리의 콩코드 광장에 서 있는 오벨리스크가 바로 룩소르 신전 입구의 오른쪽에서 있었던 것으로 그 당시 이집트 통치자로부터 선물로 받은 유물이다.

1972년 유네스코의 의해서 〈문화재불법반출입 금지협약〉이 만들어졌다. 국가 간의 문화재 반출에 대한 협약이었으나, 구속력은 없다. 때문에 실제로 문화재 반환을 위해서는 이해 당사국 간 협정·기증·임대·구입을 통하여 이루어지고 있다. 이 또한 1972년 이후에 밀반출된 유물만 해당이 되어 그 이전에 반출된 유물에 대해서는 반환을 받기 위한 어떠한 국제협약 등도 존재하지 않는다.

이집트 정부는 1983년 고고학 발굴에 관한 새로운 법을 공포하였다. 해외 고고학 발굴 팀이 이집트 내에서 유물을 발굴할 경우, 발굴 유물의 10%만 그들 국가로 합법적으로 반출할 수 있도록 허용하는 대신에 반출하는 유물은 이집트 정부의 승인을 받도록 하였다. 이 법이 만들어지기 전까지는 해외 발굴 팀과 이집트 정부가 발굴한 유물을 50대 50으로 나누었다. 물론 발굴 팀이 반출하는 50%는 이집트 정부의 승인을 받아야 하였으나, 이것 또한 엄격한 통제를 받지 않아 귀중한 유물이 반출되었다. 그 중 유명한 것이 베를린 박물관이 소장하고 있는 네페르티티 흉상이다. 이렇게 합법적 혹은 비합법적으로 반출된 이집트 유물들은 전 세계 박물관으로 흩어져 관광객 등을 맞이하고 있다. 오늘날 전세계 40여 개의 박물관 등이 소장하고 있는 이집트 유물은 약 100만여 점이 넘는다고 한다.

영국 대영박물관에 약 10만 여 점 이상, 독일의 베를린 박물관은 약 8만 여 점, 프랑스 루브르 박물관은 약 5만 여 점을 소유하고 있다. 미국 뉴욕의 메트로폴리탄 박물관이 약 2만 6,000여 점, 워싱턴 박물관이 약 4만 5,000여 점 등 이집트 유물을 소유·전시하고 있다. 그 밖에 이탈리아, 그리스, 오스트리아 등의 박물관에도 이집트 유물들이 전시되고 있다. 이들 박물관들은 이집트의 파라오 유물뿐만 아니라 이집트의 선사시대를 포함한 다양한 시대의 유물도 소장하고 있다. 몇 해 전까지 우리는 이집트 유물이 어떻게 해외로 반출 되었는가

파리 콩코드 광장의 오벨리스크

를 2018년 브라질 박물관 화재 시 불타버린 미라를 보며 알 수 있었다. 아프리카 땅에 묻혀 있어야 될 이집트 미라가 어떻게 먼 남미의 브라질 박물관까지 가게 되었을까? 또한, 2019년에는 어린 파라오 소년왕인 투탕카멘 두상이 이집트 정부와 시민단체의 경매 취소 요청에도 불구하고 영국 경매장에서 신원 불상의 구입자에게 팔려나갔다. 이집트 정부는 어떤 경로로 파라오 소년왕의 두상이 반출되었는지 조차 파악을 하지 못하고 있다.

불철주야 세계 경매 사이트 등 불법거래를 감시하고 있는 이집트 고고학 관광부의 반환부서는 불법으로 반출된 유물들의 경매를 막고 있으나 역부족이다. 그럼에도 불구하고 불법으로 전 세계로 반출된 많은 이집트 유물들 중의 일부가 매년 반환되고 있다고 한다. 이집트는 반출된 유물 모두를 반환받기보다는 선택과 집중을 하여 유물 반환 운동을 전개하고 있다. 영국 대영박물관에 전시되어 있는 '로제타 스톤'과 '스핑크스의 수염', 베를린 박물관에 전시되어 있는 '네페르티티 흉상' 등에 지속적으로 다양한 채널을 통하여 반환 운동을 하고 있다.

상기 유물을 보유한 국가로부터 반환을 받기가 쉽지 않다는 것은 알지만, 정부 간 협상 및 전 국민이 참여하는 운동 등을 전개하며 반환 운동을 펼치고 있다. 이집트는 전 세계 40여 개의 박물관에 장식되어 있는 100만여 점의 자국 유물의 관람 수입이 이집트 국가 수입원인 수에즈 운하 통행료 수입의 몇 배 이상이 될 것이라 추정하고 있다. 미국, 영국, 프랑스, 일본 등으로 반출된 한국의 소중한 유물도 2021년 현재 20만여 점이 넘는다고 한다. 물론 합법적으로 반출된 경우도 있겠지만 비합법적으로 반출된 경우가 대다수이다. 비합법적으로 반출된 유물을 반환받기 위해서는 이집트 등 피해국가와 국제적 연대를 통하여 지속적으로 반환 운동을 전개할 필요성이 있다. 우리 국민들도 자발적이고도 적극적인 유물 반환 운동에 소셜네트워크 등 다양한 채널로 참여하여 민·관이 함께 힘을 합쳐, 피해국가의 국민과 공조하며 함께 귀중한 문화유산을 반환 받는 운동을 전개하면 어떨까?

카이로의 젖줄 나일강, 서울의 젖줄 한강

카이로와 서울, 두 도시의 한복판에는 강이 가로지르고 있다. 강 양쪽으로 도시가 형성되어 있다. 나일강은 이집트 역사의 산증인이라 해도 과언이 아니다. 고대 파라오 왕국부터 근대 국가까지 흥망성쇠의 역사를 함께하고 있다. 카이로의 슬픔과 기쁨을 옆에서 함께한 나일강, 피라미드 등 찬란한 문화를 꽃피웠던 지역에 생명력을 불어 놓았던 나일강, 인간은 존재하다 사라지기를 여러 번 반복했지만 나일강은 자연적, 인위적인 환경의 변화에도 꿋꿋이 다양한 인간들의 삶을 지켜보며 그들에게 큰 응원을 보내고 있다. 한강 또한 고대 왕조부터 근대 국가까지 우리나라의 흥망성쇠를 지켜보고 있는 한국 역사의 산증인이다. 1798년 이후, 카이로에 숨 쉬고 있던 선조들의 문화유산이 서구의 관심을 받기 시작하면서 이집트의 남겨둔 문화재는 과거보다 더 약탈당하여 밀반출되었다.

서울도 외세에 의한 침략으로 문화재 약탈을 당한 역사를 경험한 도시로서 카이로와 동변상련이라 할 수 있다. 아직도 약탈당한 다수의 유물들이 고국으로 돌아오지 못하고 있는 점 또한 같다고 할 수 있다. 이집트 인구는 2021년 2월 현

나일강 유역

재 약 1억 100만 명에 달한다고 한다. 매년 100만 명 이상이 늘어나고 있는 추세이다. 수도권 인구는 총 인구의 20% 이상을 차지하고 있다. 이러다 보니 부동산 가격이 매년 치솟고 있는 현상도 우리나라와 비슷하다.

1990년대 카이로 국제공항에서 도심지로 들어가는 도로 주변에는 비어 있는 황무지 공터가 군데군데 많이 있었다. 현재는 쇼핑센터 및 주택 단지 등 새로운 도시가 들어서 있다. 이런 신도시는 카이로를 중심으로 사방으로 퍼져나가고 있다. 서울도 인구증가로 신도시들이 주변에 새로이 세워지고, 두 도시 모두 시골을 떠나 도시로 이주한 사람들로 인구 밀집도가 매우 큰 도시이다.

다른 듯 닮은 카이로 가족문화

이집트는 우리와 인종, 피부색, 언어는 달라도 우리와 같은 가족중심 사회이다. 출가한 자녀와 한 지붕 아래서 함께 살기를 원하고, 장모의 등쌀에 사위가 곤란해 하고, 자식들이 부모세대보다는 더 나은 삶을 살기를 바라는 교육 열기 등 자식에 대한 사랑은 우리와 다르지 않은 문화를 갖고 있는 나라이다.

도시에 일자리를 찾아온 사람들 명절이면 그들의 부모를 찾아 고향으로 내려간다. 고향에서 친지와 친구들도 만나고, 조상들의 무덤도 방문하며 조상의 넋을 빈다. 카이로 시민들의 가옥 형태는 현대식 고층건물, 다세대 주택, 단독 가옥 형태 등이 있다. 그들 대부분은 다세대 주택을 지어 한 가족이 한 건물 안에 함께 살기를 희망한다.

식사 문화에서도 어른이 먼저 들기 전에는 식사를 시작하지 않는다. 어른이 함께 착석하여 식사를 들자고 할 때까지 기다린다. 식사를 하면서 TV 연속극 이야기, 축구 등 스포츠 이야기 등 일상적 주제를 화두로 가족간에 대화를 하면서 식사를 한다.

카이로에서도 사랑방 문화가 이어져 내려오고 있다. 오늘날 카이로 중심의 현대식 가옥에서는 찾아보기 힘들지만, 아직도 카이로 근교로 나가면 옛날 가옥 구조로 문간방에 사랑방을 둔 가옥 형태들을 찾아볼 수 있다. 시골에 내려가면 가축도 한 가옥 안에 함께 거주하고 있는 경우도 볼 수 있다. 손님은 사랑방에서 주인장을 기다리며 차를 마시고, 대화를 한다. 안채와 거리를 두고 있어 안채에 누가 있는지 알 수가 없다. 이집트의 시골에 가면 규모가 제법 큰 사랑방을 볼 수 있다. 동네의 대소사를 상의하거나 함께 모여 차와 식사를 하며 소통하는 장소이다. 이를 아랍어로 '디아와니야' 문화라고 한다. 우리의 반상회라고나 할까?

신생아는 7일 전까지는 부모를 제외한 외부 사람에게 노출되지 않는다. 성별도 알리지 않으며, 이름은 임시로 정하는데 혐오스러운 벌레 등의 이름으로 작명을 한다. 7일째가 되면 '수부아' 축제가 열리는데, 이때 친지와 가까운 사람들이 모여 7일간 이 세상에서 견뎌 살아준 신생아를 축하하며 맞이한다. 우리는 100일 동안 살아준 신생아를 위한 축제를 여는 데 말이다!

서울과 카이로, 도시를 관통하며 바다로 흘러가는 한강과 나일강, 도시 주변으로 퍼져 나가는 신도시, 도심으로 모이는 인구, 주거 형태, 사랑방 문화, 신생아를 맞이하는 두 도시의 사람들의 이야기 등 다른 듯 닮은 두 도시의 모습은 바로 동양 문화에 뿌리를 두고 있기 때문이 아닐까? 국경 없는 글로벌 시대를 맞이하는 우리는 타문화에 대한 편견보다는 융화할 수 있는 다른 듯 닮은 문화를 공유하며 함께 살아가는 글로벌 시대정신과 시민의식이 필요한 시기이다. 그래야 글로벌 시대에 우리의 문화도 더 멀리 퍼져나가 세계와 호흡하며 상생할 것이다.

07

올림픽과 세계도시로의 성장, 1964년 도쿄올림픽은 어땠을까?

올림픽과 국가발전의 상관관계

올림픽이 전후戰後 일본사회와 도쿄의 도시발전에 미친 영향

'올림픽 효과'의 긍정적 측면과 부정적 측면

세계도시 도쿄의 형성과 변화

서울의 경험은 도쿄와 어떤 점에서 같거나 달랐을까?

올림픽과 세계도시로의 성장,
1964년 도쿄올림픽은 어땠을까?

제7강

올림픽과 세계도시로의 성장, 1964년 도쿄올림픽은 어땠을까?

김백영
서울대학교 사회학과 교수

올림픽과 국가발전의 상관관계

우리에게 1988년 24회 서울올림픽은 '한강의 기적'을 전 세계에 알린 매우 성공적이었던 국제행사로 기억되고 있다. 서울올림픽 이전까지 한국은 국제사회에 거의 알려지지 않았거나 알려졌다 하더라도 매우 부정적인 이미지, 예컨대 일본의 식민통치를 받았던 신생독립국, 동족상잔의 참혹한 전쟁을 경험한 극빈국, 북한의 남침 위협 아래 놓인 불안한 사회였다. 그리고 올림픽 전후로 서울의 도시경관이나 도시문화가 얼마나 바뀌었는지를 상기해보면, '86·88의 시대'를 거치면서 한국사회가 안팎으로 얼마나 크게 변했는지 실감할 수 있다. 단적으로

'유신과 긴급조치의 시대'였던 1970년대와 '마이카와 신세대의 시대'인 1990년대의 현격히 달라진 사회 분위기를 비교해보라!

동북아시아에서 일본과 한국에 이어 세 번째로 올림픽을 개최한 중국의 경우에도, 2008년 베이징올림픽을 통해 '개혁개방' 이후 급성장한 중국의 국력을 국제사회에 알리고 'G2시대'의 개막을 선언하는 계기로 삼았다는 점에서 올림픽은 유사한 국가적 의미를 지닌 행사였다고 볼 수 있다. 그렇다면 동북아 3국 중에서도 최초로 올림픽을 개최했던 1964년 18회 도쿄올림픽의 경우는 어떠했을까? 20세기 후반 일본이 경제대국으로 부상하고 도쿄가 세계적 메트로폴리스로 성장하는 과정에서 올림픽은 어떤 영향을 미쳤을까? 이 글은 이러한 질문에 대한 해답을 구함으로써 올림픽이 제2차 세계대전 이후 동북아 3국의 발전과정에서 어떤 의미를 띠고 있었으며, 각국 수도의 도시화 과정에 어떤 영향을 미쳤는지에 대해 함께 생각해보고자 한다.

세계사적 차원에서 볼 때 국제적 스포츠 메가이벤트mega-event가 대규모 도시·지역 개발의 계기로 본격적으로 활용되기 시작한 것은 제2차 세계대전 이후의 일이다. 이른바 '올림픽 유산(Olympic Legacy)'으로 불리는, 도시개발에 올림픽이 미치는 직간접적인 효과에 대한 논의가 본격화되기 시작한 것은 1956년 호주 멜버른올림픽이 최초다. 이는 제2차 세계대전 이후 급격히 늘어난 신생독립국들이 올림픽에 참가하면서 대회 규모가 커지고, 교통수단이 발달하면서 해외 관광객 숫자도 급증했기 때문에 나타난 현상이다. 20세기 전반까지 올림픽 개최는 서방 자본주의 선진국들의 선유물이었는데, 이후 점차 '제1세계' 바깥의 국가들에게도 개최 기회가 주어지게 되었다.

제2차 세계대전 이후 개최된 올림픽을 개최국별로 유형화해보면 흥미로운 규칙성을 발견할 수 있다. 즉, 미국 1인당 GDP의 20% 수준에 도달한 국가의 수도에서 올림픽을 유치한 사례가 다수 나타나는 것으로, 로마(1960), 도쿄(1964), 멕시코시티(1968), 서울(1988), 아테네(2004), 베이징(2008)의 경우가 모두 여기에 해당된

'88 서울올림픽 참가국 국기게양식

다. 이를 통해 우리는 20세기 후반의 올림픽이 로스토우(W. Rostow)가 경제발전 5단계설에서 말한 "경제성장의 이륙 단계(Take-Off Stage of Economic Growth)"에 도달한 신흥발전국의 수도를 무대로 전개된 국가적 제전이라는 특징을 띠고 있음을 알 수 있다.

올림픽이 전후戰後 일본사회와 도쿄의 도시발전에 미친 영향

1964년 9월 10일부터 24일까지 보름간 개최된 도쿄올림픽은 아시아에서는 최초로 개최된 올림픽으로, 일본이 패전의 상처와 폐허를 딛고 일어서 '평화체제 하의 고도성장'을 이룩했음을 전 세계에 알린 대회이다. 당시까지의 올림픽 역사상 최대 규모인 94개국 5,586명의 선수가 참가했으며, 개막식은 올림픽 사상 최초로 인공위성을 통해 전 세계에 중계되어 '기술올림픽'이라는 별칭을 얻기도 했다.

도쿄와 올림픽의 인연은 제국주의 시대였던 1940년으로 거슬러 올라간다. 1940년은 일본의 '황기皇紀 2600년'으로, 제국 정부에서는 '만세일계万世一系의 황통皇統'을 기념하기 위한 대규모 행사를 다수 개최했다. 1937년 만주사변 이후 대륙침략과 해외영토 팽창에 열을 올리고 있던 군국주의 일본제국은 독일제국이 1936년 베를린올림픽을 게르만 민족주의의 선전과 국민동원에 적극 활용한 것을 모델로 삼아 1940년 12회 올림픽을 도쿄에서 개최함으로써 천황제 민족주의를 고양하는 국가 이벤트로 삼고자 했는데, 제2차 세계대전이 발발하면서 대회가 취소되었던 쓰라린 기억을 갖고 있었다.

제국 패망 이후 연합군최고사령부(GHQ) 통치체제 아래 놓여 있었던 일본사회에서는 전후 평화헌법체제가 안정되자마자 1940년에 이루지 못했던 숙원사업을 달성하려는 움직임이 나타났다. 일본정부는 올림픽을 개최함으로써 국제사

1940 도쿄올림픽 포스터

1964 도쿄올림픽 포스터

회에 독립국가로 재등장하기를 원했고, 도쿄도東京都는 올림픽을 준비하는 과정에서 전시기戰時期 미군의 폭격으로 폐허화된 도쿄의 면모를 일신하고 도시개발을 촉진할 수 있을 것이라는 기대에 부풀었다. 도쿄도는 1952년 5월 처음 올림픽 유치 의사를 표명했는데, 1959년 5월 뮌헨에서 열린 제55차 IOC총회에서 도쿄 개최가 공식 확정되었다. 직전 해인 1958년 제8회 도쿄아시안게임의 성공적 개최가 IOC의 판단에 중요한 근거로 작용했다. 도쿄시 당국은 즉각 준비위원회를 구성하고 "아시아 최초의 올림픽", "세계는 하나"라는 슬로건을 채택하여 미증유의 메가이벤트 준비작업에 돌입했다.

올림픽을 앞둔 1958~1964년의 7년 사이에 일본 정부와 도쿄도는 약 10조 엔을 투자하여 경기장 관련 시설은 물론, 도쿄의 도시인프라 전반에 대한 대대적인 개량사업을 전개했다. 여기에는 '총알열차'인 도카이도 신칸센東海道新幹線을 비롯, 공공교통시설, 주택, 용수공급 및 하수체계 등 주요한 하부구조시설이 포함되었다. 이는 이 기간 동안 일본 전체 건설투자비의 6.2%, 1965년 한 해 일본 GNP의 3.2%를 차지했는데, 일본의 한 민간은행은 올림픽 개최의 경제적 효과가 16조 6,700억 엔에 이를 것이라 예측하는 등 충분한 투자가치가 있다고 판단했다.

이러한 투자비는 올림픽 시설과 같은 직접투자와 도로건설과 같은 간접투자로 나눠지는데, 경기시설이나 숙박시설 건설과 같은 직접투자비는 330억 엔에 불과했고, 나머지 대부분의 재원은 간접투자에 할당되었다. 직접투자비가 상대적으로 적은 것은 중앙정부와 도쿄시 당국이 가급적 기존 시설을 그대로 사용하는 정책을 채택하여 올림픽을 위한 새로운 대규모 시설투자를 하지 않기로 결정했기 때문이다. 1차적 원인은 고도성장이 궤도에 오른 1960년대 초반 도쿄의 도심에 새로 올림픽 시설들을 건설할 만큼의 여유 토지를 확보하기가 쉽지 않았다는 점에 있다.

시급한 올림픽 준비를 위해서 1940년의 올림픽 계획이 남긴 유산과 기존의 스포츠 시설들을 적극 활용했다. 경기장은 북쪽의 가루이자와, 남쪽의 에노시마, 서쪽의 사가미코, 동쪽의 게미가와에 이르기까지 간토関東지역 전역에 32개 경기장을 설치했는데, 요요기공원代々木公園, 메이지신궁 및 외원外苑, 그리고 교외에 위치한 고마자와 공원을 중심으로 기존 시설들을 증설·개축하는 방식으로 경기장 시설을 준비했다. 실제로 신설된 올림픽 시설은 일본의 '국가건축가'로 잘 알려진 단게 겐조丹下健三(1913~2005)가 설계한 국립실내총합경기장(요요기경기장)과 부도칸武道館에 불과했다. 정부 차원에서 건설한 대표적 작품이 메이지신궁 외원에 건설한 국립경기장이라면, 도쿄도 차원에서 전력을 투여하여 조성한 공간은 고마자와 올림픽공원이었다. 그밖에 에노시마, 요코하마, 사이타마현 등지에도 요트·축구·사격 등의 일부 종목을 위한 경기장 시설이 조성되었다. 애초에는 센다카야 지역이 도심에서 접근이 용이한 기존 시설이라는 점에서 올림픽부지로 선정되었지만, 미군이 점령하고 있던 요요기지구를 반환받기 위한 미·일 정부간 협상이 1961년 5월부터 시작되었다. 약 900km² 면적의 이 지역

요요기경기장

은 약 1,100km² 면적의 초푸지구와 맞바꿔져 올림픽 시설을 건설할 수 있는 추가공간으로 활용되었다. 요요기 지역은 본래 도쿠가와막부시대에는 다이묘저택이었다가 메이지유신 이후 연병장이 되었으나, 전후에 미군정에 접수되어 1947년 미군 가족용 숙사宿舍인 워싱턴 하이츠가 준공되었는데, 이 시설을 이용하여 약 7,200명의 선수와 관계자를 수용할 수 있는 숙소로 개조했다.

이처럼 경기장 시설에 대한 직접투자에는 매우 인색했던 데 비해, 도시기반시설에 대한 간접투자에는 거금이 투입되었다. 이는 당시 도쿄의 전반적인 도시인프라 정비가 초미의 당면과제였기 때문이다. 1950년대 도쿄는 전후 경제부흥으로 인해 유입인구가 급증하면서 급속한 도시성장이 이루어졌다. 도쿄의 시역은 도쿄역을 중심으로 반경 50km 지역인 지바, 가나자와, 사이타마를 포함하여 1만 3,500km²까지 팽창했고 인구밀도는 18.9인/ha으로 전국평균 인구밀도인 2.5인/ha의 8배에 육박했다. 도쿄도내 거주자는 1960년대에는 1,780만 명(일본 전체인구의

18.9%) 정도였으나 1985년에는 3,000만 명(일본 전체인구의 25%)으로 증가했다. 올림픽 개최 5년 전 49만 대였던 자동차 등록대수는 1964년에는 2배가 넘는 110만 대로 늘어나 교통혼잡과 대기오염이 심각한 도시문제로 대두되었다.

도쿄의 하수시설과 상수공급체계 역시 이러한 급격한 도시화를 따라가지 못했기에 만성적인 용수부족과 불충분한 하수시설은 도쿄시가 해결해야 할 또 하나의 급선무였다. 1963년 도쿄의 주택 중 22.6%만이 하수설비가 갖춰져 있었다(1980년 이 비율은 66.8%로 증가하게 된다). 1964년에는 극심한 용수 부족이 발생하여 도쿄 전체 가구의 2%에 해당하는 6만여 가구가 7월 한 달 동안 물을 공급받지 못하는 사태가 발생하기도 했다. 용수부족 문제를 해결하기 위해 도쿄 남서쪽에서 도쿄 시내로 흐르는 토네강으로부터 물을 끌어들이기 위해 50km의 운하(그중 30km는 도쿄시를 위한 것)가 1963년에 건설되었으며, 381억 엔을 들여 기존 시설을 사용하는 새로운 여과공장과 운하를 건설했다. 그밖에 도쿄시 당국은 960억 엔을 들여 올림픽부지와 항구에 정박한 선박을 위한 특별하수처리시설을 만들었다.

도쿄시내 도로망도 크게 개선되었다. 1959년 8월 도쿄시 당국은 70km 고속도로 건설계획을 추진했는데, 이 도로는 하네다羽田공항과 선수촌을 연결하는 것으로 총 560억 엔을 들여 1964년 8월 완공했다. 도쿄시 도로건설 5개년 계획에 따르면 올림픽 준비과정에서 올림픽 시설을 연결하는 도로와 52km에 달하는 21개의 추가적인 도로건설이 추진되었다. 여기에는 도쿄의 중심지구와 남동부 지역을 잇는 국도 246번과 도쿄 서부지역을 관통하는 7번 순환도로가 포함되었다. 정부는 총 720억 엔을 소비했는데, 여기에는 토지보상비가 포함되었다. 7번 도로의 교통혼잡을 줄이기 위해 추오中央철도를 가로지르는 몇 개의 절단면은 860억 엔을 추가비용을 들여 건설했다.

새로운 도로건설과 더불어 지하철과 국철 노선도 연장했다. 1957년 107km에 달하는 5개의 지하철노선이 시내 교통혼잡을 경감시키기 위해 계획되었는데, 그중 73km는 올림픽 이전에 완공되었다. 교외에서 도심부로 출퇴근하는 사무직 근로자들을 위해 지하철과 사철私鐵을 접속시켰다. 새로운 노선 건설 및 기존 시설 재개발을 위해 1조 9,000억 엔, 지하철과 사철 간 접근성 증진을 위해 300억 엔이 소요되었다. 3조 8,000억 엔을 투자한 총알열차 신칸센은 1964년 11월에 개통되었다. 애초의 계획은 도쿄-오사카 구간을 3시간 이내에 도달하도록 하는 것이었지만, 공사기간이 촉박하여 초고속 운행은 올림픽 이후에나 가능했다. 그밖에 일본 국철은 도쿄와 서부 교외를 연결하는 추오철도노선을 2차선에서 4차선을 개량하여 교통량을 확대시켰다. 1963년 4월에는 하네다공항과 도쿄 도심을 잇는 13.2km의 모노레일 건설에 착수하여 196억 엔을 들여 1964년 9월에 완공했다. 하네다국제공항 건설에 860억 엔, 요코하마국제항 개수에 60억 엔이 들었다.

이와 같은 올림픽 준비과정에서 일어난 건설 붐으로 국제방문객을 위한 등록 호텔의 객실 수는 1962년 7,000실에서 1964년 1만 2,000실로 2배가량 늘어났다. 정부에서는 올림픽이 개최되면 매일 최대 3만 명의 방문객이 도쿄를 방문할 것으로 예측하여 이들을 위한 숙박시설을 갖추고자 했다. 이를 위해 낡은 호텔의 개수와 유스호스텔 신설을 위해 314억 엔을 대출했다. 또한 당시 아시아 최고층 빌딩인 뉴오타니호텔(40억), 도쿄프린스호텔(60억), 그밖에 7개의 대형 호텔이 건설되었다. 이러한 대형 호텔들은 원래 공원이나 녹지로 지정되었던 용지에 지어졌는데, 이는 외화 획득을 우선시한 정부의 판단에 따른 특별허가조치 덕분이었다. 그 결과 도쿄 중심부의 대부분 녹지공간이 호텔부지가 되었고, 공공을 위한 공원과 오픈스페이스의 개발은 후순위로 밀려나게 되었다.

'올림픽 효과'의 긍정적 측면과 부정적 측면

일반적으로 올림픽이 그것을 개최한 도시에 미치는 영향을 '올림픽 효과

(Olympic Effects)'라고 한다. 고도성장기 일본에서 전개된 도시개조사업은 올림픽이나 박람회와 같은 메가이벤트를 지렛대로 삼아서 이벤트 및 스포츠 관련 시설들과 함께 단기간에 도시개조를 추진했다는 점이 특징적이다. 불과 3~5년의 짧은 기간에 시설정비와 도시개조가 이루어진 '압축적'인 개발방식은 1964년 도쿄올림픽(1959~1964)을 비롯해서 1970년 오사카만국박람회(1967~1970), 1972년 삿포로동계올림픽(1967~1970)까지 이어졌다. 일본경제의 고도성장기를 이끈 건설 붐은 메가이벤트와 떼려야 뗄 수 없는 관계에 있었던 것이다.

1964년 도쿄올림픽의 '올림픽 효과'를 한마디로 요약하면 도쿄가 '전전의 제도帝都'에서 전쟁의 상흔과 폐허를 딛고 '전후의 거대도시'로 전환하는 결정적 전기를 마련했다는 점을 들 수 있을 것이다. 도쿄 도심부는 전전 황실·군용지에서 전후에는 연합군최고사령부(GHQ) 접수지가 되었다가 올림픽을 거치면서 공원·학교·공공기관 등 공공공간으로 전환되었다. 1952년 〈샌프란시스코 강화조약〉 당시 도쿄도 내에 208개소였던 미군기지는 순차적으로 정리·축소·반환되었다. 전후 GHQ가 제도帝都 도쿄를 탈황도화脫皇都化시켜 미군 군용지로 활용했다면, 도쿄올림픽을 거치면서 이 공간은 무장 해제되어 '전후형 스포츠 내셔널리즘의 공간'으로 전환되었다. 그 결과 미군의 실체가 '교외화'되어 비행장 중심의 기지로 전환되면서, 보통 사람들의 뇌리에서 전쟁의 기억과 미군의 존재는 점차 잊혀지게 되었다.

도심부인 도쿄역 주변의 마루노우치 지구에 위치한 낡은 오피스건물은 올림픽을 전후하여 재건축되었고, 1962년경에는 도쿄의 고층건물을 위한 마스터플랜이 만들어졌다. 일본 정부는 이러한 작업을 통해 도쿄의 도심부 공간을 선진국 대도시로서 손색 없는 공간으로 탈바꿈시키고자 했다. 이와 함께 올림픽 개최를 즈음하여 두 가지 중요한 도시계획정책이 추진되었다. 첫째는 시부야와 신주쿠에서 완료된 도심지 토지구획정리사업으로, 이를 통해 오늘날 도쿄의 양대 부도심 지역이 형성되었다. 이 사업을 통해 일본 정부는 도쿄의 중심업무지구

시부야거리 전경

와 유사한 기능을 수행할 수 있는 2개의 새로운 시가지를 창출할 수 있었다. 둘째는 건물고도제한을 재평가하고 내부도시건설을 규제하는 수단으로서 용적규제를 제정한 것이었다. 이를 통해 중심업무지구의 재건에 더 많은 융통성이 부여된 결과, 주거와 상업이 혼용되어 있던 지구들이 업무지구로 바뀌어 도심부의 물리적 경관에 큰 변화가 일어나게 되었다. 그 대표적인 예가 과거 용수공급조절센터가 위치해 있던 신주쿠 서부지구로, 올림픽을 전후하여 도시용수공급계획이 추진되어 이 지역이 재개발된 결과 미국식 고층건물이 즐비한 부도심지구로 상전벽해의 변화상을 연출하게 되었다.

이러한 전환과정의 부작용으로 도쿄의 공간구조에서 지역간 격차문제가 나타나게 되었다. 올림픽 시설은 주로 도쿄의 북서부와 남서부 지역에 건설되었는데, 올림픽 이후 이들 시설이 공원과 공공운동시설로 전환되고, 남서부 교외에서 도심부로의 접근성을 향상시키기 위한 도로가 개선된 결과, 이 일대는 올림픽의 특혜를 받아 쾌적한 주거환경을 갖춘 이상적인 주거지역이 되었다. 이처럼 황실·군사 관계 시설들이 모여 있는 고지대인 야마노테와 서부 교외인 요요기 지역에 도시인프라가 집중적으로 업그레이드 된 반면, 저지대인 시타마치와 동부 교외 스미다가와의 남북축 일대는 개발에서 배제되면서 시내 공간구조에서 지역 간 격차가 확대되었다.

올림픽 폐막 직후 일본경제가 겪었던 일시적이지만 심각했던 불경기도 대표적인 올림픽 후유증 중 하나로 들 수 있다. 올림픽 준비로 1959년부터 달아올랐던 건설 붐이 1964년에 끝나면서 많은 사기업들은 과잉투자로 자금난을 겪었고, 1965~1966년 도쿄의 경제사정은 일시적 침체기에 접어들었다. 도시인프라에 단기간 엄청난 자본이 투자되었음에도 1964년 일본의 도로포장율은 5%에 불과했다(당시 미국의 도로포장율은 약 30%). 지가가 폭등하여 도시인프라 개선을 위한 토지수용비가 급증했다. 지가가 오르자 사람들은 자신이 소유한 토지를 팔지 않으려 했으며, 각 지역사회의 단체들은 공사를 성가시게 느껴 그들 지역에서의 개발행위에 대해 공개적인 반대의사를 표명했다. 이러한 상황변동에도 불구하고 공공예산은 조정되지 않아 도시하부구조 개선계획의 진전은 매우 더디게 이루어졌다. 예컨대 올림픽 이후 지속적으로 도쿄의 도로 사정을 개선하고자 했던 〈도로개발 10개년 계획〉(1961~1970)은 계획기간 종료까지 단지 1/3만이 완공되었다. 애초에 이 계획은 1963년 10.3%인 도쿄시내 23개구의 도로율을 1970년 15%로 높이고자 했는데, 1987년에 가서야 도로율은 14% 수준에 도달할 수 있었다. 그에 비해 지하철 건설은 훨씬 원만하게 진행되었으며, 주요 지역으로의 사철망의 확대는 도쿄 도심의 확산 효과를 거두었다.

올림픽 이후 개발사업이 크게 늘어남과 더불어 각종 도시문제도 더욱 늘어났다. 제조업 공장과 발전소로 인한 산업오염, 자동차 배기가스 등으로 인한 대기오염 등의 문제는 정치쟁점화되었다. 1967년 4월 "도쿄에 푸른 하늘을 되찾기"를 공약한 자유시장이 선출되었고, 이후 도쿄시 당국과 수도권의 다른 지방자치체들은 생활수준 향상과 환경개선 및 노년층 복지에 더 많은 정책적 노력을

에도시대의 니혼바시

기울이게 되었다. 그 결과 도쿄의 대기오염은 차츰 감소했지만 그 대가로 도시 인프라 확충(특히 도로 건설)은 지체되기도 했다. 이러한 일련의 부작용과 후유증을 겪으면서 일본정부는 경기부양을 위한 장기투자계획의 필요성을 절감하게 되어 '올림픽 이후'를 위한 새로운 국가적 프로그램을 추진하게 되었다. 1965년 1조 2,000억 엔의 투자를 요하는 1970년 오사카만국박람회 개최를 공표한 것은 그 결과물이었다.

그밖에 도쿄에서 단기간에 수도고속도로의 건설이 가능했던 것은 바로 에도 시대의 수로를 매립하는 방식을 취했기 때문인데, 그 과정에서 도쿄의 대표적 역사유산인 니혼바시 경관과 메이지신궁 외원을 훼손하는 부정적 결과를 초래했다는 비판에 직면하기도 했다.

세계도시 도쿄의 형성과 변화

올림픽 이후 도쿄는 예측치를 초과할 정도로 급격한 도시성장을 경험했다. 1970년 도쿄의 인구는 2,400만으로 10년 전인 1960년 인구(1,500만)의 1.6배가 되었다. 경제성장의 속도는 더 빨라서 1960년 정부에서 수립한 〈소득배가계획〉에서는 1970년까지 매년 연평균 7.2%의 실질GNP 성장을 목표로 삼았으나 실제로는 매년 평균 10.9%의 성장률을 기록했다. 이러한 기대 이상의 성장은 개인 소비와 도시서비스 수요에도 직접적 영향을 미쳤다. 1970년 도쿄의 자동차 대수는 230만 대로 1960년 수치의 4배로 급증했다. 자동차 대수의 증가 속도가 도로건설의 증가 속도를 훨씬 상회한 결과로 시내 교통체증은 더욱 심각해졌다. 건설 당시 도쿄의 도시고속도로는 평균시속 50km로 계획되었으나 1985년 평균시속은 38.2km에 불과했으며, 교통수요를 과소평가한 탓에 도쿄시내 주요 도로의 평균시속은 14.9km에 머무르게 되었다.

도쿄올림픽 이후 수도권의 지가는 수직상승했고, 도로건설과 같은 공공사업 투자의 절대액수는 증가했지만 땅값의 급등으로 인해 실제 사업 시행량은 전반적으로 감소했다. 또한 '개발'에 대한 지역사회의 반대 목소리도 높아져 협상은 점점 더 어렵게 되었고 사업비는 점점 더 많이 들게 되었다. 도쿄올림픽에 대한 투자의 상당 부분은 도시인프라를 갖추기 위한 공공사업이었다. 그런데 올림픽 이후로는 그와 유사한 대규모의 지속적 투자가 없었을 뿐만 아니라, 도시화가 급진전되면서 도쿄의 공공사업은 인구증가와 도시서비스 수요증가를 따라잡지 못하게 되었다. 이처럼 정책 당국의 부정확한 예측과 공공투자의 조기 종결, 비싼 땅값과 부족한 예산 탓으로 도시 공공시설은 만성적인 부족상태에 놓이게 되었다.

올림픽은 도쿄의 지하공간에도 큰 변화를 가져왔다. 전장 16.1km의 긴자 지하철노선은 일찍이 1939년에 개통되었지만, 그후 20년간 새로운 노선이 개설되지 않다가 올림픽을 유치하면서 지하철 건설사업이 대대적으로 재개되었고, 이후 거미줄처럼 촘촘한 지하철 네트워크가 도쿄 도심부에 형성되었다. 지가가 비싼 도쿄에서는 지상의 개발에 비해 지하권 협상만 하면 되는 지하철 건설이 오히려 훨씬 수월했기 때문이다. 하지만 도쿄의 지하공간이 점점 더 복잡해지면서 지하터널 건설비용이 급증하여, 1951년 마루노우치센 지하철 건설비용이 m당 약 180억 엔이었음에 비해 1983년 유락쿠초센 지하철 건설비용은 m당 1,490억 엔으로 늘어났다. 이러한 비용상승에도 불구하고 지하철망의 발전과 사철망과의 연계는 도쿄 교외지역의 성장을 가속화함과 동시에 도심부에 사무시설의 집적과 집중을 촉진시키게 되었다.

도쿄올림픽을 계기로 도쿄는 '도카이도 메갈로폴리스Tokaido Megalopolis'라는 초거대도시군의 중심도시로 재탄생하게 되었다. 도쿄-요코하마-나고야-교토-오사카-고베를 연결하는 태평양벨트지역은 전전戰前 시기부터 일본의 산업시설과 각종 사회경제적 인프라가 집중된 지역이었는데, 1960년대 신칸센과 도시고속도로 건설 이후 이 지역에 대한 경제개발의 쏠림 현상이 더 심해지면서 일본열도 전체 차원에서 보면 지배적인 도시력과 경제력을 지닌 메트로폴리탄과 쇠퇴하는 주변 지역들 사이의 불균형이 심각한 문제로 대두되었다. 이는 잘 알려진 태평양 연안의 '오모테니혼表日本' 지역에 대한 동해 연안의 '우라니혼裏日本' 지역의 소외와 위화감 문제뿐만 아니라, 간토関東에 대한 간사이関西의 지역감정으로도 표출되었다. 실제로 도쿄가 초국적기업의 본사들이 집중된 초일류 세계도시로 성장해가는 동안, 과거 식민지도시들과의 물류 네트워크를 중심으로 전성기를 구가했던 제조업 중심도시 오사카는 상대적인 지위 하락을 겪게 되었다. 이러한 수도권 일극화 경향은 글로벌화 이후 세계도시 도쿄의 독점적 지위가 높아질수록 더욱 큰 격차로 나타났다. 특히 헤이세이(1989~2019) 시대 '잃어버린 30년' 동안 일본경제가 극심한 불황에 빠지고 초고령화와 초소자화超少子化 현상이 일어나면서 '지방소멸 위기'라는 진단이 공공연하게 나올 정도로 수도권과 지방 간의 격차문제는 악화일로에 놓이게 되었다.

서울의 경험은 도쿄와 어떤 점에서 같거나 달랐을까?

저명한 도시계획학자 이시다 요리후사에 따르면, 현대 도쿄의 도시구조는 다음 세 가지 역사적 사건들로부터 결정적 영향을 받아 형성되었다. 첫 번째는 1923년 9월 발생한 간東대지진의 피해 복구를 위한 〈진재震災부흥계획〉이고, 두 번째는 1945년 종전 직전 집중된 도쿄대공습의 피해를 극복하고자 계획 · 실행된 〈전재戰災부흥도시계획〉이며, 세 번째는 고도성장기인 1964년 도쿄올림픽을 계기로 진행된 도시계획이다. 도쿄의 역사적 원형은 도쿠가와 막부의 수도였던 에도의 조카마치城下町계획에서 연원하지만, 메이지유신 이후 근대적인 천황제국가의 수도로 탈바꿈했다. 그 이후 1930~1940년대 도쿄의 팽

영동지구 제막식

창이 군국주의-전시 경제를 위한 도시간 네트워크의 일환으로 진행되었다면, 1950~1960년대에는 고도성장에 적합한 '기업국가(enterprise nation)'로 전환하는 과정을 거치게 된다.

현대 서울의 형성사에서 이와 같은 세 가지 결정적인 계기를 찾아본다면, 일제하인 1930년대 일본의 대륙침략과 일·선·만 연계전략의 일환으로 1936년 식민지수도 경성의 시역을 3.5배 확대시킨 〈경성시가지계획〉(이른바 '대경성계획'), 1960년대 중반 박정희 정권이 경제개발의 시동을 걸면서 '불도저' 김현옥 시장을 내세워 제시하고 추진한 일련의 도시근대화계획 그리고 1980년대 서울올림픽을 준비하면서 추진한 〈한강종합개발계획〉을 비롯한 서울시 전반에 걸친 도시경관정비사업을 들 수 있을 것이다.

한·일 양국은 20세기 전반기를 식민과 피식민의 포개진 역사를 겪었기에 서로 닮은 점이 적지 않다. 올림픽이 두 나라 수도의 도시화에 미친 영향을 살펴보더라도, 위로부터의 정부 주도적 프로젝트로 전개되었다는 점, 도시개발에서 경이적인 속도전을 선보였다는 점, 올림픽을 계기로 간선도로·지하철·공원·주택 등 도시인프라 전반에 대한 포괄적인 개선이 추진되었다는 점 등을 공통점으로 들 수 있다. 또한 도쿄올림픽이 1940년의 이루지 못한 꿈을 실현하면서 그 유산을 십분 활용했듯이, 서울올림픽도 유사한 전사前史를 갖고 있다. 1960년대 박정희 정권은 아시안게임을 유치했다가 경제적 곤란으로 개최를 포기하고 대회를 반납하는 치욕을 경험했다. 그 결과 박 대통령은 올림픽 유치를 숙원사업으로 여겨 새로 개발되는 영동지구(오늘날의 강남)에 올림픽타운을 건설하려는 계획을 1970년대 초부터 마련하고 있었던 것이다.

하지만 도쿄올림픽과 비교해볼 때 서울올림픽만이 지닌 차이 내지 독특성도 적지 않다. 지면관계상 모든 것을 세세히 다루기는 어렵지만, 적어도 다음 세 가지 측면은 특기할만하다. 첫째는 도시개발의 스케일과 그 공간적 효과의 측면이다. 도쿄와 서울 두 도시 모두 올림픽 플랜을 통해 도시 전반의 인프라와 경관에 큰 변화가 있었고, 개발의 혜택을 받은 지역과 그렇지 않은 지역 간에 격차문제가 발생했다는 점은 공통적이다. 하지만 도쿄에 비해 서울의 경우는 강북과 강남 간의 격차가 더욱 심각하게 벌어졌다는 점이 다르다. 그리고 도쿄올림픽이 도카이도 메갈로폴리스 형성의 계기가 되었다면, 서울올림픽은 목동과 상계동과 같은 신시가지, 나아가 1990년대 5대 신도시(분당 · 일산 · 평촌 · 산본 · 중동) 개발로 대표되는 수도권 형성의 계기가 되었다는 점에서 차이가 있다.

둘째는 올림픽을 둘러싼 정치사회적 역동성이다. 도쿄올림픽이 고도경제성장을 배경으로 자유민주당 장기집권체제의 토대를 낳은 데 비해, 서울올림픽은 12·12사태와 5·18광주민주화운동을 통해 집권한 신군부 세력의 정권 안정책으로 개최되었으나, 그로 인해 전두환 정권은 국제사회의 시선을 의식한 유화정책을 쓸 수밖에 없었다. 그 결과 1987년 6월 민주화운동에 대해 군부가 한발 물러설 수밖에 없는 대내외적 조건이 창출되었다는 점에서 의도하지 않은 결과를 낳았다고 볼 수 있다. 하지만 '86·88'에 대한 대국민 캠페인과 3저호황의 경제성장기를 거치면서 중산층이 늘어나 시민사회가 보수화되는 또 한 번의 역설적 결과가 초래되기도 했다.

셋째는 올림픽이 한반도 분단체제에 미친 영향이다. 한국 정부가 올림픽을 유치하자 북한은 이에 대한 대응책으로 제13차 세계청년학생축전을 유치했다. 1989년 7월 평양에서 개최된 이 행사는 177개국 2만 2,000명이 참가한 역대 축전 중 최대 규모로서, 북한 당국은 서울올림픽보다 더 큰 규모의 행사였음을 대대적으로 홍보했다. 축전개최를 위해 평양 시내에는 능라도 5월1일경기장 · 평양국제영화회관 · 동평양대극장 · 평양교예극장 · 양각도 축구경기장 · 평양국제통신센터 · 양강호텔 · 청년호텔 등 대대적인 건설사업이 추진되었다. 특히 능라도 경기장은 15만 명의 관중을 수용하는 세계 최대 규모의 경기장이었다. 남한 정권과의 체제경쟁 논리에 입각하여 무리하게 추진한 이 프로젝트로 인해 북한 정권은 경제적으로 큰 타격을 입게 되었으며, 이후 회복 불능의 경제적 위기 국면에 접어들게 된다.

어떤 의미에서 올림픽으로 대표되는 메가이벤트는 동북아 3국의 경제적 도약기를 상징하는 기념비적 통과의례였다고 할 수 있다. 그것은 정권에게는 국민들의 불만을 무마하고 사회를 통합하기 위한, 지역민들에게는 침체된 지역사회에 활기를 불어넣는 마법의 주문이자 만병통치약과 같은 처방이었다. 하지만 이제 우리 모두는 '축제가 끝났음'을, 더 이상 이런 마법이 신통하게 작동하지 않음을 알고 있다. 어쩌면 2차대전 후 세계경제의 호황기를 구가했던 하이모더니즘의 환상으로부터 깨어나게 된 것, 거대한 개발과 토건의 감언이설이 환경파괴와 경기악화라는 더 큰 부메랑으로 돌아온다는 것을 깨닫게 된 것이야말로 관 주도적 메가이벤트의 시대가 우리에게 남긴 가장 큰 교훈이 아닐까.

+

08

서울로에서 테헤란로까지, 이란과 서울을 알아보자

이란, 멀고도 가까운 나라

자원, 지리, 인구 삼박자 모두를 갖춘 나라

테헤란의 역사

도로 명칭의 변화 : 팔레비 도로에서 발리 아스르 도로로

바자르 : 도시 속에 또 하나의 도시

이란과 서울과의 문화적 유사성과 상대성

서울로에서 테헤란로까지,
이란과 서울을 알아보자

제8강

서울로에서 테헤란로까지, 이란과 서울을 알아보자

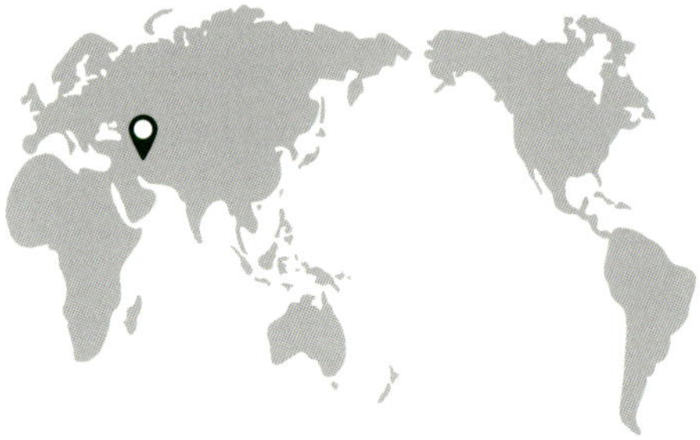

유달승

한국외국어대학교 페르시아어·이란학과 교수

이란, 멀고도 가까운 나라

서울에서 출발해 이란으로 가는 길은 쉽지 않다. 이란은 아직까지 직항 노선이 없어 약 15시간 이상이 걸리기 때문에 멀게만 느껴지는 나라이다. 그러나 심리적으로 가깝게 느끼는 미국도 경유를 하면 16시간 이상이 걸린다. 사실 이란에 대한 거리감은 지리적인 요인보다는 심리적인 요인이 훨씬 더 크다. 이란만큼 국제뉴스를 통해 자주 언급되는 나라도 드물고 이를 통해 나타난 이란의 이미지는 매우 부정적이다. 1979년 이슬람 혁명 이후 이란은 '광신자의 나라'이자 '여성을 끔찍하게 탄압하는 국가'로 알려져 있고, 핵 문제를 둘러싸고 미국과 팽팽히 맞서고 있다. 또한 2021년 1월 4일에는 이란의 이슬람혁명수비대가 호르무즈 해협에서 한국 선박을 나포한 충격적인 사건도 발생했다.

테헤란의 서울공원

1977년 테헤란로 표지석 기공식

하지만 이란은 한국과 깊은 인연을 가진 매우 가까운 이웃이다. 한국과 이란은 1962년 10월 23일 수교 이래 우호적인 관계를 유지해 왔지만, 양국 관계가 긴밀해진 직접적인 계기는 제1차 석유파동(오일 쇼크)이었다. 제4차 중동전쟁 이후 아랍산유국(아랍석유수출기구, OAPEC)은 서방 국가들에 대해 석유 금수 조치를 발표했고 한국도 수출금지 국가군으로 분류되었다. 한국 정부는 12월 5일 '중동사태에 관한 기본 입장'이라는 신중동정책을 발표했고 비아랍 국가인 이란과의 관계를 강화시켰다. 1975년 8월 25일 한국주재이란대사관이 개설되었고 1977년 6월 27일 이란의 테헤란 시장이 서울을 방문해 MOU를 체결해 우호 관계의 상징으로 서울과 테헤란의 일부 가로를 각각 '테헤란로'와 '서울로'로 명명했다.

'서울로'는 테헤란 북부 바나크에 위치한 4-6차선 넓이에 약 3km의 구간이다. 이곳에는 고급 주택가와 상가가 밀집되어 있고 주변에는 이란올림픽위원회와 국제전시장이 들어서 있다. '서울로' 남단에는 '서울공원'이 조성되어 있다. 2002

년 테헤란 시장이 한-이란 수교 40주년을 맞이해 자체적으로 1만m^2 넓이로 조성해 터를 닦아 2003년 4월 14일 개장했다. 공원 안에는 놀이터, 서울문화회관, 체육시설 등이 있고 소나무 100여 그루가 울창하게 들어서 있어 곳곳에서 솔향기를 느낄 수 있다. '테헤란로'가 서울의 유일한 외국어 길인 것처럼 이 공원 역시 이란에서 유일하게 외국어로 된 공원명이다.

자원, 지리, 인구 삼박자 모두를 갖춘 나라

이란은 어떤 나라인가? 그리고 우리는 이란에 대해서 얼마나 알고 있을까? 이란은 서방세계와 대립하고 갈등하는 대표적인 나라로 국제사회의 이단아로 알려져 있다. 하지만 바라보는 시각과 관점에 따라 다르게 보이듯이 전략적으로 매우 중요한 국가이기에 이를 둘러싼 갈등과 대립이 나타나는 것이다. 분쟁 국가는 역설적으로 표현하면 전략 국가를 의미한다. 이란은 자원, 지리, 인구 삼박자 모두를 갖춘 지구촌의 대표적인 전략 국가이다.

이란은 지리적으로 서남아시아에 위치하고 있다. 정확히 표현하면 인더스강과 티그리스강 사이의 이란고원에 있으며 아시아, 아프리카 및 유럽 삼대륙을 연결하는 지정학적 요충지로 고대로부터 동양과 서양을 잇는 교량 역할을 해 왔다. 이란의 국토 면적은 164만 8,000km^2로 세계 17위에 해당하고 한반도의 7.5배이다. 주변국으로는 북쪽에 아르메니아, 아제르바이잔, 투르크메니스탄, 동쪽에 파키스탄, 아프가니스탄, 서쪽에 이라크, 터키 등 7개국과 국경을 맞대고 있다. 이란은 뜨거운 태양만 내리쬐는 '열사의 땅'으로 알려져 있지만, 이는 사실이 아니다. 이란은 사계절이 뚜렷한 나라로 겨울에는 많은 눈이 내리는 곳이다. 테헤란 주변에는 세계 4위의 규모로 알려진 디진 스키장을 비롯해 다양한 스키장이 있다. 디진 스키장은 7km의 긴 슬로프를 가진 100% 사연설로 운영되고 있는 곳이다. 테헤란에서 북동쪽으로 약 80km 떨어져 있는 다마반드는 이란에서 가장 높은 산으로 1년 내내 눈이 쌓여 있는 만년설이 있다.

이란은 매우 특이한 나라이다. 일반적으로 석유가 많으면 천연가스가 적고, 반대로 천연가스가 많으면 석유가 적다. 하지만 이란은 석유도 많고 천연가스도 많은 에너지 자원 부국이다. 이란의 석유 매장량은 세계 4위이고 천연가스 매장량 세계 2위이다. 석유와 천연가스의 매장 지역은 자그로스 산맥의 서부지역을 따라 내려와 페르시아만 연안으로 이어져 커다란 벨트를 형성하고 있다. 심지어 이란은 광물자원도 풍부하다. 이란의 광물 매장량은 약 600억 톤 이상으로 추정되며 세계 광물의 7%(10위)를 차지하고 있다. 대표적인 광물자원으로는 아연(세계 1위), 철광석(세계 9위), 우라늄(세계 10위), 납(세계 11위), 구리(세계 17위), 석탄(세계 26위) 등이 있다. 광물 자원의 매장 지역은 자그로스 산맥의 동부 지대를 따라 벨트를 형성하고 있다. 이란은 풍부한 노동력과 소비시장을 가지고 있다. 이란의 인구는 2020년 기준으로 약 8,400만 명 정도이고 중동에서는 이집트 다음으로 인구가 많다. 전체 인구 중 30대 이하가 3분의 2를 차지하고 있는 젊은 나라로 성장잠재력이 매우 높은 거대 소비시장이다. 이란의 교육열은 상당히 높고 고등교육을 이수한 양질의 노동력을 보유하고 있다. 이란인들은 무조건적으로 대학에 진학해야 한다는 믿음을 갖고 있고 대학 졸업 이후에는 대부분 대학원에 진학해 석사·박사 학위를 취득하고 있다. 이란에서는 학문적인 성취와 학구열의 만족을 위해 박사과정에 진학하는 경우가 상당히 많다. 또한 직업을 바꾸지 않는 전통과 문화가 있어서 이직률이 매우 낮고 숙련도가 높다. 이란은 지정학적으로도 매우 중요한 국가이다. 이란은 전 세계 석유와 천연가스 수송량의 40%가 통과하는 호르무즈 해협을 끼고 있는데 이 해협을 '세계에너지의 생명선'이라고 부르고 있다. 또한 자원의 보고로 알려진 페르시아만(세계 석유매장량 2/3)과 카스피해(세계 석유매장량 1/5)를 연결하는 지구촌의 유일한 국가이다. 이란은 단순한 국가가 아니다. 흔히 이란을 사우디아라비아, 러시아, 호주 그리고 터키를 모두 합친 나

테헤란의 그랜드 바자르 거리

라라고 부른다. 이란은 네 개 나라를 모두 합칠 정도로 풍부한 자원과 지정학적 강점을 가지고 있을 뿐만 아니라 거대한 내수시장도 보유하고 있다.

테헤란의 역사

테헤란은 어떤 도시일까? 나는 어린 시절 지방에서 자랐기 때문에 서울의 테헤란로에 대해서 알지 못했다. 테헤란이라는 명칭은 중학교 국사 교과서에서 나온 '테헤란 회담'을 통해 처음으로 알게 되었다. 테헤란 회담은 제2차 세계대전 중 1943년 11월 28일에서 12월 1일까지 이란의 수도 테헤란에서 미국, 영국, 소련

3개국 정상이 처음으로 한 자리에 모여 협력 강화와 전쟁 수행 의지를 비롯한 다양한 정치·군사적인 문제를 논의했던 회담이다. 일반적으로 테헤란을 연상하면 가장 먼저 떠오르는 것이 광활한 사막과 보수적인 이슬람의 종교도시이다. 그러나 테헤란을 직접 여행한 관광객들은 상상하던 도시와는 전혀 다른 모습에 깜짝 놀랄 것이다. 테헤란은 우리가 머리 속으로 상상했던 그러한 도시가 아니다. 바둑판처럼 잘 정돈된 거리에 늘어선 현대식 건물은 유럽의 첨단도시를 연상시킨다. 흔히 테헤란을 '중동의 파리'라고 부른다. 하지만 이러한 모습이 테헤란의 진정한 얼굴은 아니다. 테헤란은 전통적 이슬람 도시와 현대 도시의 두 얼굴이 함께 공존하고 있는 공간이다.

테헤란이라는 명칭이 어디에서 유래되었는지는 분명치 않다. 하지만 그 명칭의 기원을 둘러싸고 크게 세 가지 학설이 존재한다. 첫 번째는 '바닥, 끝'이라는 의미의 타흐Tah라는 단어와 '산비탈'이라는 란Ran이 합성되어 '산비탈의 바닥'이라는 의미라고 주장한다. 지리적으로 보면 테헤란은 알보르즈 산맥 아래에 위치하고 있다. 두 번째는 조로아스터교의 전쟁 신 티르Tir가 거주하는 곳(An)이라는 의미의 티란Tiran이 변화되었다고 주장한다. 티란은 메흐란Mehran이라는 마을 옆에 위치하고 있다. 메흐란은 조로아스터교의 태양신 메흐르Mehr가 거주하는 곳이라는 뜻이다. 세 번째는 '따뜻한, 온화한'이라는 의미의 테흐Teh와 란Ran의 합성어로 '따뜻한 산비탈'이라는 주장이다. 이 용어는 샤미란Shamiran에 대칭되는 것으로 '추운, 차가운'이라는 의미의 샤미Shami가 결합된 합성어이다. 샤미란은 테헤란 북부에 위치해 상대적으로 추운 지역에 해당된다.

테헤란의 역사는 그리 깊지 않지만, 기원전 6,000년경부터 이곳에서 주거 흔적이 발견되고 있다. 미국의 고고학자 에릭 슈미트의 펜실베니아대학교 탐사단은 1934년부터 1936년까지 체쉬메 알리(알리의 샘)로 알려진 레이 부근에서 발굴된 토기를 통해 그 연대를 신석기 시대로 추정하고 있다. 레이는 테헤란에서 남쪽으로 15km 떨어진 도시이다. 테헤란을 언급한 가장 오래된 페르시아어 문헌은 아부 사드 사마니가 874년 '아부 압둘라 모함마드 이븐 하메드 타헤라니' 라고 불리는 사람이 테헤란과 레이에서 거주하고 있었다고 지적한 것이다. 944년 아볼카셈 모함마드 이븐 호칼은 테헤란을 "레이 북부에 위치하고 있고 나무숲이 무성하고 과일이 풍부하다."고 묘사하고 있다. 1220년 몽골인들은 한때 셀주크 왕조(1038~1194)의 수도였던 레이를 공격해 주민들을 대량학살하면서 그 도시를 황폐화시켰다. 레이의 난민들은 북쪽으로 이주해 테헤란에 정착하게 되었고 자그마한 마을에 불과했던 테헤란은 점차 대도시로 변모하게 되었다.

테헤란은 1795년부터 이란의 수도가 되었다. 카자르 왕조(1794~1925) 시대 처음으로 수도로 정해진 이후 팔레비 왕조(1925~1979)를 거쳐 이슬람 공화국(1979~현재)에 이르는 이란의 역사 속에서 수도로 자리매김하고 있다. 카자르 왕조의 제1대 왕 아가 모함마드 칸은 1795년 테헤란을 수도로 정해 정착하기 이전까지 이곳은 변두리에 불과했다. 카자르 왕조의 제4대 왕 나세르 알 딘 샤는 테헤란을 문화도시로 발전시켰다. 나세르 알 딘 샤의 시대 이전까지 이스파한과 쉬라즈와 같은 다른 도시들이 문화 도시로 인정받았다. 그 시대까지 955명의 문인들 중 약 10%가 이스파한, 약 19%가 쉬라즈, 약 1%가 테헤란에 거주했다. 하지만 19세기 중반부터 테헤란은 점차 주목받게 되었다. 나세르 알 딘 샤의 초대 총리 미르자 타기 한(아미르 카비르라고도 부름)은 테헤란을 발전시키기 위한 구체적인 사업을 실시하였다. 우선 그는 1851년 테헤란에 최초로 근대식 학교 다르 알 포눈을 설립해 수많은 관료들과 전문가들을 양성했다. 또한 이 학교 주변에 도서관을 설립하였고 최조의 신문도 이 시기에 만들어졌다. 이에 따라 테헤란은 점차 문학와 교육의 중심지로 발전하게 되었다.

테헤란의 근대화는 팔레비 왕조의 제1대 왕 레자 샤에 의해 시작되었다. 1925년 쿠데타로 집권한 레자 샤는 팔레비 왕조를 수립하고 곧바로 테헤란의 근대화 사업을 실시하였다. 그때까지 테헤란은 하나의 성에 불과했고 그 주위는 성벽으로 둘러싸여 있었다. 레자 샤는 이 성벽을 중세 도시의 상징으로 여겼고

카펫작업을 하는 모습

테헤란을 발전시키는 가장 큰 장애요인으로 보았다. 레자 샤의 첫 번째 국책 사업은 테헤란을 둘러싼 성벽을 부수고 국영 건물을 건축하는 것이었다. 레자 샤는 고대 페르시아 제국의 영광을 재현하고 이란인들에게 자긍심을 불러일으키기 위해 모든 건물들을 고대 이란의 건축양식으로 만들었다. 그 당시 건축된 박물관, 은행, 우체국 등 많은 건물들은 원형대로 보존되어 지금도 같은 업무로 사용되고 있다. 현재 테헤란에는 36개의 다양한 박물관이 존재한다. 테헤란 시내 랄레 공원 옆에는 1978년 개관된 카펫 박물관이 있다. 이 박물관은 8각형의 아름다운 건물로 건축되었고 페르시아 카펫이 지역별로 전시되어 있어 카펫 발전의 역사 및 현황을 쉽게 알 수 있다. 박물관의 외관은 카펫을 직조하는 베틀 모양을 하고 있으면 건물을 둘러싼 외벽을 만들어 직사광선이 안으로 들어가는 것을 차단했다.

테헤란의 상징인 '자유(Azadi)의 탑'은 메흐라바드 국제 공항 부근에 위치하고 있다. 이 탑은 1971년 모함마드 레자 샤가 페르시아 건국 2,500년을 기념해 세운 것으로 자신의 위엄을 과시하기 위해 '왕의 기념(Shahyad) 탑'이라고 불렀다. 하지만 1979년 2월 1일 호메이니가 15년간 망명생활을 마치고 귀국해 이곳에서 대규모 군중집회를 개최한 것을 기념하기 위해 자유의 탑으로 변경되었다. 이 탑은 4m 높이로 사산 왕조와 이슬람 건축양식을 결합시켰다. 레자 샤

자유의 탑

의 두 번째 국책 사업은 공원 조성 사업이었다. 이 목적은 테헤란을 하나의 문화 도시로 자리매김하기 위한 것이었다. 대규모 공원은 엄격한 설계와 구상을 통해 각 공원의 특성을 최대한 살렸다. 그 한 예로 테헤란 북부에 위치한 잠쉬디예Jamshidieh 공원은 12만 평방미터로 산 전체를 공원으로 조성했다고 해도 과언이 아니다. 공원의 명칭은 고대 페르시아의 전설적 왕으로 선정을 베푼 잠쉬드를 상징한 것이다. 1979년 이슬람 혁명 이후 이슬람 정부는 이 공원에 이란 전통을 더욱 부각시키기 위하여 이란 각 지역의 특색을 한 눈에 볼 수 있도록 다양한 전통 찻집을 만들었다. 전통 찻집을 통해 이란 각 지역의 음식, 전통음악 및 풍습을 경험할 수 있다. 또한 테헤란 중심부에 위치한 멜라트 공원은 34만 1,770평방미터로 테헤란 시민들의 건전한 휴식처로 활용되고 있다. 공원 한 가운데에는 이란의 위대한 문인들의 흉상이 세워져 있다. 이를 통해 이곳을 찾는 시민들은 이란 문학의 우수성, 더 나아가서는 문화 민족으로서의 자부심을 느끼는 것이다.

도로 명칭의 변화 : 팔레비 도로에서 발리 아스르 도로로

이슬람 혁명 이후 나타난 가장 큰 변화는 도로 명칭이 바뀐 것이다. 테헤란의 남과 북을 가로 지르는 가장 긴 도로의 명칭은 '발리 아스르Vali Asr'이고 그 의미는 '시대의 이맘Imam'을 뜻한다. 시대의 이맘은 제12대 이맘 마흐디를 지칭하며 이 도로의 명칭은 사실상 이슬람 혁명의 상징을 나타내고 있다. 발리 아스르 도로는 약 19km로 중동에서 가장 긴 도로로 알려져 있고 이슬람 혁명 이전에는 '팔레비 도로'라고 불렸다. 팔레비 왕조의 창건자 레자 샤는 다양한 궁전과 테헤란 철도역을 연결하는 팔레비 콤플렉스를 설치할 목적으로 이 도로를 만들었다고 한다. 이 도로는 이슬람 혁명 이후 처음에는 모사데크 도로였다가 현재의 명칭으로 변경되었다. 모함마드 모사데크(1882~1967)는 이란의 대표적인 자유

주의 운동의 지도자로 1949년 국민전선을 결성해 석유국유화 운동을 주도하면서 1951년에서 1953년까지 총리직을 역임한 인물이다. 1951년 5월 1일 의회는 앵글로-이란 석유회사(AIOC)의 국유화 법안을 승인했다. 1953년 모함마드 레자 샤가 모사데크 총리를 해임시키자 대규모 시위가 발생했고 이에 놀란 모함마드 레자 샤는 이란을 떠나 로마로 망명했다. 8월 19일 자헤디 장군은 군사 쿠데타를 일으켜 모사데크 민족주의 정부를 전복하고 팔레비 왕정을 복원시켰다. 거리에서는 대규모 시위가 발생했고 이에 놀란 모함마드 레자 샤는 이란을 떠나 로마로 망명했다. 8월 19일 자헤디 장군은 군사 쿠데타를 일으켜 모사데크 민족주의 정부를 전복하고 팔레비 왕정을 복원시켰다. 이 군사 쿠데타는 미국의 CIA

타즈리쉬 거리

와 영국의 MI6가 실시한 아작스 작전으로 알려졌다. 이 도로의 명칭이 발리 아스르로 변경된 것은 중요한 의미를 가지고 있다. 이슬람 세계는 크게 시아파와 수니파로 나누어지는데 이란은 대표적인 시아파 국가이다. 시아shia라는 용어는 '무리' 또는 '당파'라는 의미이고 '알리의 무리(shiat Ali)'에서 유래했다. 시아파는 무엇보다도 이맘을 강조하는 종파이다. 시아파에서는 874년 제12대 이맘 무함마드가 사라졌고 그의 재림과 함께 정의의 시대가 도래할 것이라고 믿고 있다. 시아파는 제12대 이맘을 마흐디라고 부른다. 마흐디Mahdi는 '신에 의해서 올바르게 인도된 자'라는 의미이고 이슬람의 구세주를 상징한다.

오늘날 발리 아스르 도로는 테헤란의 허브이다. 발리 아스르 도로의 출발점은 테헤란 남부에 있는 철도 광장이다. 철도(Rahahan) 광장 부근에 있는 테헤란 중앙역은 언제나 수많은 인파로 북적이는 모습을 볼 수 있다. 주변에는 수많은 유스호스텔과 식당으로 가득 차 있다. 철도 광장을 따라 올라가면 페르도우시 광장이 나온다. 페르도우시는 가즈나 왕조(977~1186) 시대의 궁정시인으로 역사와 전설을 노래한 대서사시 〈왕서〉를 썼다. 〈왕서〉는 약 30여 년에 걸쳐 6만 구에 달하는 서사시이다. 이란의 건국에서 사산 왕조(224~651)의 멸망에 이르는 내용으로 이란의 신화와 전설 그리고 역사를 다룬 대서사시다. 페르도우시 광장 위쪽에 위치한 발리 아스르 광장은 테헤란의 중심가로 수많은 상가와 관공서가 밀접되어 있다. 광장을 중심으로는 많은 영화관과 쇼핑센터가 이어져 있어 거리마다 오고가는 사람들의 물결로 출렁거린다. 또한 이곳은 2009년 제10대 대통령선거에서 개혁파 후보 무사비 '녹색 바람'의 중심지였고 부정선거에 항의하는 대규모 시위가 일어났던 곳이다. 6월 8일 무사비의 지지자들은 이 광장을 중심으로 발리 아스르 거리에서 녹색 옷을 입고 인간 띠 잇기 행사를 진행하면서 축제와 같은 선거운동을 벌였다. 6월 12일 부정 선거 의혹을 제기하면서 거리 시위를 벌인 장소도 바로 이곳이다. 발리 아스르 광장에서 좀 떨어져 있는 곳에 테헤란대학교가 있다. 1934년 설립된 테헤란대학교는 이란의 역사와 사회에서 가장 역동적인 공간이다. 반팔레비 혁명운동은 바로 이곳에서 시작되었다. 이를 기념하기 위해 테헤란대학교 옆에 있는 광장의 명칭이 혁명(Enqelab) 광장이다. 혁명 광장의 중심에는 이슬람 혁명의 순교자를 추모하는 혁명기념비가 세워져 있다. 발리 아스르 도로를 따라 북쪽으로 가면 아름다운 숲이 우거진 사이 공원이 있고 오르막길을 따라 조금 더 올라가면 바나크 광장이 보인다. 바나크 광장은 테헤란 시내로 연결되는 교통의 중심지로 이리저리 사방으로 그물망처럼 도로가 이어져 있다. 바르 아스르 도로의 북쪽 끝에는 타즈리쉬 광장이 있고 그 주변에는 사드 아바드 궁전과 다양한 쇼핑몰이 몰려 있다.

바자르 : 도시 속에 또 하나의 도시

이란의 도시는 바자르를 중심으로 형성되어 있고 바자르가 없는 도시는 이란의 도시가 아니라고 불릴 정도로 중요한 의미를 가지고 있다. 바자르는 단순히 전통 시장을 의미하는 경제 공동체만이 아니다. 이곳은 역사, 정치 및 문화의 집결체이다. 테헤란 그랜드 바자르Grand Bazaar는 1906년 입헌 혁명과 1979년 이슬람 혁명 시기에는 정치 운동의 중심이 되었고 이란 사회에서 다양한 문제가 발생할 때마다 항의의 표시로 문을 닫기도 한다. 바자르란 용어는 페르시아어 단어 '바차르Vachar' 또는 '바카르Vakar'에 어원을 두고 있고 아치형 지붕으로 연결된 두 줄의 상점과 거래하는 장소를 의미한다. 이란의 저명한 언어학자인 알리 아크바르 데호다가 편집한 《데호다 사전》에는 바자르를 "상점들이 골목길을 사이에 두고 평행으로 이어져 있고 일반적으로 아치형 돔 지붕으로 덮여 있는 거래 장소"로 정의되어 있다. 그는 바자르를 개방적이고 공개적인 특성을 가진 '붐비는 장소'로 언급하고 있다.

테헤란 남부에 위치한 테헤란 그랜드 바자르는 중동 최대의 시장으로 미로 같은 시장 내부 길을 모두 합하면 10km가 훨씬 넘는다. 테헤란 그랜드 바자르는 사파비 왕조의 제2대 왕 타흐마습 1세(1524~1576 재임) 시대에서 최초로 건물이 세워진 이후 카자르 왕조 시기부터 본격적으로 확장되었다. 이곳은 수 세기가 흘렀음에도 불구하고 아직도 그 원형이 그대로 유지된 상태에서 지금도 지속적으로 발전하고 있다. 테헤란 그랜드 바자르는 다양한 규모의 바자르가 결합되어 있다. 판매 상품을 중심으로 형성된 제화공 바자르, 구리 세공 바자르, 케밥 판매 바자르, 카펫 바자르 등이 있다. 또한 종교적 지역적 배경을 토대로 만들어진 쿠웨이트 바자르, 아르메니아 카라반세라이, 조로아스터교 바자르, 이스파한 바자르 등이 있다. 그랜드 바자르는 일반적으로 다양한 공간으로 구성되어 있다. 첫 번째는 라스테 · 차르수크 · 호즈레 · 팀체 · 사라 · 카라반세라이로 구성된 경제적인 공간이다. 이곳은 골목길로 연결되어 양쪽에 상점들이 있고 교차점에는 돔 형태의 천장을 갖춘 차르수크가 있다. 또한 바자르 내부에는 연못과 그 위의 천장에 구멍이 뚫려 있어서 내부를 밝혀주는 팀체가 있다. 두 번째는 모스크·타키예와 호세이니예·신학교·이맘자데·목욕탕·주르하네·이발소·식당 및 찻집으로 구성된 사회적·문화적 공간이다. 그랜드 바자르에는 전통적으로 모스크, 신학교, 이맘자데와 같은 종교시설이 있다. 타키예는 제3대 이맘 후세인을 추모하는 원형 극장이고 호세이니예는 시아파 종교의식을 거행하는 장소이다. 주르하네는 이란의 스포츠클럽으로 1,500년 이상의 역사를 지닌 이란의 전통 국기國伎이고 무예와 신성한 의식이 어우러진 형태로 2010년 유네스코 무형문화유산으로 등재되었다. 세 번째는 광장, 달란(통로), 출입구로 구성되어 있는 공간이다. 각각의 바자르에는 출입구가 있고 밤에는 문을 내려 폐쇄시켜 바자르 내부를 보호한다.

테헤란 북부에 위치한 타즈리쉬 바자르는 규모는 작지만 이란에서 가장 화려한 바자르 가운데 하나이다. 이곳은 다른 바자르에 비해 다양한 과일과 채소, 신선한 전통 빵, 견과류 및 말린 과일, 온갖 종류의 향신료 및 약초 등이 풍부해 많은 인파로 붐비고 있고 언제나 정상 영업을 하는 곳이다. 타즈리쉬 바자르는 원래 이맘자데 살레(제8대 이맘의 아들) 모스크 주변에 위치한 자그마한 바자르였지만 점차 확장되었다. 특히, 이곳의 입구에 위치한 타키예는 매우 유명한 역사적인 장소로 평소에는 식료품점으로 사용되다가 무하람 달 첫 열흘 동안에는 수난극인 타지예Taziyeh를 공연한다.

타즈리쉬 바자르와 인접해서 가엠 쇼핑몰이 있다. 가엠 쇼핑몰은 1990년에서 1992년 사이에 타즈리쉬 바자르 상인들의 투자와 도움으로 만들어졌다. 가엠은 시아파 제12대 이맘의 또 다른 명칭을 의미하며 이 쇼핑몰이 이맘자데 살레 모스크 부근에 위치하고 있기 때문에 종교적인 이름을 사용하게 되었다. 이 쇼핑몰의 가장 중요한 투자처는 이맘자데 살레 성전이었다. 가엠 쇼핑몰은 6층으로

타즈리쉬 바자르

테헤란의 반미벽화

구성되어 있는데, 보석상, 의류점 및 각종 잡화점과 화랑이 있다. 특히, 6층에 있는 화랑에는 전통과 현대를 아우르는 다양한 미술품이 전시되어 있고 복도 곳곳에서 그림을 그리는 화가들과 그림을 배우는 수강생들을 언제든지 볼 수 있다. 나는 타즈리쉬 바자르를 갈 때마다 가엠 쇼핑몰도 함께 방문한다. 전통 시장과 현대 시장을 걸어 다니면서 전통과 현대가 공존할 때 더 가치 있고 소중한 문화를 창조할 수 있다는 진정한 상생의 길을 생각하게 된다.

이란과 서울의 문화적 유사성과 상대성

이란은 한류 열풍의 진원지이다. 이란에서 한국은 '대장금의 나라', '주몽의 나라'로 알려져 있다. 이란 국영TV에서 방영된 2007년 〈대장금〉, 2009년 〈주몽〉의 시청률은 86%, 60%에 육박했다. 이란의 한류 열풍은 역사적, 문화적 유대감에서 기인한다고 볼 수 있다. 한국과 이란 모두 아시아 국가에 속하며 외세의 침략과 지배 속에서 끊임없는 저항과 투쟁의 역사를 가지고 있다. 이란의 역사는 마케도니아인을 시작으로 아랍인, 투르크인, 몽골인, 러시아인, 영국인 그리고 미국인으로 이어지는 외세의 지배와 개입이 반복되는 비극이 지속적으로 발생했고, 그때마다 이란인들은 외세에 대한 저항을 거듭해 왔다. 또한 한국과 이란은 가족을 중시하는 가치관과 정情과 한恨에 대한 정서적 공감대가 존재하고 있다. 가문과 명예를 중시하는 전통, 어른을 공경하고 상대방을 배려하는 태도, 고난과 역경을 이겨낸 민족의식 등 다양한 측면에서 문화적 유사성을 가지고 있다. 이란의 한류 열풍은 정확히 표현하면 한국 사극 열풍이다. 여성의 노출을 종교적으로 금기시하는 이슬람 문화에서 그 원인을 찾을 수 있다. 반면에 남녀 사랑을 다룬 현대물은 상대적으로 큰 인기를 얻지 못하고 있다. 이는 한국과 이란은 서로 다른 문화적 상대성이 존재하고 있기 때문이다. 이란은 전통적인 종교

사회로 이슬람 이전에는 조로아스터교 국가였고 이슬람 이후에는 시아파 국가이다. 이에 따라 이란의 종교적 특성을 이해하고 존중해 줄 필요가 있다.

또한 이란은 한국과는 다른 문화적 특성을 가지고 있다. 첫째, 이란은 페르시아의 후예로 흥정 문화와 협상 기술이 발달되어 있다. 페르시아 상인은 유목민의 후예로 중국 상인들도 혀를 내두를 정도인 특유의 상술로 절대로 손해 보는 거래를 하지 않는다고 알려져 있다. 이란인들은 어떤 거래에서든 먼저 조건을 제시하지 않고 속내를 숨기며 유리한 입지를 확보하기 위해 적극적으로 대처한다. 이란과의 거래와 협상에서 흥정은 선택이 아니라 필수이다. 둘째, 이란은 타아로프Taarof라는 독특한 겸양 문화를 가지고 있다. 이 용어는 '알다, 이해하다'라는 의미를 가진 아랍어 단어 아라파arafa에서 유래했지만 페르시아어로 차용되면서 다른 사람을 높이면서 자신을 낮춘다는 의미로 변경되어 정착되었다. 이는 상대방을 칭찬하거나 상호 간의 체면을 지키기 위한 것으로 일종의 환대를 의미한다. 셋째, 이란에는 한국인들의 빨리빨리 문화의 정반대 개념인 느림의 철학이 있다. 이를 페르시아어로 야바쉬Yavash라고 부른다. 이 용어는 '천천히'라는 의미이지만 '신중히'라는 개념도 포함되어 있다. 결과보다는 그 결과에 도달하는 과정을 중시하는 이란인들은 서둘러 처리하기보다는 찬찬히 들여다보며 신중하게 처리하는 경향이 있다.

이러한 문화적인 차이점에도 불구하고 이란은 인연을 중시하기 때문에 신뢰를 바탕으로 지속적인 관계를 유지하는 것이 매우 중요하다. 그들은 신뢰와 의리를 중시해서 한번 맺은 인연을 소중히 여긴다. 이란은 한국과는 다른 문화와 제도를 가지고 있다는 차이점을 인정해야 한다. 따라서 이란을 이해하기 위해서는 그들의 문화적인 이질성을 숙지해야 한다.

서울의 테헤란로

09

이층버스와 빅벤, 시티투어의 원조 런던을 가다

이층버스와 빅벤,
시티투어의 원조 런던을 가다

제9강

이층버스와 빅벤, 시티투어의 원조 런던을 가다

원태준
포항공과대학교 인문사회학부 대우조교수

런던의 블루 배지 관광안내원

코로나 사태가 터지기 전인 2019년 영국 런던은 2,000만 명의 관광객을 맞이하면서 태국 방콕과 프랑스 파리에 이어 세계 3위의 관광 도시로 우뚝 서게 되었다. 전 세계에서 몰려든 손님들에게 런던을 소개하는 대표적인 투어 가이드들이 바로 블루 배지 관광안내원(Blue Badge Tourist Guide)들이다. 영국 관광안내원 교육협회에서 발급하는 푸른색 배지를 옷에 달고 다니는 블루 배지 관광안내원들은 영국 관광청으로부터 공식적으로 인정받은 전문 인력들이다. 이들은 모두 자영업자들로 등록되어 있으며, 여행사를 통하거나 개별 관광객들로부터 직접 연락을 받아 일을 한다. 영국 전역에 걸쳐 약 2,000여 명의 블루 배지 관광안내원들이 활약을 하고 있으며, 이 중 600여 명이 30여 개의 언어로 런던 관광 안내를 수행한다.

관광안내원의 상징인 블루 배지

블루 배지 가이드 자격증을 획득하는 과정은 일반인들이 예상하는 것보다 길고 까다롭다. 매년 5월 말에 시작하는 런던 블루 배지 관광안내원 교육 코스는 총 18개월에 걸쳐 진행된다. 수강생들은 이 기간 동안 런던의 역사, 전통, 지리, 지질학적 기원, 농업, 건축, 문학, 영화, 스포츠, 전시문화, 공연예술, 왕실, 정부, 정치, 금융, 산업, 종교, 다문화사회, 교육, 음식 등을 전반적으로 다루는 2시간짜리 저녁 강의를 매주 두 차례 수강한다. 이와는 별도로 수강생들은 대영박물관, 자연사박물관, 국립미술관, 웨스트민스터 사원, 런던탑, 세인트 폴 대성당 등 런던 주요 명소를 방문하여 체험학습하는 과정에 430시간, 관광 안내 테크닉 및 목소리 훈련 워크숍에 40시간, 개인 교습에 10시간, 사업 운영 노하우 공부에 40시간 등 총 700시간을 관련 수업에 할애하고 1주일에 25시간 정도의 자습 또한 필요하다. 이를 통해 수강생은 효과적이고 효율적인 안내 기술을 터득하는 것은 물론, 관광 코스에 가장 적합한 경로와 휴식 공간을 알아두고 명소별 관광 시간을 적절하게 안배하며 위급상황에 신속하게 대처할 수 있게 된다. 이러한 교육 과정을 마친 수강생들은 우등버스 안에서의 안내, 관광객 동반 이동, 웨스트민스터 사원 안내, 세인트 폴 대성당 안내, 런던탑 안내, 대영박물관 안내, 국립미술관 안내 등 일곱 가지 분야에서 실기 시험을 치고, 런던과 런던 교외 관련 분야 및 일반 상식 분야에서 필기 시험을 친 후 전 분야에서 합격해야 블루 배지 관광안내원 자격증을 취득할 수 있다. 런던 블루 배지 관광안내원 교육 코스 비용은 2021년 현재 8,220파운드(한화 약 1,240만 원)이며, 자격증 시험 비용은 2021년 현재 1,700파운드(한화 약 263만 원)이다.

자격증을 취득한 블루 배지 관광안내원은 수료식에서 관광안내원교육협회로부터 신분증과 배지를 발급받게 되며, 자신의 모국어로만 관광 안내를 할 수 있게 된다. 모국어가 아닌 다른 언어로 관광 안내를 하고자 한다면 자신이 원하는 시기에 비용을 내고 추가 어학 시험을 쳐야 한다. 비수기냐 성수기냐에 따라 관광객의 수가 달라지는 만큼 관광안내 업무가 일정하지 않으므로 경험을 어느 정도 쌓기 이전에는 다른 직업을 파트타임으로 병행하는 경우가 많다. 런던에서 영어로 안내하는 블루 배지 관광안내원을 반나절(최대 4시간) 고용할 경우 180파운드에서 250파운드(한화 약 28만 원에서 39만 원)를 청구하고, 한나절(최대 9시간) 고용할 경우 290파운드에서 350파운드(한화 약 45만 원에서 54만 원)를 청구하는 것이 보통이다. 자신의 승용차로 관광객을 접대하는 관광안내원의 경우 한나절 고용할 경우 585파운드(한화 약 90만 원)를 청구하고, 영어가 아닌 다른 언어로 안내하는 관광안내원 또한 영어로 안내하는 관광안내원보다 더 많은 비용을 청구할 수도 있다.

런던의 이층버스와 시티투어

런던을 대표하는 여러 명물 중 온 시내를 굽이굽이 돌아다니며 승객들을 열심히 실어 나르는 빨간색 이층버스만큼 런던에 처음 온 방문객의 시선을 강탈하는 것도 없을 것이다. 1828년 프랑스 파리에서 처음 선보인 이층마차를 1829년 조지 실리비어George Shillibeer라는 사업가가 런던에 들여와 패딩턴과 뱅크 사이를 운행하는 첫 버스노선이 개통되며 런던의 이층버스 시대가 막을 올렸다. 실리비어의 이층버스에는 22명이 탑승할 수 있었으며 운임은 1실링(지금의 가치로 한화 약 78원)이었다. 우리로서는 상당히 저렴했다고 생각할 수 있으나 빈부 격차가 극심했던 빅토리아 여왕 시대의 영국에서 많은 일반 시민들은 이조차 버겁게 여겼다고 한다.

런던 타워브리지와 시티투어 버스

런던의 템스강 크루즈

런던 시민들의 젖줄기인 344km 길이의 템스강은 런던을 포함한 남부 잉글랜드의 9개 주州를 가로질러 흐른다. 기원후 47년에 로마인들이 무역거점인 런디니움Londinium을 수립한 이후로 템스강은 수도권 주민들의 식수원, 무역로, 조선업 중심지로 발전해왔고, 영국의 경제적 발전을 견인했음은 물론 시민들에게 다양한 오락과 유희를 제공하는 역할 또한 톡톡히 하였다. 1422년부터 런던 시장의 취임기념 퍼레이드가 템스강에서 진행되면서 런던의 여러 동업 조합(Livery company)들이 금과 은으로 화려하게 치장된 부선艀船들을 강물에 띄워 멋진 장관을 연출하였다. 소빙기가 절정에 다다랐던 17세기와 18세기 겨울에 템스강이 얼어붙으면 '서리 축제(Frost Fairs)'가 열리면서 사람들이 모여 뮤지션들의 공연을 들으며 고기를 구워 먹고 재미난 소품들을 사고팔며 즐거운 시간을 보냈다. 1715년에는 템스강에 빠진 토마스 도게트라는 아일랜드 출신 배우가 한 뱃사공에 의해 구조된 후 이를 기념하기 전문 뱃사공들을 위한 조정대회를 설립하였다. 지금까지도 열리는 관계로 세계에서 가장 오래된 조정경기라는 기록을 가진 이 대회에서는 26세 이하의 템스강 운송업 종사자 6명이 각각 싱글 스컬을 타고 런던 브리지에서 첼시까지 7.44km의 거리를 완주한다. 우승자가 전통에 따라 진홍색 코트와 접시 크기의 은제 배지, 그리고 상금을 받는 관계로 이 대회를 '도게트의 코트와 접시 내기(Doggett's Coat and Badge Wager)'라고 부른다. 이 외에도 1829년에는 영국의 양대 사학인 옥스퍼드대학교와 케임브리지대학교 간에 벌어지는 6.8km 거리의 대항 보트 경기가 템스강에서 시작되었고, 이제는 세계적으로 유명하여 온갖 명사들이 집결하는 '헨리 온 템즈 로열 레가타'라는 국제 경조대회競漕大會 또한 템스강에서 1839년에 처음 열렸다.

개인적인 즐거움을 만끽하기 위해 템스강을 유람하는 여가활동은 빅토리아 여왕 시대인 19세기에 크게 발달하였다. 증기선의 등장으로 인해 많은 사람들이

런던아이와 템스강 크루즈 선착장

솔터 브라더스사 등에서 제공하는 여객선으로 템스강을 이용하여 출퇴근을 할 수 있게 되었음은 물론, 여름 주말에는 밀짚모자(boater)와 줄무늬 자켓을 차려입고 강을 따라 잉글랜드 최남동단에 위치한 켄트주 해안도시인 람즈게이트까지의 여유로운 유람 또한 즐길 수 있게 되었다. 그러나 1909년에 설립된 런던항만청이 템스강의 이용규제와 오염방지를 관할하게 되면서 이를 위한 운영비용을 충당하기 위해 통행료를 인상하자 20세기 초반에는 템스강 유람이 눈에 띄게 줄었다. 제2차 세계대전이 끝나서야 유람객이 예전 수준으로 폭발적으로 늘어나게 되었고 유람선들 또한 이러한 추세에 힘입어 증기선에서 모터보트로 교체되었다. 그러나 이로 인해 템스강의 교통체증이 서서히 증가하고 운행일정표에 맞추어 여객선을 운영하기가 갈수록 어려워졌다. 이에 여객선 운영업체들은 1970

년대부터 장거리 유람보다 런던의 주요 관광 명소를 일주하는 단거리 유람에 더 치중하게 되었고, 영국이 이 시기에 유럽경제공동체에 가입까지 하면서 템스강 유람객 중 외부에서 방문하는 관광객의 비중이 더욱 커지게 되었다.

지금의 템스강 유람선 사업은 시티 크루즈, 템스 리버 서비스, 써큘러 크루즈 등 세 개의 회사가 주도하고 있다. 각 회사가 제공하는 서비스는 각각 살짝 다르다. 예를 들어 1986년에 설립되고 가장 유명하다고 할 수 있는 시티 크루즈의 경우 웨스트민스터 선착장에서 런던탑 선착장까지 유람선을 운영하고 이를 포함한 총 네 군데의 선착장에서 24시간 동안 자유롭게 타고 내릴 수 있다. 이 경로를 따라 타워 브리지 · 런던 아이 · 대관람차, 셰익스피어 글로브 극장 · 영국 국회의사당과 빅벤 시계탑 등을 지나가는 유람 서비스를 제공한다. 템스 리버 서비스의 경우 유람 경로는 시티 크루즈와 거의 동일하나, 자유롭게 타고 내리는 서비스를 제공하지 않고 30분짜리 편도 또는 1시간짜리 왕복으로 표를 판매한다. 또한 시티 크루즈보다는 구형 스타일의 유람선을 이용함으로써 더 클래식한 분위기를 연출하고자 한다.

유람용이라기보다 여객운송용으로 템스강에서 운항되는 서비스도 물론 있다. 템스 클리퍼스라는 회사는 쾌속선을 20~30분마다 출항시키고, 이를 탑승하면 엠뱅크맨트 선착장에서 런던탑 선착장까지 20분, 런던탑 선착장에서 런던 동부의 금융 지구인 카나리 워프 선착장까지 10분, 그리고 카나리 워프 선착장에서 그리니치 선착장까지 15분 소요된다. '물 위의 고속버스' 서비스 개념으로 기획된 만큼 유람선 운영 회사들과 달리 여객선에서 관광지 안내방송도 제공하지 않고 야외 갑판도 없다. 이와 같은 정기 서비스 외에 템스 클리퍼스는 런던의 대표적인 미술관들인 테이트 브리튼과 테이트 모던 사이를 오가는 테이트 투 테이트 서비스Tate-to-Tate Service, 그리고 런던 아이 선착장에서 오투 아레나 실내공연장까지 야간에 오가는 오투 익스프레스를 운영한다.

런던의 자전거 투어

스코틀랜드 출신의 대장장이인 커크패트릭 맥밀런이 1839년에 페달 달린 두 발자전거를 발명하고, 남부 잉글랜드 출신의 제임스 스탈리가 1871년에 대형앞바퀴와 소형앞바퀴가 달린 그 유명한 페니 파딩penny-farthing 자전거를 개발하는 등 영국은 명실공히 자전거의 시대를 열었던 선도국이었다. 처음에는 상류층 사람들의 여가 활동으로 주로 사용되었으나 곧 여유가 되는 노동자 계층에 의해 공장 출퇴근용으로 애용되면서 자전거는 고용인들에 대한 고용주들의 통제력을 약화시키는 중요한 사회경제적 수단으로 발전하였다. 1920년대와 1930년대에 이르러서는 노팅엄시에 기반을 둔 자전거 제조업체 라레이Raleigh 등의 성장에 힘입어 영국인들의 자전거 사용은 폭발적으로 증가하였다. 이에 영국 교통부는 1934년부터 1940년까지 영국 전역에 자전거용 도로 총 448km를 새로 까는 등 영국 자전거 애용자들의 필요에 부응하고자 노력하였다. 1940년대 말이 되면 자전거는 영국인들의 출퇴근 수단으로 버스에 이어 가장 인기가 많았으나, 1950년대부터 자가용과 오토바이의 확산으로 인해 자전거 이용도는 크게 줄기 시작하며 1970년부터 현재까지 영국인들은 자전거로 매년 40억~60억km 정도의 거리를 달린다.

줄어드는 이용도로 인해 1950년대부터 1970년대까지 자전거는 영국의 교통 정책에 있어 큰 비중을 차지하지는 못했으나, 1970년대 말부터 자전거 이용자들이 영국 사이클리스트협회(Cyclists' Touring Club, Cycling UK라고도 부름) 등을 통해 자전거 이용 활성화를 위한 인프라 개발을 정부에 끊임없이 요구하였다. 1989년에 영국이 자전거를 이용하기가 가장 불편한 나라 중 하나라는 유럽연합 집행위원회 보고서가 발표되면서 영국 정부는 1996년에 국가사이클전략을 발표하고 2020년 현재 2만 km가 넘는 국가사이클링도로망 건설에 착수하였다.

런던의 경우 2008년에 런던 도심과 런던 외곽 사이를 자전거로 다닐 수 있

보리스 바이크와 반납기지

게 해주는 사이클 슈퍼고속도로 6개의 구축을 시작하였고, 그 해 보리스 존슨이 런던시장으로 당선되면서 자전거 이용자들을 위한 인프라는 더욱 늘어났다. 2010년에 런던교통관리청은 영국 금융그룹인 바클레이스의 협찬을 받아 단기간 대여가 가능한 자전거 8,000대를 시민들에게 제공하였고, 현재는 후원자가 스페인 금융그룹 산탄데르로 바뀐 이 '보리스 바이크Boris Bikes'들을 대여할 수 있고 반납할 수 있는 기지(docking station) 또한 런던 전역에 600곳 가까이 설립하면서 자전거는 바쁜 런던 시민들의 발 노릇을 톡톡히 하고 있다.

이렇듯 자전거 이용자들을 위한 런던의 인프라가 상당히 구축되면서 자전거를 이용한 런던 관광 또한 인기가 높다. 런던 자전거 투어의 3대 회사는 브레이크어웨이 자전거 투어, 팻 타이어 자전거 투어, 그리고 런던 자전거 투어 컴퍼니이고, 운영하는 관광 코스가 각각 다르다. 브레이크어웨이 자전거 투어의 경우 빅벤·런던 아이·웨스트민스터 사원·버킹엄 궁전 등 도심의 명소를 오전에 4

시간 동안 자전거로 돌아보는 코스와 런던 금융 중심지인 시티City와 런던 동부를 오후에 4시간 동안 돌아보는 코스를 제공한다. 팻 타이어 자전거 투어는 템스강을 따라 명소를 둘러보는 코스를 제공하는데, 천년 역사를 자랑하는 런던의 재래시장인 버로우 마켓에 들러서 간단한 식사도 하는 등 문화적 체험이 포함되는 관계로 총 5시간이 소요된다. 마지막으로 런던 자전거 투어 컴퍼니는 도심의 주요 명소들을 둘러보는 3시간짜리 투어, 런던의 유명한 뮤지컬들을 공연하는 극장들이 몰려있고 메이페어와 같은 부촌들이 위치해 있는 웨스트 엔드 지역을 둘러보는 3시간짜리 투어, 그리고 템스강가를 따라 달려서 런던 동부를 들어가 둘러보는 3시간 반짜리 투어 등 세 가지 코스를 제공한다. 이외에 탈리호 자전거 투어와 메리 페들러같은 작은 자전거 투어 회사들은 런던의 주요 선술집과 맥주 양조장 등을 둘러보면서 한잔씩 즐길 수 있는 색다른 투어를 제공하면서 특히 젊은 관광객들로부터 큰 인기를 얻고 있다.

테마로 보는 런던의 워킹 투어

2019년에 미국 남가주대학교(USC) 공공외교센터는 윌리엄 셰익스피어 · 셜록 홈즈 · 해리 포터 · 영국공영방송 · 윈저 왕가 · 옥스퍼드와 케임브리지 · 롤스로이스 등을 자랑하는 영국의 '소프트 파워soft power'가 프랑스에 이어 세계 2위 규모라는 내용의 보고서를 발표하였다. 이는 전 세계인들이 영국의 문화와 전통에 그만큼 익숙하고 다양한 매체를 통해 그 영향을 많이 받고 있다는 뜻이며, 영국을 찾는 외국 관광객의 수와 그들이 추구하는 관광의 형태 또한 이러한 사실을 증명한다. 어렸을 때부터 귀가 따갑도록 영국에 대한 이야기는 들었으나 여태껏 눈으로 직접 볼 기회가 없었던 외국 관광객들은 자신들이 동경하는 영국 작가의 생가, 재미난 역사적 사건들이 발생한 영국의 사적지 등을 찾아가기를 원하는 경

《le jounal illerstre》에 실린
살인마 잭의 범죄를 그린 일러스트

우가 많다. 2,000년의 역사를 간직한 런던은 세계적인 명사名士들을 수 없이 배출해왔고 세상을 바꾼 다수의 역사적 사건들의 배경이 되어왔으며, 자기들의 관심사에 따라 런던의 각종 역사적, 문화적 경험을 향유하기 위해 전 세계에서 몰려든 관광객들을 위한 테마별 워킹 투어 프로그램들이 다양하게 제공되고 있다.

런던에 온 많은 관광객들이 걸어 다니면서 즐기는 관광 코스 중 하나가 바로 '살인마 잭(Jack the Ripper) 투어'이다. 살인마 잭은 1888년 8월과 11월 사이에 런던 동부의 화이트채플 지역에서 5명의 여성을 무참하게 살해하여 온 런던을 공포에 떨게 했던 연쇄살인범의 별명이었다. 런던경시청에 의해 끝내 검거되지 못했던 관계로 그가 누구였느냐를 둘러싼 미스터리가 아직까지도 계속되고 있고, 이로 인해 살인마 잭에 대한 사람들의 관심은 지금까지 끊이질 않고 있다. 이러한 관광객들의 기대에 부응하기 위해 '리퍼올로지스트Ripperologist'라고 불리는 살인마 잭 전문가들의 안내를 따라 잭의 범행 장소를 걸어서 둘러보는 2시간짜리 야간 워킹 투어를 많은 관광 회사들이 제공하고 있다.

세계에서 가장 유명한 탐정인 셜록 홈즈의 '자취'를 따라가는 2시간짜리 워킹 투어 또한 런던에 온 관광객들을 사로잡는 인기 관광 코스이다. 의사 출신인 아서 코난 도일이 1887년 출간한 소설 《주홍색 연구》를 통해 탄생시킨 홈즈는 당시대에는 물론 지금까지도 실존 인물이라고 사람들이 가장 많이 착각하는 허구의 캐릭터 중 하나이다. 셜록 홈즈 워킹 투어는 홈즈와 그의 친구 존 왓슨이 같이 살았다는 하숙집으로 묘사된 221B 베이커가의 셜록 홈즈 박물관을 포함하여 홈즈 소설에 등장하는 크라이티리언 레스토랑, 회원제 클럽들과 고급 호텔들, 관공서 건물과 골목거리 등을 안내원의 설명을 들으며 둘러본다. 투어는 또한 배우 베네딕트 컴버배치 등이 출연한 셜록 홈즈 관련 텔레비전 드라마와 영화 등을 촬영했던 런던 내 여러 로케이션을 방문한다.

런던의 여러 워킹 투어 중 빼어놓을 수 없는 또 하나의 인기 코스는 1884년부터 세계 시간의 표준점인 본초자오선의 역할을 하는 그리니치 천문대 지역 투어이다. 이 워킹 투어에 참가한 관광객들은 천문대를 포함해 19세기 말에 홍차를 실어 나르던 전형적 대형 쾌속 범선인 커티 사크호, 1873년부터 1998년까지 영국 해군의 장교훈련학교였던 왕립해군학교건물 등 19세기를 팍스 브리타니카Pax Britannica 시대로 만들었던 영제국의 대표적인 유산들을 가장 임팩트 있게 볼 수 있다. 이 외에도 그리니치에는 15세기에 지어져서 17세까지 왕궁으로 이용되었던 그리니치궁전의 부속건물인 퀸즈하우스가 남아 있어 이를 구경할 수도 있다.

+

10

통일 독일의 수도 베를린의 변모

통일 독일의 수도 베를린의 변모

제10강

통일 독일의 수도 베를린의 변모

최호근

고려대학교 사학과 교수

굴곡진 역사의 도시

1871년 1월 18일, 프랑스 베르사유궁전에서 훗날 '제2제국'으로 불리게 될 통일 독일제국의 탄생이 선포되었다. 여기에 견주어 히틀러의 집권 후 등장한 나치 독일을 '제3제국'으로 부른다. 히틀러는 권력 장악 전부터 비스마르크 주도로 탄생한 과거의 제2제국을 불완전한 국가라고 비난했다. 독일어를 사용하는 사람들이 살고 있는 모든 지역을 통일하지 못한 것이 그 이유였다. 실제로 제2제국은 가톨릭을 신봉한 오스트리아를 포함하지 못했다. 보헤미아 지방이나 폴란드 서부 지역도 영토 밖에 남아있었다. 개신교 중심의 프로이센이 급하게 통일했기 때문이었다. 히틀러는 바로 이 점을 문제 삼았다. 그가 표방한 제3제국은 가톨릭과 개신교 모두를 아우르고, 독일어를 사용하는 모든 사람을 국경 안에 살

안톤폰 베르너가 그린 〈빌헬름 1세의 대관식〉

게 하는 명실상부한 독일 민족(Volk)의 정치적 공동체였다.

그렇다면, 제1제국은 무엇일까? 이 표현은 거의 쓰이지 않고 있다. 그 대신 '신성로마제국'이라는 말이 사용된다. 그러나 최초의 독일제국으로 일컬어지는 신성로마제국은 과거 로마제국의 법통을 이어받았다는 정도의 명예로운 명칭에 불과했다. 사실, 독일은 오랫동안 하나의 나라가 아니었다. 18세기 독일의 시인 아른트 모리츠Arndt Moritz가 묘사한 것처럼, 독일은 독일 지역에 사는 주민들의 염원 속에서만 존재했던 이름이다. 독일은 수백 년 동안 30여 개의 지역 국가(territorial state)로 분열되어 있었다. 그중 군사적 전통이 유독 강한 프로이센이 결국 독일을 통일하고야 만 것이다.

프로이센 주도의 독일 통일은 연이은 세 차례의 전쟁에서 거둔 승리 때문에 가능했다. 1864년에 덴마크와 싸워 이긴 프로이센은 1866년에 통일의 주역 자리를 놓고 오랫동안 자웅을 겨루어 온 오스트리아를 패퇴시켰다. 1870년에는 독일 통일을 가로막는 마지막 세력 프랑스를 점령하고, 황제 나폴레옹 3세를 포로로 잡았다. 내친김에 프로이센은 프랑스 역사의 상징적 장소인 베르사유궁전에서 통일을 선포했다. 바로 그 자리에서 프로이센 국왕이 초대 독일 황제인 빌헬름 1세로서 즉위했다.

통일 선언과 더불어 베를린은 프로이센의 수도인 동시에 제국의 수도가 되었다. 베를린의 시작은 미미했다. 프로이센을 개창한 호엔촐레른 가문의 프리드리히 2세가 1440년에 브란덴부르크 변경백령의 수도로 삼으면서 베를린의 존재감이 비로소 확인되었다. 프로이센 가문의 후계자들은 처음에는 브란덴부르크의 선제후로서, 그 후에는 프로이센의 왕으로서, 마지막에는 독일제국의 황제로서 수도 베를린을 통치했다. 히틀러 치하에서도 베를린은 여전히 수도였다. 그는 한때 베를린을 런던과 파리를 능가하는 세계적 도시로 탈바꿈시키고자 했다. 그가 꿈꾸었던 '세계의 수도 게르마니아' 프로젝트는 전쟁 때문에 온전히 실현되지 못했다. 나치의 제3제국이 패망한 후 베를린은 독일 전체의 수도로서 지위를 상실하고 말았다.

제2차 세계대전 패배와 더불어 시작된 연합국의 군정 치하에서 독일 전역이 그랬던 것처럼 베를린도 동서로 분할되었다. 냉전의 한 중심이 된 이 도시는 1949년에 분단의 비운을 겪고 말았다. 동독이 베를린의 동쪽을 수도로 삼았고, 서독은 프랑스와 인접한 작은 도시 본에 수도를 정했다. 저명한 작곡가 베토벤을 상징으로 삼는 문화도시 본이 수도가 된 것은 냉전시기에 서독이 추구한 친서방정책 때문이었다.

장벽 도시

분단 상황에서 서독 사람들은 본을 임시수도 정도로 생각했다. 통일이 되면 즉각 베를린으로 천도하는 것이 마땅하다고 생각했다. 베를린에 대한 서독 주민들의 애정은 각별했다. 동독 지역 한 가운데 작은 섬처럼 남아있던 서베를린은 분단의 상징이었고, 동베를린은 조속히 회복해야 할 대상이었다. 냉전의 엄혹한 상황 속에서 1948년 서베를린이 봉쇄되었지만, 훗날 독일연방공화국(서독)으로 불리게 될 지역의 주민들은 서베를린을 포기하지 않겠다는 의지를 강하게 천명했다. 서방 연합국도 마찬가지였다. 미국과 영국은 1948년 6월 24일부터 1949년 5월 11일까지 서베를린 주민의 생존을 위해 엄청난 규모의 공수작전을 감행했다. 총 20만 회 이상 항공기가 출격해서 매일 1만 3,000톤의 식량과 연료를 공급했다. 1년 가량 전개된 작전에서 영국군 조종사 39명과 미군 조종사 31명이 희생되었다.

베를린의 위기는 이것으로 끝이 아니었다. 1961년 동서를 가르는 장벽이 축조되면서 베를린은 다시 냉전의 거친 소용돌이 속에 빠져들었다. 8월 13일에 '반파시즘 방어벽'이라는 이름으로 동독이 쌓기 시작한 장벽은 서베를린을 완전히 고

미군 수송기를 보고 있는 서베를린 시민들(1948)

립시켰다. 1962년 6월에는 이미 축조된 장벽에서 100m 이내에 있던 건물들이 철거되면서, 분단의 벽은 훨씬 더 높아졌다. 1965년에는 다시 콘크리트 벽이 세워졌고, 1975년에는 이후 통일 때 붕괴된 형태의 장벽이 축조되었다. 장벽의 높이는 3.6m, 폭은 1.2m였다. 감시탑만 해도 116개소에 달했다. 베를린의 동서 횡단은 9개의 장소에서만 가능했다. 그 가운데 가장 유명한 곳이 지금은 관광명소가 된 체크포인트 찰리Checkpoint Charlie다.

독일 사람들은 이 장벽의 철거를 염원했다. 그러나 베를린 장벽이 실제로 무너질 수 있을지, 또 통일이 언제 이루어질지는 아무도 몰랐다. 장벽 붕괴와 통일은 도둑처럼 찾아왔다. 빌리 브란트Willy Brandt 서독 수상을 비롯해 많은 독일인이 오랫동안 통일을 준비했던 사실은 우리 한국인들 사이에서도 널리 알려져 있다. 동방정책(Ostpolitik)도 통일을 위한 노력들 가운데 하나였다. 하지만 돌아보면, 통일 과정은 치밀하게 작성된 로드맵이 아니라, 우연의 연속 속에서 전개되었다. 호네커Erich Honecker의 뒤를 이어 동독의 최고 지도자 자리에 오른 크렌츠Egon Krenz의 성명을 둘러싼 오보도 그 역사적 우연 가운데 하나다. 탈주하는 동독 주민들로 인해 초래된 혼란을 진정시키기 위한 크렌츠의 발표에는 '언제'라는 시점이 담겨있지 않았다. 그러나 언론은 그가 동독민의 서독 방문을 즉각 허용하기로 했다고 보도했다. 그 때문에 국경 경비가 수습 불가능한 상태에 빠져들자 서베를린으로 넘어가는 동베를린 주민들의 행렬이 이어졌다. 그 결과 베를린 장벽이 붕괴되고 말았다. 공식적으로는 1989년 11월 9일이었다. 같은 해 12월 22일 굳게 닫혀있던 브란덴부르크문이 열렸고, 다음 해 10월 3일 동·서독은 하나가 되었다.

수도 이전과 동서베를린 통합

사람들은 베를린이 곧바로 통일 독일의 수도가 될 것으로 생각했다. 그러나 그 과정은 결코 쉽지 않았다. 적지 않은 국민이 서독의 수도인 본이 통일 후에도 수도로 남아있어야 한다고 생각했기 때문이다. 지역적인 이해관계도 작용했다. 이에 따라 연방의회의 분위기도 양분되었다. 1991년 6월 20일 연방의회 본회의에는 무려 107명의 의원이 발언을 신청했다. 초유의 사건이었다. 저녁 늦게까지 격론이 이어졌다. 베를린 천도를 반대하는 의원들은 베를린이 구시대적인 권력국가를 연상케 하기 때문에 미래의 수도로서 적합하지 않다고 역설했다. 언론은 미세하나마 이 견해에 동조하는 의원들의 수가 더 많다고 예측했나. 표결 결괴는 베를린 338표, 본 320표였다. 매우 근소한 차이로 베를린이 통일 수도로 결정되었다.

베를린 천도는 단순한 수도 이전이 아니었다. 반세기 가까이 분단되었던 두 도시의 통합이었고, 체제를 달리하는 두 독일의 통일이었다. 통합과 통일은 외적으로만이 아니라, 내적으로도 이루어져야 했다. 외적 통일이 제도 및 행정과 각종 인프라의 통합이었다면, 내적 통일(innere Vereinigung)은 이질적 정서와 방향이 다른 정체성까지의 융합을 요구했다. 우리 한국인이 독일 통일에서 주목해야 하는 점도 바로 이것이다.

제도적 통합도 쉬운 일이 아니었다. 이 과정은 예상보다 훨씬 더 많은 비용과 인내를 요구했다. 산적한 과제들 가운데 무엇보다 안정과 질서가 필요했다. 당장 치안 유지를 위해 경찰이 통합되어야 했다. 진정한 의미의 통합이 되기 위해서는 서로 간의 이해와 접근이 필요했지만, 서베를린 경찰 급여의 60%에 불과한 동베를린 경찰의 급여가 같은 수준에 도달하기 전까지는 정서적 통합도 온전히 성취되었다고 할 수 없었다. 이렇게 통일은 직선적인 과정이 아니라, 여러 유형의 난관을 포함하는 나선형적 과정을 밟아 점진적으로 이루어졌다. 끊어진 도시철도가 다시 이어지고, 상수도와 하수도, 가스관과 전선도 연결되었다. 이러한 사회간접자본의 연결과 증설에는 많은 재정이 소요되었다.

통일이 되었다고 해서 기존하는 모든 것을 통합해야만 했던 것은 아니다. 분단시대에 설립된 문화교육기관들은 각자의 독립성을 유지한 채 서로 경쟁하고 있다. 동베를린의 훔볼트대학교와 서베를린 달렘 지역의 베를린자유대학교는 통일 수도의 양대 종합 국립대학으로서 선의의 경쟁을 펼치고 있다. 국립도서관도 서쪽의 포츠담 광장과 동쪽의 운터덴린덴에 하나씩 있다. 베를린 필하모니의 콘서트홀과 장다르멘마르크트 광장에 있는 콘서트하우스도 통합의 수순을 밟지 않았다. 결과적으로 이 모든 것은 베를린 시민들에게 좀 더 많은 문화적 향유 기회를 제공해주고 있다.

통일 후 가장 많은 발전상을 보여준 지역은 아마도 포츠담광장 일대일 것이다. 제2차 세계대전 직후 폐허가 된 이 지역은 이제 저마다 개성을 자랑하는 새로운 건축물로 채워졌다. 프랑크푸르트 메세 타워 설계자이기도 한 헬무트 얀이 설계한 소니 빌딩도 그 중 하나다. 인접한 갈색 빌딩 다임러 크라이슬러가 전통적인 남성적 면모를 보이는 데 반해, 유리와 철골구조로 투명한 흰색이 지배적인 소니 센터는 날렵하고 여성적인 멋을 풍긴다는 평가를 받고 있다. 이 건물은 통일 직후인 1991년에 베를린 시의회의 포츠담광장 재개발계획에 따라 지어졌다. 통일 독일의 수도 베를린을 21세기 유럽의 중심도시로 개발하겠다는 야심찬 계획을 세운 베를린 시는 대지를 불하하면서 여러 개의 까다로운 조건을 달았다. 건물이 주변과 조화를 이루면서도 예술적이고 독창적이어야 하며, 문화공간까지 확보해야 한다는 것이었다. 이뿐 아니라, 제2차 세계대전 때 일부가 파괴된 유서 깊은 문화재 에스플라나다 호텔을 건물 내에 복원해야 한다는 조건도 첨부되었다. 이렇게 포츠담광장 일대는 획일성이나 각자의 개성을 모두 지양하는 방식으로 차곡차곡 채워졌다.

상전벽해처럼 바뀐 포츠담광장의 풍경은 통일이 어떤 의미인지를 독일인은 물론 우리 한국인에게도 생생하게 보여준다. 이 광장은 통일 이후 변해온 베를린의 역사를 보여줄 뿐 아니라, 앞으로 변해갈 베를린의 미래를 보여주기도 한다. 베를린은 넓고, 아직도 비어있는 땅이 적지 않다. 베를린은 앞으로도 한동안 여전히 '공사 중'일 것이다.

기념의 공화국으로 불리는 도시

포츠담광장 한 가운데는 약간의 거친 벽돌들이 상징처럼 남아있다. 마치 하나의 수술 자국처럼 수도의 한 중간에 베를린장벽의 흔적을 남겨둔 것이다. 이곳

에서 체크포인트 찰리에 이르는 1.5km의 길은 내가 자주 찾는 곳이다. 바로 이곳에 독일 현대사의 풍경이 집약되어 있기 때문이다. 광장에서 남동쪽으로 나 있는 슈트레제만 거리를 따라가다 침머 거리로 접어들면 나치 공포기구의 핵심 비밀국가경찰(Gestapo) 청사가 있었던 장소가 나타난다. 제2차 세계대전 후 감옥을 포함한 모든 건물이 파괴된 바로 그 자리에 베를린 시는 테러의 지형도(Tophographie des Terrors)라는 특이한 이름의 역사기념시설을 설립했다. 일체의 미적 표현을 생략한 네모 형태의 단층 유리어항 같은 이 기념관 주변은 무수한 잡석으로 덥혀있다.

과거를 있는 그대로 복원하기보다는 현재적 관점에서 재현한 대표적 사례다. 보는 이에 따라서는 이 수많은 돌들이 국가폭력의 희생자를 의미할 수도 있다. 침머 거리와 접해있는 테러의 지형도 경내에는 베를린 장벽의 잔해가 상당히 남아있다. 그 덕분에 방문객은 나치 과거와 제2차 세계대전, 분단과 베를린 장벽

테러의 지형도와 베를린 장벽

으로 이어지는 역사적 인과관계를 이곳에서 어렴풋이 파악할 수 있다. 만일 독일인이 1932년 총선에서 나치당에 가장 많은 표를 주지 않았다면 패전도 없었을 것이고, 그랬다면 분단과 베를린 장벽도 없었을 것이라는 공간의 서사를 통해 독일 국민 전체가 져야할 역사적 책임을 이 지형적 구성을 통해 환기시킨다고 하겠다.

그러나 어떤 민족, 어떤 국민이든 모든 구성원이 단 하나의 생각을 철저하게 공유하는 경우는 없다. 독일 국민 중에는 나치 과거를 미화하는 사람들이 여전히 있다. 이 사람들은 테러의 지형도 서사에 동의하지 않는다. 또 시간적으로 나치 과거사보다 가까이 있는 동독의 과거사를 향수 속에서 그리워하는 사람들도 있다. 테러의 지형도에서 아주 가까운 곳에 자리한 트라비 월드가 바로 그곳이다.

트라비는 구동독 시절에 만들어진 차다. 굴러가기는 하지만 서독의 벤츠나 아우디에 비하면 성능이 훨씬 떨어지는 동독의 국민차 트라비는 동서독 분단시절에 조롱의 상징이기도 했다. 그러나 시간이 흘러 이 차들은 포스터로, 모형으로 남아 미화된 과거를 떠올리게 하는 추억의 차로 남아있다. 여기서 조금만 더 걸어가면 분단의 결절점인 체크포인트 찰리에 도달한다. 체제를 대표하는 두 병사의 사진이 거리를 두고 서로 마주보는 것처럼 배치되어, 방문객으로 하여금 분단의 과거를 다시 한 번 응시하게 해준다.

베를린은 750년 이상의 역사를 가진 도시다. 그래서 이 도시에는 최초의 변경백 시기부터 계몽군주를 표방한 프리드리히 대왕의 시대에 이르기까지, 또 프로이센이 정치와 군사적으로 약진한 18세기부터 후발공업국으로 세계의 공장 영국을 위협했던 제국주의 시대에 이르기까지 수많은 역사적 기억을 떠올리게 하는 장소들이 있다. 그러나 제1차 세계대전과 제2차 세계대전으로 인해 19세기까지 기억의 장소들 가운데 상당수가 파괴되었다. 이 두 전쟁의 개전국가이자 제2차 세계대전 전범국가인 독일은 연합국의 엄청난 공습을 피할 수 없었다. 게다가 1945년 5월 8일 이후에는 베를린 시가 앞장서서 나치와 관련된 다수의 공간들을 파괴했다. 그 대신에 베를린 시민들은 자기비판과 성찰의 공간들을 조성하는 데 많은 공을 들였다. 이런 노력이 반세기동안 거듭된 결과 어느덧 베를린에는 '기념의 공화국(Gedenkrepublik)'이라는 별명이 생겼다.

기념의 공화국 베를린에는 두 개의 내러티브가 존재한다. 첫 번째 서사를 영광스러운 민족의 과거와 관련된 명예로운 기념물(Ehrenmal)이라는 말로 표현할 수 있다면, 두 번째 서사는 경고의 기념물(Mahnmal)로 약칭된다. 어느 나라에서나 찾아볼 수 있는 자랑스러운 과거의 흔적을 가장 잘 보여주는 곳은 브란덴부르크문이다.

우리에게 분단과 통일을 상징하는 장소로 잘 알려져 있는 이곳은 본래 웅비해 온 프로이센의 역사를 일깨워주는 곳이다. 거대한 대문 위의 청동마차는 마치 프로이센의 승리를 찬미하는 월계관처럼 보인다. 여기서 시작해 동쪽으로 뻗은 운터덴린덴 대로 양편에는 웅대한 석조양식의 공공건물이 즐비하게 서있다.

브란덴부르크문

이 길을 따라 걷다보면 고풍스런 훔볼트대학교 건물들이 보이고, 곧이어 박물관의 섬에 도달하게 된다. 여기서 몇 걸음 더 가면 베를린 어디서도 볼 수 있다는 텔레비전 송신탑(Fernsehturm)에 이른다.

방향을 바꿔 오던 길을 걸어 다시 브란덴부르크문을 지나면, 동물원(Tiergarten)으로 불리는 거대한 녹색 정원이 길 양편에 펼쳐진다. 6월 17일 거리(Strasse des 17. Juni)로 명명된 그 길 멀리에 방문객의 눈을 사로잡는 높다란 석제 원주가 나타난다. 베를린 시민들이 '황금의 엘제'로 일컫는 높이 67m의 이 기념탑은 프로이센이 독일 통일을 위해 치른 세 차례 전쟁의 승리를 기념하기 위해 세워졌다. 가장 꼭대기에는 황금빛을 자랑하는 승리의 여신상이 있고, 원주 중간에는 몇 개의 철제 고리가 장식되어 있다. 각각의 고리는 1864년, 1866년, 1870년 전쟁에서 각각 덴마크, 오스트리아, 프랑스로부터 노획한 대포의 포신으로 제작되었다. 영국 런던의 트라팔가 광장에 있는 넬슨 제독 기념물이나 프랑스 파리 방돔광장의 나폴레옹 기념물과 마찬가지로, 이 황금의 엘세는 브란덴부르크문과 더불어

홀로코스트 상기기념물

베를린을 대표하는 민족기념물 역할을 다하고 있다.

통일 독일의 수도가 된 베를린은 그러나 이런 전통적 기념의 길을 답습하는 데 머물지 않고자 애쓰고 있다. 베를린은 애써 가꾸지 않으면 스러지기 쉬운 기억들을 재생하기 위해 지난 30년 동안 많은 노력을 경주해왔다. 부담스러운 과거를 외면하기보다는 가해자로서의 자의식 위에서 기억의 책임까지 온전히 감당하려는 독일인의 분위기를 가장 잘 표현하는 상징은 홀로코스트 상기기념물(Holocaustmahnmal)이다. 브란덴부르크문에서 에버르트 거리를 따라 남쪽으로 조금 걷다보면 나타나는 이 기념물은 후세에 주는 경고를 담고 있다는 점에서 기념의 새로운 양식으로 손꼽힌다. 유대인 석관을 연상케 하는 2,711개의 직사각형 모양의 기둥들은 높낮이를 달리하며 다양한 메시지를 발신한다. 하늘에서 보면 거대한 파도의 움직임처럼 보이기도 한다. 이것은 곧 유대인들이 처한 죽음의 운명을 보여주는 동시에, 나치 국가의 명령을 일사분란하게 따랐던 독일인의 무사유적 행태를 형상화하고 있다. 이런 점들보다 놀라게 하는 것은 이 경고성 기념물의 위치다. 수도의 한복판에 초등학교 운동장 두 개에 달하는 면적을 할애하여 범죄의 과거를 표현하겠다는 결심은 누구나 쉽게 따라할 수 있는 것이 아니기 때문이다.

기억의 책임을 마다하지 않는 도시

영광의 역사기념물에서부터 새로 출현한 경고의 기념물에 이르기까지 베를린의 기억 풍경은 매우 다채롭다. 경고의 기념물도 획일적이지 않다. 통일 이후 베를린의 기억 경관에는 꾸준한 변화의 궤적이 보인다. 그 가운데 가장 두드러진 것은 희생자 범주의 확대와 책임 범위의 확장이다. 유대인은 나치 범죄의 최대 희생자였지만, 유일한 희생자 집단은 아니었다. 나치 치하 베를린과 독일, 그리고 나치 영향권 하에 있었던 유럽 지역에서는 매우 다양한 집단이 파괴되었다. 500만 명 이상의 슬라브인들이 목숨을 빼앗겼다. 여기에 더해 장애인들도 치유 가능성이 적다는 이유로 조직적으로 살해되었다. 여호와의 증인들은 종교적 이유에서, 동성애자들은 성적 기호에서 정상적이지 않다는 이유로 목숨을 잃었다. 로마Roma족과 신티Sinti족도 큰 희생을 겪었다. 우리에게는 집시로 더 잘 알려진 이 사람들은 잠재적 범죄자라는 혐의 때문에 희생되었다.

독일의 과거사 극복 과정은 곧 공인된 희생자 범주의 확대 과정이었다. 이차대전 직후 재판에서 로마족과 신티족 희생자들이 법적 인정과 배상을 받지 못한 사실은 의외로 널리 알려져 있지 않다. 이들의 오랜 인정투쟁은 무엇보다 이름 되찾기에서부터 성공을 거두기 시작했다. 독일 학계와 시민사회의 관심에 힘입어 로마와 신티의 희생이 널리 알려졌고, 그 결과 베를린 시내에 이들의 희생을 기억하기 위한 기념물이 만들어졌다. 브란덴부르크문과 제국의회 의사당 사

HIER WOHNTE
AUGUSTE BUKOFZER
GEB. RUSENBERG
JG. 1862
DEPORTIERT 28.5.1943
THERESIENSTADT
ERMORDET 23.7.1943
HIER WOHNTE
HUGO COHN
JG. 1902
DEPORTIERT 3.2.1943
ERMORDET IN
AUSCHWITZ
HIER WOHNTE
SELMA COHN
GEB. BUKOFZER
JG. 1901
DEPORTIERT 3.2.1943
ERMORDET IN
AUSCHWITZ
HIER WOHNTE
TONI BUKOFZER
JG. 1899
DEPORTIERT 4.3.1943
ERMORDET IN
AUSCHWITZ
HIER WOHNTE
EVELYNE COHN
JG. 1936
DEPORTIERT 3.2.1943
ERMORDET IN
AUSCHWITZ

걸림돌 프로젝트

이의 녹색지대에 2012년에 세워진 로마-신티 희생자 기념물이 바로 그것이다. 조형적 완성도가 높은 편은 아니지만, 시내 한 중심에 책임져야할 과거의 기억 공간이 조성된 것은 매우 중요한 일이다.

베를린에는 우리가 주목해야 할 기념물이 두 개 더 있다. 안락사 프로그램 때문에 목숨을 잃은 장애인들을 추모하는 T-4 기억의 장소(T-4 Gedenkort)가 그 첫 번째다. 장애인들에 대한 조직적 살인은 그들이 독일인이었다는 점 때문에 더 중요하다. 아리안족의 순혈 신화를 강조했던 나치는 독일 민족의 강건함을 지키기 위해 병약한 독일인을 살해했다. 이 안락사 작전을 지휘한 본부가 동물원 거리(Tiergartenstrasse) 4번지에 있었기 때문에, 프로그램에 T-4라는 명칭이 부여되었다. 이 작전을 수행하는 과정에서 효과적인 살인 기술이 개발되고, 훗날 아우슈비츠를 비롯한 여러 절멸수용소에서 대량학살을 담당하게 될 전문 인력이 육성되었다는 점에서 장애인 안락사 작전이 갖는 의미는 매우 크다. 이들의 죽음을 애도하며 국가폭력의 과거를 대면하겠다는 독일인의 의지는 기념물의 위치에 힘입어 더 돋보여 보인다. 왜냐하면 장애인 희생자 기념물 바로 뒤편에 독일이 자랑하는 베를린 필하모니 콘서트홀이 있기 때문이다. 마치 문명과 야만은 종이 한 장의 차이에 불과하다는 것을 보여주기라도 하는 것처럼 말이다. 장애인 학살은 문명화된 야만의 전형이다.

기념의 공화국 베를린에서 전문가들이 주목하는 측면이 하나 더 있다. 그것은 애도해야 하는 대상의 확대에 더해 애도 방식 자체에도 변화가 있어왔다는 점이다. 통일되기 전까지 서독의 기념은 강제수용소와 같은 도시 바깥의 역사적 장소를 기념과 학습의 공간으로 탈바꿈시키는 데 초점을 두었다. 이와 같은 정책은 통일 이후 크게 바뀌어 도시 안에 기념시설들을 조성하는 방향으로 선회했다. 그 중심에 베를린이 있었다. 통일 독일의 수도라는 상징성은 과거사 극복에도 더 큰 책임감을 부여했다. 그리하여 베를린 시내에 많은 수의 기념물이 세워졌고, 과거의 역사적 장소에 표지와 설명판이 설치되었다.

통일 이후 베를린은 생활 속의 기념을 강조했다. 그중 대표적인 것이 걸림돌(Stopersteine) 프로젝트다. 베를린 시내에 많이 있는 박석 보도 위에 나치 범죄 희생자들의 인적사항이 담긴 동판을 하나의 박석 크기로 심는 이 작업은 '우러러보는 기념'에서 탈피해 '살피고 만지는 기념'으로 바꾸는 견인차가 되었다. 이러한 작업은 지역의 시민단체나 교사와 학생들이 동판 제작과 설치를 주도한다는 점에서 주목을 끈다. 학생들 스스로가 지역사회의 기록들을 조사하여 이를 바탕으로 동판을 설치하고, 이것이 다시 자기 생활세계의 과거와 현재를 살펴볼 수 있게 해주기 때문이다. 기념과 교육을 하나로 묶는 이런 움직임은 베를린 도처에서 발견할 수 있다. 이처럼 베를린은 기념물을 통해 기억하는 도시로 진화하고 있다.

다양성 속에서 활력을 도모하는 도시

베를린의 인구는 통일 이후 꾸준히 증가해서 현재는 360만을 조금 넘었다. 통계에 따르면, 전체 인구 가운데 세 명 중 한 명은 본인이 이민자이거나 이민자 가정에서 태어났다. 이 추세는 점차 더 강화될 것이다. 이처럼 베를린은 인종과 문화적 기원을 달리하는 구성원들의 집합처가 된지 오래다. 이민자의 다수는 터키, 러시아, 폴란드, 구 유고슬라비아 출신이다. 베를린에 거주하고 있는 한국 교민은 4,000명에 달한다.

이런 다인종·다문화 사회에서 과거와 같은 아리안족의 신화가 설 자리는 없다. 베를린 시는 다양한 문화권 출신의 주민들이 함께 살아가는 법을 익히고 실천할 수 있는 기회를 제공하고 있다. 이에 따라 독일인의 가해 책임을 강조하던 과거의 시민교육 방식도 이제는 점차 다양성과 관용을 강조하는 쪽으로 바뀌고 있다. 한때 보트피플이었던 베트남 출신의 시민들은 이제 독특한 시장에서의 자영업을 통해 베를린의 활력을 높여주고 있다.

부담스러운 과거 역사 교육을 통해 체득된 감각과 더불어 인종적 다양성을 갖춘 국제도시로서의 위상에 힘입어 베를린 시민들은 이민자와 난민에 대해 과거보다 훨씬 더 개방적인 태도를 취하고 있다. 2015년과 2016년에 시민들이 전쟁 난민들에게 보여준 전향적 태도가 대표적이다. 베를린은 전쟁을 피해 독일로 온 100만 명의 난민 가운데 5만 명 이상을 받아들였다. 그로 인해 베를린은 수용시설과 전담인력 부족 등 여러 가지 어려움을 겪어야 했다. 이때 베를린 시민들은 지역별로 자원봉사자들을 모집해서 식료품을 모으고 난민들에게 식사를 제공하며 잠자리를 마련해주었다. 과거에 유대인과 로마·신티족을 추방했던 도시가 이제는 난민들을 환대하는 도시로 바뀐 것이다. 부담스러운 과거는 이제 교훈과 적용을 통해 지금 이곳에서 삶의 토양을 바꾸는 자산으로 탈바꿈하고 있다. 우리가 베를린에서 배울 수 있는 점 가운데 하나가 바로 이것이다.

우리 서울은 다양성의 도시인가? 인종과 문화, 계급과 취향의 차이를 충분히 인정하는 관용의 도시로 비쳐지고 있을까? 서울의 과거는 다양성 속에서 역동성을 추구해 왔던가? 다양한 정체성을 용인하는 가운데 새로운 미래를 키워가는 모판 역할을 충분히 수행해 왔던가? 앞으로는 그렇게 할 수 있을까? 베를린의 과거와 현재를 통해 우리가 우리의 수도 서울에 던져볼 수 있는 질문들이다.

11+

워싱턴 D.C.는 어떤 수도인가?

워싱턴 D.C.의 환경
워싱턴 D.C.는 어떻게 수도가 되었을까?
워싱턴 D.C.의 주요 시설들
워싱턴 D.C.는 어떤 수도를 지향하는가?

워싱턴 D.C.는 어떤 수도인가?

제11강

워싱턴 D.C.는 어떤 수도인가?

박진빈

경희대학교 사학과 교수

미합중국의 수도 워싱턴 D.C.는 계획도시로 건설되었다. 그래서인지 워싱턴을 떠올리면, 수도로서의 상징물인 백악관, 국회의사당, 그리고 국립박물관과 같은 시설물들이 가장 먼저 생각난다. 워싱턴은 정부의 행정적 중심과 국민의 대표부인 국회, 대법원 등 삼권분립의 주무 기관이 자리 잡고 있을 뿐 아니라, 학문과 지식의 중심인 국회도서관과 스미소니언이 이웃하고 있다. 그리고 워싱턴에 방문한 사람이라면 바로 그런 중요한 건물들이 중앙부의 거대한 풀밭을 중심으로 하여 직선과 사선으로 뻗은 도로변에 질서정연하게 배치되어 있다는 사실을 쉽게 파악할 수 있다.

이 장에서는 바로 그러한 수도로서의 도시의 의미가 워싱턴에 어떻게 공간적으로 펼쳐져 있는지 그리고 지금의 모습을 어떻게 갖추게 되었는지 살펴볼 것이다. 수도 워싱턴은 어떻게 계획되었을까? 그리고 정치적 중심에서 국민의 정신적 중추까지 담당하기 위해 이 도시는 어떻게 진화해왔을까?

워싱턴 D.C.의 환경

워싱턴은 북아메리카 대륙의 동쪽 해안에서 멀지 않은 포토맥강의 동쪽 편에 자리잡고 있다. 서쪽으로는 포토맥 강을 경계로 하여 버지니아주가 있고, 동쪽 편은 메릴랜드주가 위치한다. 이 지역은 온대 계절풍 지대로, 우리나라와 매우 유사하게 사계절이 뚜렷하고 여름은 덥고 습하며 겨울은 춥고 건조한 기후를 가지고 있다. 포토맥강은 체서피크 만을 거쳐 대서양으로 흘러들어 가는 큰 강줄기이다.

워싱턴의 면적은 159km²로, 서울특별시의 면적이 605.2km²인 것에 비하면 크지 않다. 현재 인구는 70만 명이고, 주변 교외 지역을 포함한 대도시권으로 보자면 약 620만 명 정도가 된다. 이는 미국 대도시권 가운데 여섯 번째로 큰 규모라고 할 수 있다.

유럽인들이 도착하기 전에는 알공퀸계의 원주민 부족이 거주하고 있었으나, 1600년대 후반부터 백인들이 이주해 들어와서 농사를 짓고 마을을 형성하기 시작했다. 1749년에는 백인들의 첫 번째 도시인 알렉산드리아가 건설되었고, 점차 백인 거주자들이 증가하게 되었으나, 당시까지도 북쪽의 뉴욕이나 필라델피아 그리고 남쪽의 찰스턴에 비하면 큰 규모라고 보기는 어려운 작은 도시였다.

워싱턴 D.C.는 어떻게 수도가 되었을까?

워싱턴 D.C.는 시작부터 수도로 계획된 도시였다. 1789년에 헌법이 반포되면서 새로운 국가로서 미합중국이 출범하였다. 첫 대통령인 조지 워싱턴은 1790년에 새로운 수도를 포토맥강가에 건설한다는 법에 서명을 함으로써 지금의 수도 워싱턴 건설을 시작하게 되었다. 대통령은 이를 설계할 사람으로 삐에르 링팡Pierre L'Enfant을 임명했다. 랑팡은 프랑스인으로, 미국 독립전쟁에 참전하여 그 공을 인정받았고, 전쟁이 끝난 뒤에는 토목기사로 뉴욕 등지에서 활약하고 있었다. 그는 약 5개월에 걸친 준비 끝에 마침내 "미합중국 정부의 영구적인 자리로 의도된 도시의 계획"을 작성하여 대통령에게 제출했다. 이 계획은 그 후 약간의 수정을 거쳐 실현되면서, 현재까지 이어져오는 워싱턴의 주요 골격과 시가지 계획을 보여준다는 점에서 중요한 의미를 갖는다.

랑팡은 도시계획에서 두 가지 목표를 실현하고자 했다. 첫 번째는 공화국의 절제와 질서를 표현하기 위해 도시의 거리를 정사각형의 격자 줄무늬 판처럼 짜는 것을 의미했다. 구세계의 혼돈과 무질서를 배제할 새로운 공화국의 통제와 안정을 나타내 줄 요소였다. 거기에 그치지 않고 랑팡은 격자판을 사선으로 가로지르는 대로들을 배치함으로써 두 번째 요소, 즉 팽창을 표현했다. 워싱턴을 중심으로 뻗어나가는 듯한 사선의 도로들은 역동성과 점령지 확장 및 서부로의 팽창을 의미했다. 이로써 안정되지만 계속 발전하는, 질서가 있지만 활력 넘치는 신생 공화국의 이미지를 모두 담아내려 했던 것이다.

또한 랑팡은 이와 같은 도시의 전경이 잘 관찰될 수 있도록 시내 요소에 이를 조망할 수 있는 관람의 지점들(vista)을 조성했다. 평지였던 워싱턴에 낮은 둔덕이 조성되었고, 거기에 국회의사당이 위치하게 되었다. 또한, 격자와 사선의 접점에는 관공서와 같이 공화국의 핵심적 의미를 지닌 건물들을 배치하거나, 작은 광장이나 원형교차로를 만들어 다른 직선 교차로와 차별화를 꾀했다. 이러한 구조를 통해 랑팡은 이 도시가 질서와 동력을 체험할 수 있는 공화국의 실험장이 되게 했다.

격자와 사선의 공존은 기본적으로 분산과 집중을 모두 나타내도록 했지만, 그렇더라도 이 도시에 어떠한 중심은 필요했다. 그렇게 조성된 곳이 바로 내셔널 몰(the Mall)이다. 랑팡은 국회의사당에서 서쪽으로 직선으로 뻗은 거리를 가운데에 공원을 낀 양방향 도로로 만들었다. 물론 랑팡 시절에는 이것이 아직 내셔널

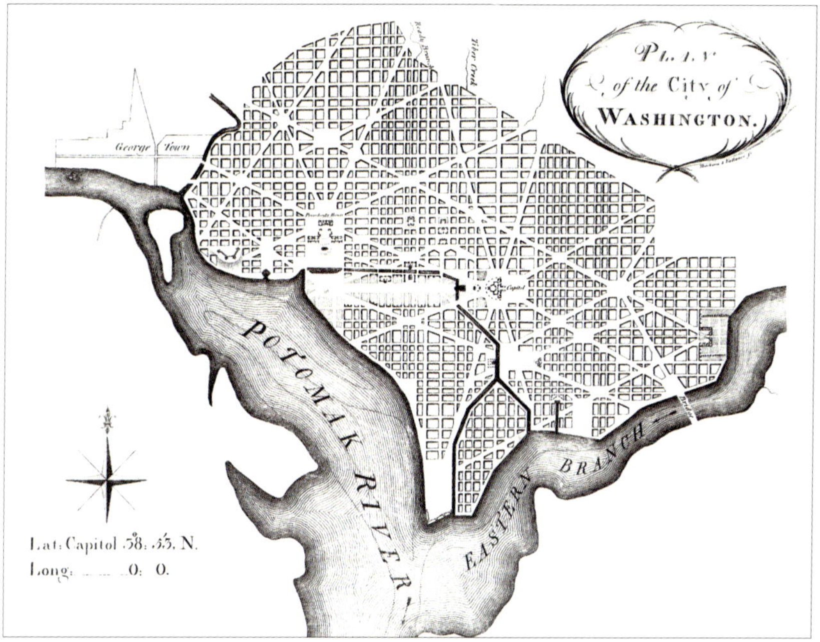

삐에르 랑팡이 계획했던 워싱턴 D.C.

몰이라는 이름이 붙지 않아, 그저 "공중보도(public walks)"라고 칭해졌지만, 후일 변화를 겪으면서 그 위용을 드러낼 내셔널 몰의 기본적 골격을 갖춘 셈이었다.

국회의사당에서 정서쪽 방향으로는 내셔널 몰이 형성되었다면, 국회의사당으로부터 북서쪽 사선으로는 펜실베이니아 대로가 뻗어나가 그 끝에는 대통령의 집무실이지 거처인 백악관을 위치시켰다. 그 결과 펜실베이니아 대로 한쪽 끝에는 백악관과 정부 부처 그리고 다른 끝에는 국회의사당과 내법원이 자리함으로써, 수도의 정치적 기능을 담당할 중심축을 형성했다. 이와 더불어 미'연방'의 정신을 살려 각 주를 대변할 공원이나 광장을 도시 전역에 흩어 조성하게 했다. 그 각각에 기둥, 석상, 오벨리스크 등을 설치하여 중앙집권이 아닌 분권이 공화국의 이상임을 표현하려 했다.

랑팡의 계획은 일시에 다 완성되지 않았다. 랑팡의 계획에 의해 공공상소로 남겨졌던 내셔널 몰에는 1841년부터 제임스 스미스슨의 유산을 기탁받은 재단이 건물을 짓기 시작했다. 스미스소니언재단(1855)·국립자연사박물관(1858)·국립동물학공원(1889)·예술산업관(1881) 등 스미스소니언에서 건설한 박물관과 전시관등은 국가의 역사관과 미래정신을 국민에게 교육시키는 공간으로 자리 잡게 되었다.

워싱턴 D.C.의 주요 시설들

워싱턴기념비

수도로서 워싱턴의 정체성을 가장 잘 보여주는 시설물은 우선 대통령 기념시설물들이다. 가장 먼저 만들어진 것은 초대 대통령인 워싱턴의 기념비였다. 이 기념비는 사선의 두 축이 만드는 직각삼각형의 수심垂心, 즉 내셔널 몰의 서쪽 끝에 세워지게 되었다. 워싱턴기념비의 건립은 국가적 기념물의 탄생이라는 점에서 시사하는 바가 큰데, 그 탄생의 역사와 이에 얽힌 정치적 논쟁이 바로 이 공간의 상징성을 가장 잘 전해준다.

워싱턴기념비는 약 170m 높이의 석조 조형물로, 세계에서 가장 높은 오벨리스크이다. 1848년에 건설이 시작되어 완성된 것은 1884년이다. 워싱턴기념비의 건설은 내셔널 몰을 보다 완결성있는 공간으로 만들었다는 의미를 가지며, 그 너머 서쪽으로 계속되는 기억과 추모의 공간의 조성이 시작을 알리는 상징적인 사건이기도 했다.

초대 대통령 조지 워싱턴을 추앙하고 기념하려는 움직임은 혁명전쟁이 끝난 직후에, 그러니까 그의 생전에 이미 시작되었다. 영국으로부터 독립을 이끈 총사령관에서 새로운 통일 국가의 수반이 된 워싱턴은 국가적 영웅, 국민의 아버지로 일컬어졌다. 그런 그에 대한 존경을 담아 무언가 기념할 시설을 건립하자

건립시 중단되었다 다시 지어져 상단과 하단색이 다른 워싱턴기념비

는 일련의 움직임 가운데는 전형적인 영웅비인 말탄 장군 워싱턴 동상부터 영묘(mausoleum)까지 다양한 것들이 있었다. 1799년 그가 사망하자 이러한 움직임은 보다 구체성을 띠기 시작했다. 공화국의 덕성을 체현하고 시민사회에 공적을 뚜렷이 남긴 국부로 기억하려는 것이었다. 하지만 이런 논의는 제대로 실현되지 못하고 흐지부지되었다.

한동안 수면 아래로 잠들었던 기념비 논의가 다시 시작된 것은 1832년, 워싱턴 탄신 100주년이었다. 이때 기념비 건립을 위한 대대적인 시민운동이 벌어져 모금이 시작되었고, 1836년 이들이 모은 2만 8,000 달러(2010년 환산 60만 달러)를 가지고 기념비 설계 공모가 시작되었다. 당선작은 사각기둥 모양으로 긴 오벨리스크를 세우고 그 주변에 둥근 열주식 건물을 짓는 것이었다. 건물의 지붕에는 전차를 모는 워싱턴 동상을 세우고, 건물 내부에는 독립전쟁의 영웅 30인의 동상을 모신다는 계획이었다.

하지만 건설이 시작된 후 모금은 바닥이 났고, 1854년 건설이 중단되었다. 이듬해 국회에서 건설을 재개하기 위해 비용을 마련하기로 했지만, 복잡한 이유로 건설에 이용되지 못했고, 그러다 남북전쟁이 발발하면서 결국 1877년까지 중단된 상태로 남겨져 있게 되었다.

건설이 재개된 것은 남북전쟁 이후였다. 국가 분열이라는 초유의 사태를 진정시키고 다시 하나가 된 국가에서 '통일'의 지도자로서 워싱턴은 새로운 의미로 부각될 수 있었기 때문이다. 그리고 이제는 시민단체가 아니라 중앙정부에서 주도하여 이 사업을 마무리 짓게 되었다. 하지만 원래의 설계를 계속 따르기에는 큰 문제가 있었으니, 그것은 비용이 너무나 많이 든다는 것이었다. 이에 대한 비판이 계속되면서 건설이 재개되었을 때는 열주식 건물을 없애고 오벨리스크를 완전한 형태로 완성하는 데에 주력하는 것으로 설계가 변경되었다.

정치적인 그리고 실리적인 이유에서 원래의 계획보다는 축소되고 간소화된 형태로 완성되었지만, 워싱턴기념비에는 특이한 성격이 잠재되어 있다. 첫 번째는 이것이 흔한 인물 형상이 아니라 추상화된 기념비라는 것이다. 그전까지 말 탄 장군의 모습이나 위대한 영도자의 모습을 형상화한 동상이 기념비의 주된 모습이었던데 반해, 워싱턴기념비는 고대 이집트의 오벨리스크를 그대로 재현했다. 이는 어떤 영원성과 완결성, 균형미나 질서를 강조하고픈 당대인들의 열망을 반영한 것으로 해석할 수 있다.

두 번째로 이 기념비는 그 자체가 관람거리인 동시에, 그곳으로부터의 경치 혹은 경관을 제공하는 장소이다. 워싱턴기념비는 거의 이 도시의 모든 홍보물에 등장하며 워싱턴 시 어디서나 보이는 이정표이면서, 동시에 시 전경을 내려다 볼 수 있게 하는 전망대이기도 하다. 이곳에서 북쪽으로 백악관이, 동쪽으로는 국회의사당이 보이고, 그것들로 연결되는 직선의 대로들이 시원하게 조망됨으로써, 시민들에게 수도 워싱턴이 지향하는 가치를 공간적으로 체험하게 해주는 것이다.

링컨기념관

링컨기념관

내셔널 몰에서 워싱턴기념비까지 이러진 기념의 공간을 서쪽으로 더 확장시킨 것이 바로 링컨기념관이다. 링컨기념관은 1914년부터 1922년 사이에 건설되었다. 기념관은 그리스의 도리아식 신전으로 설계되었고, 36개의 거대한 13.4 m 높이의 기둥 뒤에는 앉아 있는 형태의 링컨 동상이 자리하고 있다. 그의 머리 위에는

이 신전에는 IN THIS TEMPLE

모든 사람들의 마음속에서와 같이 AS IN THE HEARTS OF THE PEOPLE

연방을 구해낸 FOR WHOM HE SAVED THE UNION

에이브러햄 링컨의 기억이 THE MEMORY OF ABRAHAM LINCOLN

영원히 안치되어 있다. ENSHRINES FOREVER.

라고 새겨져 있다. 그 외에도 그의 두 번째 취임사와 게티즈버그 연설문이 신전의 내부에 새겨져 있다. 건물로부터 87개의 계단을 내려가면 워싱턴기념비를 바라보는 방향으로 풀이 있다.

링컨기념관의 건설은 워싱턴기념비 건설에 비하면 비교적 순탄했다. 대통령 기념물을 조성해 본 경험이 생긴 국회는 좀 더 신속하고 효율적으로 일처리를 진행했고, 링컨에 대한 기념물을 조성한다는 데에 큰 논쟁이나 반대도 없었다. 그의 머리 위에 아로새겨진 것처럼 '연방을 구한 사람', 그것이 바로 링컨의 존재였기 때문일 것이다.

기타 시설들

그 외에도 제3대 대통령인 토머스 제퍼슨 기념관과 제32대 대통령인 프랭클린 델라노 루스벨트 기념관이 있고, 제25대 대통령의 이름을 딴 시오도어 루스벨트 섬이 워싱턴 내에 존재한다.

대통령 기념시설 이외에 수도의 성격을 대변해주는 것은 스미스소니언이 건설한 박물관들이라 할 수 있다. 국립자연사박물관은 미국의 지리 생태를 종합하는 박물관이며, 국립항공우주박물관과 국립우편박물관은 미국의 중요한 교통 과학 분야의 발전을 자랑스럽게 전시하는 공간들이다. 그 외에도 국립아프리카계미국역사문화박물관 · 국립아메리카인디언박물관 · 미국홀로코스트기념관 등이 더 다양한 미국의 역사를 담기 위해 수도 내에 조성되었다.

워싱턴 D.C.는 어떤 수도를 지향하는가?

수도 워싱턴은 미국 중앙정부를 대변하는 동시에 다양한 미국인이 스스로의 권리를 주장하기 위해 방문하고 이용하는 공간이기도 하다. 1960년대 아프리카

계 미국인들이 제대로 보장받지 못하는 권리를 찾기 위해 민권운동을 벌였을 때 가장 중요한 사건으로 꼽히는 1963년의 워싱턴 행진은 바로 그러한 기능을 잘 보여주는 계기였다. 이때 링컨기념관 앞에 모였던 인원은 25만 명으로 추산되고, 지금까지도 미국 시위의 역사에서 가장 큰 관중을 모았던 사건으로 꼽힌다.

이후로 워싱턴은 민권운동의 상징적 장소가 되었고, 국가의 진정한 의미를 묻는 모든 반항자들의 집결지가 되었다. 1968년에는 '가난한 사람들의 운동(Poor People's Campaign)'이 내셔널 몰을 한 달 이상 점거하고 아예 그들만의 독립적인 도시를 그곳에 차렸고, 1971년에는 베트남전쟁에 반대하는 참전용사들 일부가 링컨기념관을 점거하려다가 경찰에 체포되는 일도 있었다. 1978년에는 알카트라즈에서부터 행진을 해 온 미국 원주민들이 워싱턴기념비 앞에서 점거 농성을 하기도 했다. 여러 시위의 공통점은 백인 중산층 위주의 국가를 극복하고 다양한 인종과 민족, 계급이 공평하게 참여할 수 있는 사회를 만들자는 주장을 담고 있었다는 것이다.

시대의 변화에 따라 20세기 후반에 링컨기념관과 워싱턴기념비 사이 기념의 공간에는 중요한 변화가 생겼다. 바로 베트남전쟁, 홀로코스트, 6.25전쟁, 그리고 제2차 세계대전에 대한 기념시설이 각각 1982년, 1993년, 1995년, 그리고 2004년에 차례로 자리 잡게 된 것이다. 이 기념시설들은 이전의 대통령 기념시설과는 근본적으로 다른 특성을 가졌다. 그것은 바로 전쟁, 더 정확하게는 전쟁에서 죽은 희생자들을 위한 추모와 애도를 위한 공간이라는 점이다. 이 공간들은 링컨기념관 뒤의 포토맥강 너머 알링턴 국립묘지까지 연결되면서, 국가를 위해 생명을 잃은 사람들을 기리는 장소를 형성하고 있다.

베트남전쟁 참전군인기념비

우선 베트남 기념시설은 따로 건물을 만들지 않고 줄지어 있는 거대한 비석들로 구성했다. 참전군인기념비라는 정식 명칭에서도 알 수 있듯이 이곳은 국가에 대한 경의를 표하기보다는 국가를 위해 목숨을 바친 사람들을 위한 기념시설이다. 거대한 검은 화강암 비석 두 개가 V자를 그리며 서있는데, 꼭지점에서 양쪽 날개의 끝으로 향하면서 서서히 지면에서 더 높게 올라가는 형태이다. 비석 면에는 5만 8,000명의 전몰자 전원의 이름을 새겼다. 그 흔한 동상도 치장물도 없이, 미니멀리즘을 극대화한 설치물로 유명하다. 공모를 통해 1,400여 명의 경쟁을 거쳐 당선된 설계도를 그린 사람은 놀랍게도 당시 21살의 대학생이었던 마야 린Maya Lin이라는 인물이었는데, 자신의 설계에는 어떠한 설교적이거나 교훈적인 설명문도 붙이지 않는 것이 중요하다고 설명했다. 국가가 굳이 입장을 설명하거나 설교하지 말고, 방문객 스스로 이 공간을 경험하도록 함으로써 전쟁에 대한 기억을 개인적으로 정리하는 것이 이 기념시설의 목적이라는 것이었다.

베트남기념비는 이와 같은 설계자의 계획대로 계급도 소속도 병기하지 않고, 오로지 참전군인의 이름만을 죽은 순서에 따라 새겨 넣었다. 하지만, 결국 조금 더 친절한 설명을 원했던 사람들은 린의 반대에도 불구하고 조금 떨어진 곳에 '3인의 군인 동상'을 세웠고, 그의 시작과 끝에 각각 다음과 같은 전문과 후기를 집어넣었다.

> 베트남전쟁에서 복무한 미합중국의 남녀 군인에게 경의를 표하며.
>
> In honor of the men and women of the armed forces of the United States who served in the Vietnam War.
>
> 자신의 생명을 준 자들과 여전히 실종 중인 자들의 이름이, 우리에게서 앗아가 진 순서로 새겨져 있습니다.
>
> The names of those who gave their lives and of those who remain missing are inscribed in the order they were taken from us.
>
> 우리 나라는 베트남 참전군인들의 용기, 희생, 그리고 의무와 국가에 대한 헌신에 경의를 표합니다.

V자 꼭지점에서 바라본 워싱턴기념비

Our nation honors the courage, sacrifice and devotion to duty and country of its Vietnam veterans.

이 기념비는 미국 국민의 사적인 기여로 지어졌습니다.

This memorial was built with private contributions from the American people.

거대한 비석을 따라 걸으며 처음부터 끝까지 방문객의 뇌리를 떠나지 않는 것은 수많은 죽음에 대한 상실감일 것이다. 전쟁은 영웅담도 국가의 영광에 관한 것도 아닌, 그저 엄청난 살상이라는 것이 설계자가 강요하지 '않은' 교훈이다. 결국 전문과 후기로 남겨진 글은 전몰자들을 영웅시하지 않으면서도 그들의 능동적 선택을 강조함으로써 무기력한 희생자로 만들지 않으려는 의도가 잘 드러나 있다. 물론 영웅적 행위에 대한 찬사가 없다는 사실 때문에 반국가적이며 불명예스러운 것이라는 반론도 끊이지 않았다.

워싱턴이나 링컨 같은 영웅적 지도자의 기념시설로부터 사뭇 달라진 이러한 분위기는 1960년대 민권운동부터 반전운동으로 이어진 일련의 저항문화가 남긴 유산이다. 이 기간에 미국인들은 국가의 의미를 다시 물어야 했고, 애국자이면서도 전쟁에 찬성하지 않는 것이 가능함을 알게 되었다. 평화를 지향하는 사회에서 전쟁을 기념한다는 것에 회의도 있었지만, 그러나 변치 않는 것은 국민이 죽어갔다는 사실임을 깨달았고, 중요한 것은 그 희생을 기억하고 희생자를 추모하며 가족을 애도해야 한다는 것이었다. 그것이 결국 전쟁을 겪은 미국인들을 치유하는 방법이니까.

6.25전쟁 참전군인 기념공간

베트남전쟁 전몰자기념비로부터 만들어지기 시작한 새로운 애도의 공간에 흐르는 이와 같은 이념은 그 후 조성된 홀로코스트기념비, 6.25전쟁 참전군인 기념공간 그리고 제2차 세계대전 기념관까지 계속되었다. 6.25전쟁 기념공간을 보자.

여기엔 19명의 병사가 수색중인 장면이 연출되어 있다. 동상은 실제 인간의 크기이고, 다양한 인종과 다양한 병과의 군인들이다. 수색 중인 병사들의 표정에는 비장함이 감돌고, 그들 주변을 함께 걸을 수 있는 관람객들은 흡사 이곳이 전장인 듯 현장감을 느끼며 참전 군인과 시대를 넘어 감정을 공유하게 되는 것이다.

이들의 오른편으로 검은 석벽이 있고 거기에 이들의 모습이 비쳐 보이면, 도합 38명의 병사가 된다. 38선을 상징한다고 한다. 그 벽에는 "자유는 공짜가 아니다 FREEDOM IS NOT FREE"라는 문구가 새겨져 있고, 병사들에 앞에는 다음과 같은 글귀가 새겨진 반석이 있다.

> 우리 나라는 알지도 못하는 나라와 만난 적도 없는 사람들을 지켜야 한다는 부름에 응답했던 아들들과 딸들에게 경의를 표합니다.
> Our nation honors her sons and daughters who answered the call to defend a country they never knew and a people they never met.

이러한 설명은 당시 한국이 미국에게 얼마나 낯선 나라였으며 6.25전쟁이라는 것이 얼마나 미국인과는 무관해보이는 사건이었는지 새삼 알려준다. 그리하여 참전으로 인해 목숨까지 빼앗긴 전몰장병들의 희생을 더욱 마음 아픈 것으로 느껴지게 한다. 전형적인 영웅 신화와는 거리가 먼, 국가와 국민의 관계를 다시 생가해보게 만드는 새로운 방식의 추모 공간인 것이다.

이렇게 수도 워싱턴 D.C.는 19세기에는 정치적 중심으로부터 상징적인 중심으로 그리고 20세기에 와서는 기념의 공간으로부터 추모의 장으로서의 역할까지 담당하게 되었다. 내셔널 몰 그리고 거기서 포도맥 강까지 의도적으로 조성된 국가 시설은 시대마다 다른 색채를 띠는 국가와 국민의 관계를 공간적으로 표현하고 있다.

500년 조선 왕조의 수도였으며 건국 이래 대한민국의 수도로서 600년째 도

수색 중인 병사들을 재현한 6.25전쟁 참전군인 기념공간

보적인 지위를 유지하고 있는 서울에 비교하자면 워싱턴 D.C.는 그 기획과 완성이 매우 늦은 신도시인 셈이다. 게다가 수도로서 기능적 측면에 집중하여 조성된 도시인 탓에 정부의 기능을 담당하는 영역이 매우 인위적으로 밀집되어 도시의 전반적인 인상을 지배하는 경향이 있다.

그러나 한편 잘 조성되어 있는 녹색공간들이 다소 딱딱해 질 수 있는 이미지를 온화하고 포용적인 것으로 완화시켜 준다. 또한 중심부에서 외곽으로 가면서 다양한 건축 양식을 띤 주거지가 조성되어 있다. 워싱턴 D.C. 건설 전에 조성된 조지타운에는 층고가 높은 석조 주택 건물들이 즐비한 아름다운 거리를 형성하고 있고, 그 이후 19세기에 집중적으로 건설된 빅토리아 풍의 주택단지들도 100년 넘는 세월을 버텨 고풍스런 도시 풍경을 만들어 준다.

서울과 비교하여 역사가 짧을지는 모르지만 그동안 만들어 온 것들을 잘 지키며 새로운 것들과 조화를 이루고 있는 것이 워싱턴 D.C.라 볼 수 있을 것이다. 또한 국가 역사에서 중요한 인물과 사건들을 다양한 방식으로 기억하기 위해 꾸준한 노력을 기울인 결과, 국내외의 많은 방문객들에게 볼거리를 제공하는 도시로 기억된다.

12+

싱가포르 다문화·다인종 사회구조의 과거와 현재, 그리고 도전

싱가포르 다문화·다인종 사회구조의 과거와 현재, 그리고 도전

싱가포르의 다양성과 경제 성장
싱가포르 인구구조의 변화와 다문화 현황
제국의 식민지에서 공화국으로
21세기 싱가포르 다문화사회의 모순과 도전
싱가포르의 경험이 서울시에 주는 시사점

제12강

싱가포르 다문화·다인종 사회구조의 과거와 현재, 그리고 도전

김종호
서강대학교 동아연구소 조교수

싱가포르의 다양성과 경제 성장

728.3km^2(서울특별시 면적 605.2km^2, 부산광역시 면적 769.89km^2)의 면적과 570만의 인구, 동서를 바다로 잇는 믈라카Melaka 해협의 끝이라는 지리적 위치, 2019년 1인당 GDP(PPP) 전 세계 8위(6만 3,000달러), 2019년 GDP 세계 34위(3720억 달러), 2019년 세계 경쟁력 순위 1위(Global competitiveness ranking, The World Economic Forum, 2019), 동남아시아의 섬나라 싱가포르Singapore의 현재를 잘 보여주는 수치들이다. 부산 정도의 크기에 대한민국의 1/10 정도 되는 인구 규모를 가진 섬나라가 아시아에서 가장 잘 사는 국가, 세계에서 가장 경쟁력이 강한 공동체를 구성한 것이다. 1~2억 정도의 인구 규모를 가진 이웃 국가들(인도네시아·필리핀·베트남·태국 등)

의 저개발 상태와 비교해보면 그 경제적 성과는 더욱 두드러진다.

다른 한편으로 싱가포르는 대표적인 다문화·다인종 국가공동체다. 2019년 기준 전체 570만 인구 가운데 140만이 다양한 국적의 외국인 노동자이고, 기타 교육, 공무, 관광 목적의 외국인을 제외한 나머지 400만의 '싱가포리안' 역시 중국계, 말레이계, 인도계, 유라시안(유럽인과 현지인 사이의 혼혈 후예) 등으로 구성되어 있다. 그런 이유로 싱가포르는 2019년 노동력 다양성 1위, 전 세계 인종 관용도 6위(Florida, 2015)에 오른 바 있다. 그리고 이러한 다양성이 싱가포르가 21세기에 보여주고 있는 경제적 성과에 어떠한 영향을 주었는지의 여부는 흥미로운 주제일 것이다.

흔히 싱가포르 경제 성장의 원인으로는 믈라카 해협이라는 동서를 연결하는 천혜의 해로에서 길목에 위치한다는 지리적 이점, 그로 인해 20세기에서 21세기까지 동북아로 향하는 석유와 천연가스를 통제할 수 있었다는 점, 국부라 불리는 리콴유 중심 권위주의적 정치 환경에 따른 내부 안정, 식민의 유산인 영어 사용의 일상화로 인해 전 세계 기업 및 자본이 몰려들 수 있었다는 점 등이 있다. 그렇다면 싱가포르의 중요한 특징인 다문화·다인종 사회의 건설은 여기에 어떠한 영향을 주었을까. 이에 대한 해답을 위해 그들이 왜 다문화사회를 건설할 수 밖에 없었는지, 보다 근본적으로는 싱가포르가 건설한 다문화사회는 어떠한 성격이고, 어떠한 모순과 도전에 직면해 있는지, 그 경험이 점차 다문화사회를 구성해기고 있는 서울시에 줄 수 있는 교훈은 무엇인지 등이 본 장의 주요 내용이 될 것이다.

싱가포르 인구구조의 변화와 다문화 현황

'싱가포르는 다문화·다인종 국가인가'라고 물어본다면 대답은 당연히 '그렇다'일 것이다. 그렇다면 '어떤 성격의 다문화사회인가'라고 묻는다면 그 대답은 좀 더 복잡해질 수밖에 없다. 1819년 영국의 식민지가 된 이후 기존 현지인인 말레이계와 영국인을 비롯한 지배계층인 소수의 유럽인들 그리고 자발적, 혹은 비자발적으로 이주해 온 중국계와 인도계가 제국의 식민지 시기 싱가포르의 주요 인구구성이었다. 여기에 유럽인과 현지인 사이에 태어난 혼혈 그룹인 '유라시안', 아시아계 이주민(주로 중국계와 인도계)과 현지 말레이인 사이에 태어난 혼혈 그룹인 '페라나칸Peranakan'까지 포함한다면 그 구성은 더욱 복잡해진다.

제국의 탈경계적 영토로 인해 싱가포르로 건너온 이들은 말레이인들을 제외한다면 여전히 이주민이었고, 때로는 지배계층인 유럽인들에 의해, 때로는 현지인인 말레이인들에 의해 배척당하기도 했지만, 20세기 들어 인구구성에서 최소 50% 이상을 중국계가 점유함으로써 주도권은 본격적으로 중국계 중심으로 넘

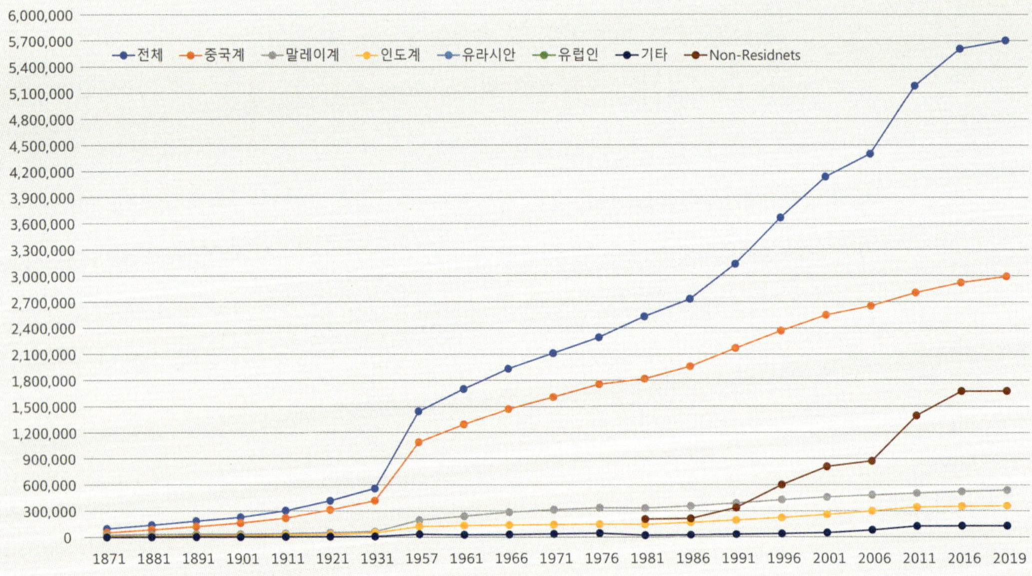

싱가포르 인구구조 변화양상 그래프

어가게 되었다. 그러나 이 시기에도 여전히 중국계는 이주민이었다. 그들의 지위가 변화하게 되는 계기는 바로 1965년 싱가포르의 건국이고, 이때부터 중국계, 인도계, 말레이계, 유라시안은 '싱가포리안'이라는 하나의 정체성을 추구하면서 더이상 이주민이 아닌, 거주민의 지위를 가지게 되었다. 이후 1990년대가 지나면서 성립된 세계화, 신자유주의 질서 아래 전 세계적 인구이동이 가속화되는 시대 속에서 싱가포르는 아시아 노동이민의 허브로 자리매김한다. 그 결과 2019년 기준 570만 인구 가운데 기존 식민의 유산인 거주민이 400만, 이주민이 170만에 달하게 되었다.

〈그래프〉의 싱가포르 인구구조의 변화양상은 이러한 역사적 변화를 잘 반영하고 있다. 모든 시기 싱가포르는 다문화·다인종 사회를 구성해 왔지만, 그래프에 따라 각 시기별 다문화·다인종 사회의 성격을 구성해 보면 그 성격은 다르다는 것을 관찰할 수 있다. 크게 영국 식민제도 속에서의 다인종 사회와 '싱가포리안'이라는 내셔널리즘을 '상상'해가는 과정에서 형성된 국적 중심의 다인종 사회, 21세기 새로운 이민자들을 받아들이는 상황에서 새롭게 구성된 다인종 사회로 구분할 수 있다. 이러한 변화는 싱가포르가 제국의 식민지, 내셔널리즘의 형성, 21세기 신자유주의와 세계화 시대를 그대로 거쳐 온 지역이기 때문에 관찰되는 현상이다. 동시에 이러한 역사적 과정을 거치면서도 싱가포르가 좁게는 동남아시아, 넓게는 아시아, 더 넓게는 글로벌 차원의 무역과 금융, 관광, 이민의 허브로서 특유의 개방성과 이동성을 유지해 왔기 때문이기도 하다. 그리고 싱가포르는 이러한 개방성으로 인해 지금 또 다른 모순과 도전에 직면해 있다.

제국의 식민지에서 공화국으로

《싱가포르 화인백년사》를 서술한 쏭옹시앙에 따르면, 싱가포르가 1819년 영

스탬포드 래플스의 초기 도시구획

국 동인도회사의 스탬포드 래플스Stampford Raffles에 의해 식민화되고 난 이후 내부 구역을 일정하게 구획했다고 한다. 각 구역마다 도시 거주민들은 인종적 고려에 따라 분산, 배치되었다. 스탬포드 래플스의 초기 도시구획 구상은 중국인·인도인·유럽인·말레이인·아랍인·해양민족인 부기스Bugis인 등 다양한 인종들의 생활 구역을 따로 설정하고, 각 그룹별 대표자(치프·까피딴·추캉)를 뽑아 내부 통제와 질서유지를 맡기는 것이었다.

이러한 도시의 구획과 인종별 분산배치는 19세기 후반과 20세기 초반을 거치면서 싱가포르의 규모가 커지고, 인구가 증가하는 가운데에서도 여전히 지켜지고 있는 원칙이었다. 즉, 1819년에서 20세기 초중반까지 싱가포르 속 다인종 공동체는 사회 구조적으로 통합되어 있지 않았고, 영국 식민정부 역시 각 인종 공동체 사이의 통합과 적극적 교류를 중요하게 여기지도 않았다. 오히려 식민지 행정통치의 편의를 위해 분명하게 분리된 공동체 구획을 선호했다. 초기 도시구획 지도에 보이는 것처럼 인종을 기반으로 구획된 공동체들이 싱가포르 강을 사이에 두고 각자의 영역을 지키고 있는 것을 선호했다. 물론 여기에는 인종 간 갈등으로 인해 식민지 내부 질서가 무너지는 것을 원하지 않은 영국 식민정부의 의도도 있다. 그나마 교류가 일어나는 지역은 활동 분야와 영역이 겹치는 중국인과 인도인들 사이의 상업거래 정도였다.

당시 싱가포르에는 전체 인종을 포괄하는 정체성이 있었다기보다 '제국'이라는 우산 아래 각자의 정체성을 개별적으로 유지하고 있었다. 그 주요 기제는 중국인 공동체의 경우 씨족 협회(clan association)·사원·상업 조직(Kongsi) 등이고, 인도인들의 경우 힌두 및 무슬림 관련 협회, 사원, 지역별 상인조직 등이었다. 말레이인들은 여전히 싱가포르 식민정부의 감시 아래 명맥을 유지하고 있던 술탄을 중심으로 농업에 종사하고 있었다. 즉, 이 시기 싱가포르의 다인종 그룹들은 식민지 행정통치 아래 공통된 정체성을 '상상'할 만한 계기와 동기가 없었다. 게다가 인구의 대부분을 차지하던 중국인, 인도인과 같은 이주민들의 경우 대부분 여전히 본국과의 연계를 중요시하여 그 관계를 긴밀히 유지하고 있었다는 점에서 이 시기 싱가포르는 제국 속 '이주민'의 싱가포르였다고 할 수 있을 것이다.

제국의 일원이었던 싱가포르가 공화국으로 독립하게 되는 계기는 1945년 일본의 항복으로 끝난 2차 세계대전과 1950~1960년대 연이은 주변 동남아시아 국가들의 독립과 건국이었다. 1965년 8월 말레이 연방으로부터 독립하게 되었을 때 가장 중요한 과제는 지리적 이점 외에는 아무런 자원이 없는 상황에서 경제적 발전을 이룩해야 한다는 것과 '제국'이라는 제도 아래 다인종 사회를 구성해 왔던 이들을 하나의 공동체 아래 통합해야 한다는 것 그리고 냉전의 영향으로 격화되던 내부정치적 혼란을 정리해야 한다는 것 등이었다. 독립한 직후인 1966년 인구통계를 보면, 전체 193만 명 가운데, 중국계 147만(76%)·말레이계 28만(14%)·인도계 14만(7%) 명이었다. '제국'이라는 시스템 아래에서는 식민지의 이주민으로서 각자의 정체성만을 유지하면 되었다. 그러나 본국인 중국과 인도, 말레이시아에 각자의 내셔널리즘에 기반한 국민국가가 성립되어 있었고, 주변

동남아시아 국가들 역시 배타적 경계 설정을 특징으로 하는 국가공동체를 설립하면서, 싱가포르 다인종 사회의 구성원들 역시 더이상 '이주민'이 아닌 '거주민'으로서 통합의 논리를 마련해야만 했다.

실제 리콴유를 비롯한 집권여당인 인민행동당의 1세대 지도자들은 싱가포르가 국가로 생존하기 위해서는 양립할 수 없는 두 가지 가치를 동시에 추구해야 한다는 것을 발견하게 된다. 첫째, 국가공동체로서 싱가포르는 인종적으로, 문화적으로, 종교적으로 다양한 공동체들로 이루어져 있다는 것, 그리고 독립한 싱가포르 정부는 과거의 '제국'이 그러했듯, 개별 공동체들의 권리들을 인정해 줘야 한다는 것이다. 그리고 두 번째는 그럼에도 불구하고, '국가'라는 개념이 모든 인종 공동체의 개별적 이해관계를 넘어 가장 우선되는 가치라는 점이다. 때로는 국가의 이익, 이해관계를 위해 개별 공동체의 종교적, 종족적, 계급적, 문화

싱가포르 전경

적, 정치적 요구가 부차적인 가치로 배제될 수도 있다는 것이다. 이 모순되는 두 가지 가치를 동시에 추구해야 하는 것이 탈식민시기 독립한 싱가포르 공화국에 주어진 도전이었다. 건국 이후 현재까지 싱가포르가 추구한 이질적 인종 간 사회적 통합의 노력은 바로 이 두 가지 가치 가운데 균형을 맞추는 것이었다.

흔히 다양한 이민자들이 하나의 공동체를 구성하고 있는 사회의 구조를 극단적으로 분류할 경우 그 동화(assimilation)와 분리(segregation)의 정도에 따라 크게 두 가지 방향성을 드러낸다. 간단하게 샐러드 볼과 같은 사회인가, 멜팅 팟과 같은 사회인가라는 식으로도 많이 비유되고 있다. 같은 그릇에 있지만 각각의 채소가 본연의 맛과 식감을 그대로 유지하는 샐러드와 모든 채소가 그대로 가열되어 하나의 맛을 내는 냄비 속 스튜의 차이를 이민사회에 비유한 것이다. 싱가포르 사회가 상술한 도전에 직면하여 채택한 사회의 구조가 바로 샐러드 볼과 같은 사회였다.

이러한 싱가포르의 노력을 잘 보여주는 것이 바로 1999년 8월 30일 2대 총리인 고촉통의 연설이다. 말레이 무슬림 중심의 NGO 단체인 "MAJLIS PUSAT"에서 행해진 해당 연설에서 그는 국가로서의 싱가포르를 건설하기 위해 각 인종 공동체들이 해야 할 역할을 강조하면서 몇 가지 실천방안을 제시하였다. ①인종간 구별의 완화(Lowering the Racial Divide) ②다른 인종들 간의 연계 강화(Strengthening Ties between Different Races) ③의무교육(Compulsory Education) 강화 등이다. 특히 의무교육과 관련해서는 최소한 초등교육 4학년까지 인종과 관계없이 모든 학생들이 공평하게 국가에서 제공하는 의무교육을 이수해야 한다고 강조하였다.

이는 빈부 차에 따른 교육의 균등한 기회 제공이라는 측면도 있지만, 무엇보다 인종 간에 다른 교육을 받게 되었을 때 발생할 수 있는 격차를 해소하고, 공통의 내셔널리즘을 교육하기 위한 측면도 있다. 물론 여기에서도 고촉통 총리는 인종별 특성과 국가 정체성 사이의 균형을 잡기 위해 노력하는데, 무슬림들의 교육기관인 마드라사와 근대적 공교육의 커리큘럼을 조화하는 방향을 제시하였다. 실제 싱가포르 의회는 다음 해인 2000년 〈의무교육법〉을 통과시켰다. 그 이후 싱가포르의 모든 어린이는 15세가 되기 전에 6년간의 공립 초등교육을 마쳐야만 했고, 어길 경우 해당 어린이의 부모에게 5,000 싱가포르 달러(한화 434만 원)의 벌금이나 1년의 징역형에 처하게 하였다.

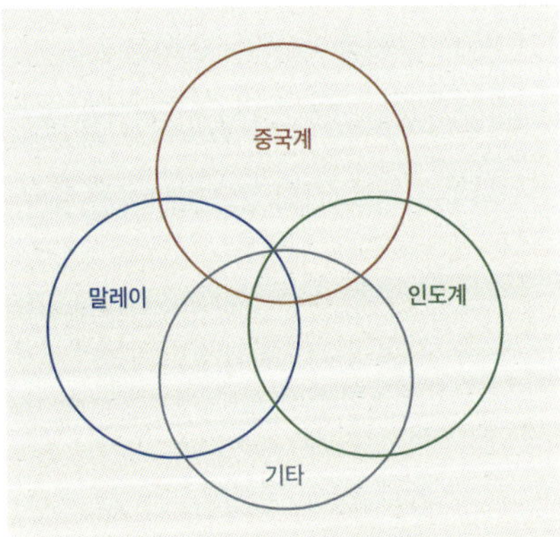

'겹쳐진 네 개의 원' 모델

이런 그가 강조하는 싱가포르 국가건설 과정에서의 인종 간 관계는 '겹쳐진 네 개의 원(Four overlapping circles)' 모델이다. 고촉통의 국회 연설을 통해 개념화된 해당 모델은 하나의 원이 하나의 인종을 상징하고, 네 개의 원이 겹치는 부분을 극대화시키는 것이 싱가포르라는 국민국가가 나아갈 길임을 보여주기 위해 고안되었다. 그는 1999년 국회 연설에서 네 개의 원이 겹치는 부분은 “모든 싱가포리안Singaporean들이 인종과 관계없이 함께 일하고 노는 공간”이라고 하며, “개방되고, 동등한 공간이자 영어를 공용어로 모든 이들에게 공평한 기회가 주어지는 공간”이라고 하였다. 물론 겹치지 않는 공간에서는 각자의 영역으로 내부적 관습과 언어가 그대로 보존되어야 한다는 점도 언급함으로써 다인종 국민국가인 싱가포르의 특징을 그대로 보여주었다.

지난 2007년 싱가포르의 1대 총리 리콴유는 뉴욕타임즈와의 인터뷰에서 “시작했을 때, 우리에게는 국가의 가장 기본적 요소라고 할 수 있을 만한 것이 아무것도 없었다. 동질의 인구, 공용어, 공통의 문화, 공통의 정체성 등 어느 것도 없었다. 우리는 중국 남부·인도 남부·파키스탄·방글라데시·실론·주변 섬들에서 온 이주민들이었다. 그래서 문제는 과연 우리가 이들과 함께 (공동체를) 유지할

문화다양성이 녹아있는 싱가포르 거리

수 있을 것인가였다."라고 건국 초기의 고민과 어려움을 토로한 바 있다. 앞서 설명한 고촉통의 비전은 초기 싱가포르 국가건설 과정에서 건국의 아버지로서 국민국가 싱가포르의 시작을 연 리콴유의 고민을 구체적이면서 보다 적극적인 방향으로 답을 한 것이라고도 볼 수 있을 것이다.

1965년에서 1980년대까지에 해당하는 리콴유의 시대가 싱가포르 경제발전의 초석을 놓음과 동시에 '제국'의 행정적 유산을 최대한 국민국가적 시스템에 맞게 조정했다. 즉 내부 다인종 사회를 통합할 만한 각종 기본 조치인 다양한 방언의 중국어, 말레이어, 타밀어, 영어로 정리하고 각 인종의 사람들이 골고루 섞이도록 주택정책에 인종적 할당을 책정 등을 마련한 시기였다. 고촉통 총리 시기에 해당하는 1990년대는 무역과 금융의 허브로서 싱가포르의 경제적 성장이 가속화되고, 인종과 종교를 초월한 국민국가적 내셔널리즘의 형성, 즉, '싱가포리안'의 탄생을 교육이나 새로운 사회구조의 개념 형성 등을 통해 보다 구체화한 시기라고 할 수 있을 것이다.

또한 인종 간 통합이 어느 정도 진행되어 가는 시기로 서서히 인종과 관계없이 싱가포리안들 사이에 계급적 분화가 진행되기도 했다. HDB(Housing Development Board)로 불리는 공공주택에 거주하는 평균적 싱가포리안을 가리키는 '하트랜더Heartlander'와 고급 콘도에 거주하며 차를 몰고 다니는 상위계층을 의미하는 '코스모폴리탄Cosmopolitan'이라는 단어가 등장하기도 한다. 또한 경제의 성장과 함께 싱가포르 거주민들에게는 인종과 관계없이 "the 5C"가 성공의 지표로 인식되기도 했다. 5C는 현금(Cash)·고급콘도(Condominium)·자가용(Car)·신용카드(Credit card)·컨트리 클럽(Country club)을 말한다. 인종을 가리지 않는 자본주의 기반 물질적 성공에의 열망이 아이러니하게 서로 겹쳐지는 영역(overlapping area)을 넓히면서 인종 간 구분 없이 '싱가포리안'을 상상할 수 있도록 해 준 역할을 한 것이다.

이러한 과정을 거쳐 21세기 현재 싱가포르 사회에서 '싱가포리안'은 매우 당연한 정체성이 되었고, 싱가포르의 거주민들에게 인종과 국적을 분리하여 자신들의 정체성을 상상하는 것은 자연스러운 현상이 되었다. '제국'의 시대 싱가포르는 이주민의 땅이었지만, 국민국가시대 싱가포르는 거주민의 국가공동체를 형성한 것이다. 제국의 우산은 내셔널리즘으로 대체되었고, 싱가포르의 다문화사회는 이주민 중심에서 거주민 중심으로 변화하였다.

21세기 싱가포르 다문화사회의 모순과 도전

1997년 아시아 외환위기 이후 2000년대 세계화와 신자유주의의 열풍이 아시아를 휩쓸게 되는데, 싱가포르 역시 예외는 아니었다. 다만 싱가포르의 경우 급속히 진행된 신자유주의적 질서 아래 외부와의 개방성이 급격히 확대되었고, 2004년 리콴유의 아들인 2세 정치인으로 총리가 된 리셴룽이 좁은 영토와 한정된 인구로 인한 내수의 한계를 극복하기 위해 기존 무역과 산업 중심에서 금융과 관광 허브로의 변환을 시도하였다. 대표적으로 2005년부터 실시한 거대 리조트의 설립과 리콴유가 극렬히 반대한 카지노의 설립이 있다. 이러한 시대적 전환 아래 싱가포르의 인구구성에도 변화가 발생하는데, 첫째는 앞서 살펴 본 그래프에서와 같이 '거주민'으로 분류되는 중국계·인도계·말레이계 시민권자와 영주권자 인구의 증가에 정체가 발생한 것이다. 즉, 싱가포로의 경제가 성장하고 내부 거주민들의 삶이 풍족해지면서 출생률의 하락이 뚜렷해지고 있다. 두 번쌔, 역시나 앞시 살펴 본 그래프에서 확인할 수 있듯이 정체된 거주민의 숫자를 새로운 이주민(Non-residents)으로 채움으로써 전체인구는 오히려 급증하는 형태를 보인다는 것이다.

확실히 2000년대 이후 싱가포르로 건너 온 새로운 이주민 인구의 변화에는 극적인 데가 있다. 1996년 60만 명이던 '비거주민(Non-residents)'의 숫자는 2001년 81만, 2006년 87만, 2011년 139만, 2016년 167만, 2019년 167만 명으로 급증한다.

새로운 이주민의 핵심은 증대되는 경제 규모를 지탱할 저임금의 노동자들과 숙련된 전문가급 고임금 노동자들이다. 다만 2006년에서 2011년 사이 급증한 이주민 숫자가 그 이후부터 주춤한 이유는 늘어나는 이주민 때문에 불편해지고, 박탈감을 느끼기 시작한 싱가포르 거주민들의 불만 때문이었다. 무엇보다 2007년 굴기屈起 이후 팽창하기 시작한 중국경제의 영향으로 중국대륙으로부터 들이닥친 '신이민'과 중국계 싱가포리안들 사이의 갈등이 두드러지는데, 각종 SNS상에서 벌어지는 설전들은 '신이민'자인 중국 출신 대륙인에 대한 혐오로까지 이어지고 있었다. 결국 싱가포르 정부는 2011년 이전까지 느슨하게 운영하던 취업비자 및 영주권 정책에 고삐를 쥐었고, 그 영향으로 이주민의 증가세가 하락한 것이다. 그럼에도 불구하고 외국인 노동자들이야말로 리셴룽 정권기 도시국가 싱가포르의 경제적 성장과 인프라 건설의 엔진과도 같은 역할을 한 것은 누구도 부정할 수 없다. 그리고 이들 노동자들과 기타 교육 및 공무 목적의 이주가 대폭 늘어났음에도 불구하고 전체 인구의 1/5에 달하는 외국인을 수용할 수 있었던 것에는 식민기시기부터 축적해 온 특유의 다문화·다인종적 색채 덕분임은 분명하다.

그러나 2020년 전 세계에 닥친 코로나19는 이러한 싱가포르 다문화사회가 가지고 있던 어두운 면을 그대로 드러내도록 만들었는데, 바로 개발도상국 출신 저임금 노동자들에 대한 처우 문제였다. 소위 '도미토리Dormitory' 기숙사의 열악한 환경에서 집단적으로 거주하고 있던 저임금 건설직 외국인 노동자들의 생활환경과 그 실태가 코로나 바이러스 집단 대량 감염으로 인해 전 세계 언론에 대거 보도되면서 타인종에 관용적이고, 다문화성을 깊이 내재한 것으로 알려졌던 싱가포르의 민낯이 가감없이 드러난 것이다. 즉, 지금까지 싱가포르의 다문화·다인종 사회는 시민권과 영주권을 가지고 있거나 선진국에서 건너와 고수익의 연봉을 받는 외국인 노동자들을 위한 것이었고, 철저히 '싱가포리안'을 위한 것이었다. 비록 이들 사이에 대량으로 퍼진 집단감염은 성공적으로 방어했지만, 바이러스는 싱가포르 사회가 그동안 애써 외면해 왔던 내부 구조적

싱가포르 외국인 기숙사의 모습

문제에 직면하게 만들었다.

문제는 싱가포르 전체 인구의 1/5이 외국인이고, 그 가운데 100만에 달하는 이들이 노동자들 가운데 가장 낮은 임금을 받는 이들에게 주어지는 'WP(Work Permit)' 비자 보유자라는 점이다. 저임금 외국인 노동자는 국적으로는 가장 하층에 위치한 이주민일지 모르지만, 실질적으로 이미 싱가포르 경제와 사회의 중요한 존재가 되었다. 싱가포르가 이들 없이는 도시가 돌아가지 않을 것이라는 점에는 대부분 동의하고 있는 상황이다. 그러나 그 중요도에 비해 처우와 환경은 철저히 비인도적, 반인권적이었다. 이러한 사회구조적 모순이 지난 십여 년 가까이 축적되어 왔고, 그것이 적나라하게 노출된 계기가 바로 2020년 전반기 싱가포르 사회를 휩쓴 코로나19 집단감염이다. 많은 학자들이 이번 도미토리 거주 외국인 노동자들의 집단감염이 보여준 싱가포르 사회의 민낯이 새로운 것이 아니라고 꾸준히 주장하는 이유다. 결국 남은 논의는 이렇게 드러난 싱가포르 다문화사회의 모순을 어떠한 방법으로 해결하여 "뉴노멀New Normal"에 대비할 것인가에 있다.

사실 최근 싱가포르 내부 학계와 정부 차원에서는 이미 비슷한 논의를 시작했다. 즉, 싱가포르가 과연 이 낮은 임금의 외국인 노동자들을 코로나 사태 이후에도 유지할 수 있을 것인가, 혹은 유지할 필요가 있을 것인가의 문제다. 이들에 대한 생활, 노동, 보건 환경 개선과 같은 조치는 필연적으로 대규모의 비용이 발생할 수밖에 없다. 코로나 사태가 언제까지 이어질지 누구도 확신할 수 없는 상황과 설사 코로나가 종식된다 하더라도 관련 조치를 꾸준히 취해야 한다는 측면에서 해당 비용은 임시로 발생하는 추가 비용이 아닌, 앞으로 외국인 노동자들을 수용하는 한 계속해서 발생하는 기본비용이 된다.

그동안 싱가포르 사회와 경제는 이들 외국인 노동자들에게 당연히 지불했어야 할 비용들을 이들에 대한 반인권적 처우를 통해 지불하지 않아 왔었고, 그 차익은 고스란히 싱가포르의 거주민들이 받고 있었는데, 코로나 사태를 통해 그동안 지불하지 않았던 비용을 제대로 책정하게 된 것이다. 그렇다고 외국인 노동자들의 수를 줄이기에는 이미 싱가포르 사회와 경제에서 이들 저임금 외국인 노동자들이 차지하는 비중이 지나치게 높아졌다. 건설, 공장, 서비스, 도소매업, 가사 등의 비숙련 노동분야에서 이들 외국인 노동자들의 존재는 싱가포르가 더이상 이들을 '이방인'이 아닌, 거의 '거주민'에 가까운 필수 노동자로 인식해야 함을 증명하고 있다.

이러한 상황에서 변수는 코로나 사태로 급속히 진행될 디지털화의 적극적 수용, 비대면 업무의 일상화, 상공분야에서의 자동화 등 4차 산업혁명으로 대표되는 기술의 발전이 기존 싱가포르의 경제적 발전 모델(외국인 노동자들에게 싱가포르의 기층 발전과 성장을 맡기는)을 노동력에 의존하지 않고 기술의 발전과 적극적 수용으로 돌파하는 방향으로 전환시킬 가능성이 있다는 점이다. 사실 이러한 경향은 전 세계적 현상으로 2020년 5월 월스트리트 저널의 기사에 따르면, 미국의 많은 산업기술 분야 노동자들 역시 코로나 사태로 가속화될 자동화 시스템의 도입을 걱정하고 있다고 한다. 실제 2007~2009년 사이 미국발 세계 경제위기 이후 미국의 자동화 시스템 도입이 가속화된 사례도 있다. 이러한 사례들은 기술적 진보와 디지털화, 자동화를 통해 노동력 수용 압박을 탈피해야 한다는 측의 주장에 힘을 실어주고 있다.

그러나 이러한 경향에 대한 반발 역시 만만치 않다. 우선 싱가포르 내부 기업과 무역업자들이 극렬 반대하고 나섰다. 이들은 코로나 사태로 드러난 싱가포르 사회의 구조적 모순을 해결하기 위해서는 그 변수인 외국인 노동인력을 줄여야 한다는 일각의 주장에 반박하고, 이들 외국인 노동자들이 싱가포르의 경제와 사회를 지탱하는 데에 얼마나 중요한 역할을 하는지 강조하고 있다. 싱가포르의 인도계·말레이계·중국계 총상공회(Chamber of Commerce and Industry)는 합동으로 성명을 내고, "그들(외국인 노동자)로 인해서 싱가포르가 사업하기 좋은 장소로서 계속 발전할 수 있었다."는 점을 강조하며 "제한된 노동력이라는 한계를 가진" 싱가포르가 경쟁력을 갖추기 위해서는 이들이 없으면 안 된다는 점을 분명히 하였다.

이러한 주장이 힘을 얻고 있는 것에는 두 가지 측면에서 설명할 수 있는데, 첫째, 흔히 'PMET(Professionals, Managers, Executives, Technicians)' 직업이라 불리는 고숙련 직종을 소위 '싱가포리안'이라 불리는 거주민들이 독점할 수 있었던 것은 비숙련 노동계층을 이들 저임금 외국인 노동자들이 담당해 왔기 때문이라는 사실이다. 상술한 디지털화와 자동화 등 4차 산업혁명이 이들 직종을 대체할 수도 있지만, 그 속도가 하루아침에 변화하는 것이 아닌 이상 외국인 노동자들의 숫자를 줄이게 되면 그 대체 그룹은 싱가포르 거주민이 될 것인데, 법령에 따라 최소한의 임금을 보장해 주어야 하는 이들의 고용을 기존 산입계는 감당할 수 없다는 점은 자명하다. 두 번째, 싱가포르는 점차 고령화 사회로 나아가고 있고, 인구구조상 외국인 노동자를 대신하여 기층 노동인력을 구성할 인구가 급격히 줄어들고 있는 상황이다. 상술한 것처럼, 21세기 이후 싱가포르의 거주민 인구는 정체를 거듭하고 있고, 심지어 외국인 노동자의 숫자가 전체 인구를 견인해 온 측면도 있다. 거주민의 숫자가 줄어들고 있는 상황에서는 외부로부터의 인구 유입을 통해 노동 인력을 수혈할 수밖에 없다는 점을 고려해야 한다는 것이다.

결국 핵심은 경제적 개혁을 통해 이들 저임금 외국인 노동자에 대한 의존도를 최대한 낮추고 그 공백을 4차 산업혁명으로 대표되는 각종 기술적 혁명이나 낮은 임금의 거주민으로 메우자는 의견과 그럼에도 불구하고, 이들은 필요하고 코로나 사태 이후의 유지비용 역시 감수할 가치가 있다는 의견 사이의 대립이다. 이러한 대립의 기저에는 국가로서 싱가포르의 사회적 구조를 기술적 진보를 매개로 거주민 중심의 단일화된 사회로 구성해 나갈 것인가와 이들 외국인 노동자 역시 거주민과 동등한 싱가포르 사회의 주체로 인식함으로써 보다 관용적이고, 포용적인 사회를 구성하여 위기를 돌파할 것인가라는, 싱가포르 사회의 구조적 성격을 둘러싼 보다 근본적인 갈등이 자리하고 있다. 즉, 싱가포르 다문화사회 구성원의 기준을 기존 다인종 싱가포리안으로 한정할 것인지, 새롭게 유입된 이주민들을 받아들여 새로운 싱가포리안을 만들어 갈 것인지의 갈림길이다. 사실 정상적인 상황이었다면 십수 년, 혹은 수십 년의 시간을 두고 논의되었어야 할 대립이 코로나19를 계기로 눈앞에 닥친 현실로 싱가포르 사회의 결정을 촉구하고 있는 것이다.

코로나19 사태로 드러난 싱가포르 사회 속 이주민 노동자 정책의 모순은 현재 싱가포르 사회가 변화의 갈림길에 서 있고, 갈림길에서의 선택으로 인해 싱가포르 사회가 또 다른 차원의 다문화·다인종 사회로 접어들 수도 있음을 예고하고 있다. 이러한 흐름은 코로나19 사태 전후로 한국을 비롯한 아시아에서 산업화가 진전된 국가들이 공통적으로 겪고 있는 현상이다. 이 사이에서 싱가포르 사회가 과연 어디로 흘러갈 것인가를 전망한다는 것은 타산지석, 혹은 반면교사의 대상으로 매우 유용하다. 그런 이유로 그들의 선택과 그 영향을 계속해서 기록하고 추적해야 할 필요가 있다.

싱가포르의 경험이 서울시에 주는 시사점

서울시 역시 싱가포르와 마찬가지로 저출산, 고령화 사회로 접어들고 있는 시점에서 부족한 노동력을 어떻게 보충할 것인가를 둘러싸고 중요한 대안으로 거론되고 있는 것이 바로 외국인 노동력의 수용이다. 이는 서울뿐 아니라 한국 전체를 놓고 보면 더욱 중요해지는데, 이미 서울뿐 아니라 전국적으로 농업과 어업, 건설직, 공장과 같은 업종에서 외국인 노동자 없이는 유지가 어려울 정도라는 것을 모르는 한국인은 없을 것이다. 비록 지금은 코로나19로 인해 주춤하지만, 백신이 일상화되고 상황이 나아지게 된다면 현재 200만이 넘는 국내 체류 외국인 숫자는 더욱 늘어날 것이 분명하다. 다문화 사회로의 진입은 더이상 먼 미래의 일이 아닌, 대한민국의 수도, 서울의 현실이 되어가고 있는 것이다.

2019년 기준 서울시에서 다문화 가구(결혼이민자·귀화자·외국인 주민자녀 등)에 속하는 인구는 총 18만 9,000명이고, 서울시 등록 외국인 수는 22만 9,000명에 이른다. 다문화 가구는 귀화의 방법으로 국적을 취득했거나 외국인이 한국인(귀화자 포함) 배우사와의 혼인으로 이루어진 가구, 혹은 그 자녀가 포함된 가구를 의미한다. 등록 외국인은 교육, 노동, 공무 등 다양한 목적으로 서울에 임시 거주하고 있는 외국인 이주민을 가리킨다. 전자인 다문화 가구를 지원하는 서울시 다문화가족지원센터의 경우 서울시에만 서초구 제외 각 구에 하나씩 총 24개소가 설치되어 있다. 그리고 정책적으로 다문화 가구 및 외국인들의 편의를 돕기 위해 서울시 내에는 외국인 다문화 담당관이 있다. 그 외에도 여성권익담당관,

보육담당관, 보건의료 정책과, 시민봉사 담당관 등이 '위기 다문화가족 안전망 구축', '이주여성 보호 및 자활시설 운영', '다문화가족자녀 보육시설 운영', '외국인근로자 등 소외계층 의료 서비스 지원', '외국인 서울생활 살피미 운영' 등 다양한 활동을 벌이고 있다. 거의 1,000만에 달하는 서울시 전체 인구에 비하면 다문화 가구 및 등록 외국인 합계 40만의 인구수는 그리 큰 비중이 아닐지도 모른다. 그러나 상대적 숫자가 중요한 것이 아니라 서울시에만 40만의 다른 인종이 거주하고 있다는 사실은 이미 서울시가 다문화 사회로 접어들고 있다는 중요한 신호이고, 그 신호에 따라 서울시 역시 다양하게 다문화 관련 대응책을 펼치고 있는 것으로 보인다. 그리고 40만이라는 숫자는 앞으로 더욱 늘어날 다문화 구성원들의 수용을 미리 경험해 볼 수 있는 숫자이기도 하다.

다문화 사회의 형성에 있어서 가장 중요한 개념 중의 하나는 '다문화 수용성(multi-cultural acceptability)'이다. 다문화 수용성이란 '다문화 사회로의 변화 속에서 여러 다른 인종과 다른 배경을 가진 문화적 집단을 한 사회구성원으로 자연스럽게 받아들이는 수용의 정도'라고 정의할 수 있다. 여성가족부에서 실시한 조사에 따르면 한국의 다문화 수용성은 일반 국민의 경우 2012년 51점, 2015년 53점, 2018년 52점이고, 청소년의 경우 2015년 67점, 2018년 71점으로 나타났다. 이는 성인의 경우 다문화 수용성이 정체되는 현상을 보여주는 것과는 달리 청소년들의 경우 실질적으로도 높고, 계속해서 높아져 가는 추세임을 잘 알 수 있다. 이러한 현상은 향후 서울을 비롯한 한국사회의 다문화 수용성이 세대를 거듭할수록 더욱 높아질 것임을 잘 보여주는 수치임과 동시에 서울시의 다문화 정책에 중요한 함의를 가져다주는 조사 결과이다.

이러한 상황에서 서울시가 근본적으로 고민해봐야 할 지점은 과연 어떠한 성격의 다문화 사회를 형성할 것인가라는 점이고, 그 근본 철학, 혹은 개념 규정에 따라 전체적인 정책적 방향이나 높아져 가는 시민들의 다문화 수용성 활용 방향 역시 결정될 것이다. 그런 차원에서 싱가포르와 같은 대표적 다문화·다인

서울시 다문화가족지원센터 종사자 워크샵

종 사회의 경험이 중요한 예시가 될 것이다. 다문화 수용성이라는 측면에서 싱가포르는 그 식민지 시기부터 강제적으로, 그러나 자연스럽게 타인종과 함께 공존하는 환경에 처해있었고, 태생적으로 다문화 사회를 구성해갈 수밖에 없었다. 공화국 건국 시기에도 비록 인구 구성상 다수는 중국계였지만, 주변 동남아시아 국가들과의 관계와 냉전이라는 지정학적 구도 속에서 다양한 인종의 존재를 그대로 수용하는 방향으로 국정을 운영해 왔고, 이는 매우 중요한 가치로 오늘날까지 남아 있다. 그러나 21세기 들어 급증한 외국인 노동자의 존재와 '싱가포리안'이라는 내셔널리즘 속에서 젊은 세대들을 중심으로 서서히 희미해져 가는 인종 간 경계의 구분을 정치권에서 수용하는 방식을 둘러싼 모순과 도전이 싱가포르 다문화 사회의 미래를 결정지을 것이고, 서울시의 다문화성 형성에 주는 시사점 역시 분명 있을 것이다. 역사의 유용성은 바로 그들이 지난 200년 동안 경험한 다문화 사회 형성과정과 누적된 노하우를 조금의 노력만 들이고도 그대로 배워 취사선택하여 적용할 수 있다는 점에 있기 때문이다.

13+

문화로 도시를 재생하다
- 독일과 스페인 사례를 중심으로 -

도시재생 패러다임 전환

문화적 도시재생이란?

국제적 모색 : 문화적 도시재생과 도시경쟁력

독일 드레스덴 : 노르트바트 복원

스페인 빌바오 : 도시재생의 빛과 그림자

우리는 문화적 도시재생을 원한다!

문화로 도시를 재생하다
- 독일과 스페인 사례를 중심으로 -

제13강

문화로 도시를 재생하다 – 독일과 스페인 사례를 중심으로 –

김상원
인하대학교 문화콘텐츠문화경영학과 교수

도시재생 패러다임 전환

서구 자본주의 발전과 더불어 사회의 변화 중에 가장 현저한 현상을 예로 들라고 하면, 무엇보다도 도시의 급속한 성장이라고 말할 수 있다. 잉글랜드와 웨일즈 지방정부의 통계에 따르면 19세기 후반의 도시인구는 이전보다 3배까지 증가하여 1900년경에는 총인구의 77%인 2,500만 명이 도시에 거주하게 되었다고 한다. 한국의 경우, 전쟁이 끝나고 산업화가 시작된 1960년에 245만 명이었던 서울시 인구가 1990년에는 1,061만 명으로 급증한 이후 감소 추이를 나타내다가, 2010년에 다시 1,000만 명을 넘어섰다. 2021년 4월 기준으로 서울은 약 960만 명의 거대한 메트로폴리탄을 유지하고 있다.

전체 인구 중에서 도시에 사는 인구가 차지하는 비율을 '도시화율'이라고 한다. 나라마다 도시화율은 차이가 있지만, UN 통계에 따르면 2020년 기준으로 세계의 도시화율은 56.2%인데 비해, 한국의 경우 국토부와 한국토지주택공사가 발표한 2018년 도시계획현황 통계에 따르면 인구 5,182만 명 중에 도시에 거주하는 인구가 4,759만 명으로 도시화율은 91.8%에 이르고 있다. 이것은 인구 10명 중에서 9명이 도시에 거주하고 있다는 것을 의미한다.

정부의 지역균형발전 정책에도 불구하고 도시로 인구가 집중되는 현상은 감소하지 않고 있다. 모든 도시에는 사용률 및 활용도가 낮은 토지 또는 기존 인프라가 낡고 도시기능이 저하되는 지역이 있다. 이러한 지역은 도시의 이미지를 훼손하는 것은 물론이고, 주민의 삶의 질과 지역의 생산성을 약화시키는 결과로 이어진다. 이것은 도시 성장과 생산성 패턴의 결과라고도 볼 수 있다. 이러한 쇠퇴와 도시 붕괴 문제를 해결하기 위해서 세계의 도시들은 복잡한 도시재생과정을 설계하기 시작했다. 물론 이 과정은 막대한 재정이 요구된다. 중앙정부와 지방정부가 도시재생을 위한 재원 마련과 제도적 및 정책적 노력에도 불구하고 민간 부문의 참여, 즉 커뮤니티 참여의 범위 및 거버넌스 구조에 따른 민간 참여가 없으면 도시재생의 성공을 장담하기 어려운 것으로 확인되고 있다.

한국의 도시정책 역사는 그리 길지 않다. 한국은 2010년대에 이르러 비로소 정부 차원에서 도시정책을 추진하기 시작하여 법 제정과 조례를 준비하고 조직과 재원을 확보하기 위한 노력을 시작했다. 2013년 6월에 〈도시재생 활성화 및 지원에 관한 특별법〉이 제정되어 한국의 도시재생은 새로운 패러다임에 진입하게 되었다. 이를 계기로 민간주도로 철거하고 재개발하던 물리적 환경 정비에 집중하던 정책에서 '도시재생' 정책으로 전환하게 된 것이다.

이 법에서 도시재생의 목적으로 '문화적 활력' 회복이란 표현이 나타나며, 이 법의 제2조 9항의 '마을기업'의 정의에서 '문화'를 활용해야 할 자원으로 분류하고 있고, 제13조에는 도시재생전략계획에 '문화적 여건' 분석을 포함해야 하는 것으로 되어 있다. 이 법의 전문에 세 번 나타나는 '문화'의 의미는 구체적이지 않아, 현장에서 '문화'와 관련한 도시재생 정책과 사업은 다양하게 나타나고 있다.

문화적 도시재생이란?

미국을 비롯한 서구 선진국은 지역 커뮤니티 보전을 위한 지원을 강화하여, 지역 주민의 자발적 참여를 독려하고, 범부처별 협력 및 민관협력이 강화된 도시재생을 추진하고 있다. 한국의 도시재생 정책은 국토부에서 주관하고 있다. 현 정부는 100대 국정과제의 하나로 '도시재생 뉴딜' 정책을 수립하고 '주거복지실현'·'도시경쟁력확보'·'사회통합'·'일자리 창출'이라는 4대 목표를 실현하기 위해 '노후 저층 주거지정비'·'구도심 혁신거점조성'·'지역 도시재생 경제생태계 활성화'·'도시재생 거버넌스 활성화'·'상가 내몰림 현상 선제적 대응'이란 5대 추진과제를 설정하고 있다. 이를 위한 로드맵은 참여자 기반의 소규모 정비사업을 활성화하고, 지역의 혁신거점을 조성하며, 수요자 및 현장 중심의 주민역량 강화사업과 거버넌스 지원체계 구축을 목표로 범부처 통합지원 체계 마련을 위한 정책을 추진하고 있다.

〈도시재생 활성화 및 지원에 관한 특별법〉을 근거로 국토부는 도시재생을 '근린재생형 도시재생'과 '도시경제기반형 도시재생'으로 구분하고, 도시재생 활성화 계획 수립과 시행을 위한 지침을 제시하고 있다. '근린재생형 활성화 계획'은 원도심 지역의 기능을 증진하고, 상주 및 유동 인구를 증가시키기 위해 '중심 시가지형'과 '근린 생활환경 개선 및 공동체 활성화'를 통한 지역 주민의 삶의 질을 향상하기 위한 '일반형'으로 구분하고 있다. '도시경제기반형 도시재생 활성화 계획' 역시 '지역경제의 활성화 및 일자리 창출'이란 문구와 규모 면에서 차이가 있을 뿐, 나머지 도시재생 사업 추진 시 중점 고려사항은 유사하다고 할 수 있다.

도시재생 사업은 국토부에 국한하지 않는다. 문체부 역시 〈지역문화진흥법〉에 따른 문화도시 사업을 추진하고 있으며, 또한 〈문화예술진흥법〉에 따른 '공공미술사업'·'마을미술프로젝트'·'산업단지 및 폐산업시설 문화재생 사업'과 '문화로 행복한 공간만들기'·'지역문화컨설팅 사업'·'생활문화공동체 만들기' 및 '생활문화센터 조성사업' 등을 진행하고 있다.

'문화적 도시재생'의 정책과 사업 그리고 연구를 살펴보면 '문화'가 무엇인지 개념적 정의에 대한 설명은 아직 충분해 보이지 않는다. '문화'의 개념적 정의는 수많은 문화 인류학자나 문화연구자들에 의해 시도됐다. 그러나 '문화적 도시재생' 정책에서 '문화'가 무엇인지에 대한 개념적 명료화를 확인하기는 어렵다.

우리가 개념을 범주화할 때 우선으로 시도하는 방법은 개념 대립쌍을 설정하는 것이다. 쉽게 말하면 '문화(Culture)'의 반대말이 무엇인지 설정하는 것이다. 이 '문화'의 대립어는 'Nature'이다. 이는 보통 '자연'이라는 말로 번역되곤 한다. '자연'은 종종 '경관' 또는 '전원'으로 해석되곤 하지만, '본성' 또는 '본질'의 의미도 있다. 이런 의미에서 'Nature'는 '있는 그대로 또는 스스로 그렇게 있는 것'으로 볼 수 있다. 소피스트 철학자들은 자신의 법칙에 따라 존재하는 물리적 상태를 '자연(Physis)'으로, 그리고 인간에 의해 만들어진 '규범(Nomos)'은 '문화'로 간주했다. 어원적으로 밭을 '경작하다(cultivate)'에서 유래한 것으로 알려진 '문화'는 로마 시대 이후 정신적 의미에서 '도야' 또는 '교양'의 의미로 사용되기도 하였다. '자연'이 '스스로 그대로 있는 것', 즉 '사람의 손이 닿지 않는 상태'를 의미한다면, '문화'는 인간으로부터 기원한 것, 예를 들어 언어·종교·국가·사회는 물론이고 인간에 의한 물리적 구성물도 역시 문화적 산물로 간주한다.

문화적 산물이 문화자원으로 인식되는 이유는 인간에 의해 구성된 문화가 다시 인간에게 통찰력을 제공하고, 이로 인해 다양한 영향력을 미치기 때문이다. 사람들은 이제 문화를 통해서 도시발전을 견인할 수 있는 문화의 기능과 역할에 주목하고 있다. 이제 문화는 관광, 산업 등 경제적 교환가치를 견인하는 수단인 동시에 시민의식을 고양하고, 이를 기반으로 창조사회를 위한 교육적 수단으로 인식된다. 따라서 우리는 문화를, 낙후된 도시를 재생하기 위한 자원으로 활용하는 것을 당연하게 여긴다.

그러나 도시재생은 어떤 문화적 자원을 어떻게 활용할 것인지, 그리고 그 사업의 주체는 누구이며, 그 결과는 누구를 위한 것인지 생각해 볼 필요가 있다. 정부나 지자체 주도로 진행되는 도시재생 정책은 거시적 관점에서의 경제기반형 사업과 미시적 관점에서의 근린재생형 사업으로 구분되어 있다. 전자의 경우, 당연히 경제적 유발효과를 전제하고 있지만, 후자 역시 많은 경우에 경제적 교환가치를 유인하려는데 목적을 두고 있는 사례를 쉽게 확인할 수 있다. 특히 문화적 도시재생의 수단이 예술적 자원이든, 아니면 역사적 자원이나 그 밖의 고유한 도시 정체성을 드러낼 수 있는 자원을 활용하는 경우에 도시의 정체성을 강화하려는 시도가 전제되어 있지만, 그 기대효과는 관광 활성화인 경우가 많은 것을 알 수 있다. 전자든 후자든 간에 도시재생 정책에 따라 재원이 투입되는 경우에는 큰 문제가 없어 보일 수 있으나, 재생사업이 완료된 이후 지속가능성 여부를 판단할 수 있는 평가 방안을 강화할 필요가 있다.

국제적 모색 : 문화적 도시재생과 도시경쟁력

유럽의 선진국들은 오래 전부터 도시의 경쟁력을 확보하기 위한 문화적 접근방식을 채택하고 있다. 이를 활성화하기 위한 국가 간의 협력과 시너지 효과를 끌어내기 위해 EU의 '유럽문화수도(European Capital of Culture)' 사업과 유럽위원회(European Commission)의 '시범도시 프로젝트(Urban Pilot Projects, 이하 UPPs)' 사업 그리고 '도시 행동 유럽(Urban Action Europe, 이하 URBACT)' 등을 들 수 있다.

유럽문화수도 사업은 1985년 그리스 아테네를 시작으로 현재까지 유럽의 각국에서 진행됐으며, 2033년까지 후보 도시가 예정되어 있다. 유럽문화수도 사업에 선정된 도시는 다양한 이벤트와 문화예술프로그램을 추진하면서 문화적·사회적·경제적 이익을 창출할 기회를 포착하고, 이를 기반으로 도시재생을 촉진하여 도시 이미지를 바꾸려는 데 목적을 두고 있다.

선정된 도시는 EU로부터 유럽문화수도의 타이틀을 부여받고 일정액의 재정 지원을 받으며 6년간의 준비과정을 거쳐 1년간 유럽의 문화수도 임무를 수행한다. 유럽문화수도 선정은 유럽적인 문화 예술적 가치, 문화 활동의 참여와 협력 가능성, 창조적 가치, 유럽 문화의 대표성, 문화 교류 등의 선정기준에 따라 심사되고 있다. 유럽문화수도로 선정된 도시는 인지도 상승으로 관광객 수가 증가하고, 도시 기반시설 확충 및 환경 개선에 도움이 되며, 지역문화에 역동성 부여하여 지역의 경쟁력 제고에 도움이 되는 긍정적 성과를 냈다. 하지만 EU 자체적 예산지원의 부족, EU 내 전담조직의 부재, 목표의 명확성 미흡, 성과의 평가 시스템의 부재 등의 문제점이 지적되고 있으며, 도시에 따라 목적한 성과에 도달하지 못해 도시의 재정적 위기를 유발하는 문제점도 드러나고 있다.

시범도시 프로젝트(UPPs)는 유럽의 낙후된 지역을 중심으로 공간재생 사업에 유럽위원회의 지역 정책 분과가 재정지원을 하는 사업이다. 1차로 1990년부터 1993년까지 당시 유럽연합의 14개 회원국으로부터 503건의 신청을 받아 33개 도시가 선정되었으며, 2차로 1996년부터 26개 도시가 사업 대상으로 선정되어 위원회의 지원을 받았다.

이 UPPs 사업은 교통혼잡과 폐기물 관리에서 노후화된 하드웨어 시설 개선과 쇠퇴한 도시의 경제를 활성화 그리고 사회적·문화적인 광범위한 도시문제를 해결하기 위해 통합적인 접근방식을 채택하고 있다. 이 사업에서 채택된 전략은 환경적·사회적·경제적 지원 조치와 더불어 지속 가능한 발진을 촉진하고 시민의 삶의 질을 증진하기 위하여 대상 지역과 인구를 명확하게 특정할 수 있어야 하며, 대상 지역의 시민들이 참여할 수 있는 여건을 만드는 데 역점을 두고 있다.

EU는 도시재생 시범사업인 UPPs와 더불어 URBACT를 추진하고 있다. URBACT는 2002년부터 도시재생을 위한 통합적인 도시개발을 위한 것이다. 첫 번째 프로그램인 'URBACT I'은 2002년부터 2014년까지, 두 번째인

'URBACT II'는 2007년부터 2013년까지, 그리고 세 번째인 'URBACT III'은 2014년부터 2020년까지 진행되었다.

URBACT는 불평등, 주택 부족, 도시 불안, 실업, 혼잡과 같은 도시가 직면한 경제적, 사회·문화적 및 환경적 문제를 지속 가능한 방식으로 해결하기 위한 EU의 도시정책 중의 하나이다. UPPs가 도시재생을 위한 소프트웨어와 물리적 환경을 개선하기 위해 조직을 구성하고 예산을 투입했다면, URBACT는 탄력적이고 포용적인 도시개발을 촉진하기 위한 조직보다는 지속 가능한 유럽을 구축하기 위한 도시정책의 필요성에 주목하고 있다. 이 프로그램은 각 도시가 도시재생과 개발의 경험에서 학습한 것을 교류하고 좋은 관행을 교환하면서, 기술과 노하우를 향상하게 시켜 유럽 전역에 그 교훈을 공유하기 위한 정책적 측면이 강하다고 할 수 있다.

URBACT는 'URBACT 방법(URBACT Method)'으로 알려진 의사결정자, 도시실무자 그리고 시민이 지역 거버넌스의 새로운 모델을 개발하는 데 도움이 되는 프로세스와 도구를 개발하는데 촉매 역할을 하고 있다. 'URBACT 방법'은 '통합(Integration)'·'참여(Participation)'·'행동학습(Action learning)'이라는 세 가지 핵심 원칙에 기반하고 있다.

URBACT는 지속 가능한 도시재생과 개발을 촉진하기 위한 유럽연합의 교류 및 학습 프로그램이다. 유럽연합 28개 회원국의 각 도시들이 URBACT를 통해서 도시문제에 대한 해결책을 개발하고 도시정책에 관련된 모든 이해관계자와 모범사례, 교훈 및 해결책을 공유하고 있다.

특히 URBACT III 프로그램은 유럽 도시가 공통으로 관심을 두고 있는 '연구, 기술개발 및 혁신강화', '모든 부문에서의 저탄소 경제로의 전환지원', '환경보호 및 자원 효율성 증진', '고용촉진 및 노동의 이동성 지원', 그리고 '사회적 통합 촉진과 빈곤퇴치'와 같은 공통주제에 초점을 두고 있다. 또한 통합적이고 참여적인 방식으로 지속 가능한 도시정책 및 관행을 관리하여 도시의 능력을 향상하게 하기 위한 '정책 전달능력', 지속 가능한 전략 및 실행 계획의 설계를 개선하기 위한 '정책 설계', 통합되고 지속 가능한 도시전략 및 실행 계획의 실행을 개선하기 위한 '정책 실행', 모든 수준의 실무자와 의사 결정자가 지식에 대한 접근성을 높이고 지속 가능한 도시개발의 모든 측면에 대한 노하우를 공유하여 도시개발 정책을 개선하기 위한 '지식 구축 및 공유'와 같은 4가지 목표를 지향하고 있다.

독일 드레스덴 : 노르트바트 복원

드레스덴은 독일의 작센주에 속하는 도시로 작센주 정부와 의회가 소재하고 있다. 드레스덴은 전국에서 인구 규모가 12번째로 약 78만 명 이상이 거주하는, 지역의 면적 규모 면에서도 베를린, 함부르크, 쾰른에 이어 4번째로 큰 도시이다.

작센주의 명칭은 게르만 종족 중의 하나인 '작센족'에서 유래한다. 게르만 종족인 작센족은 현재 독일의 북쪽에 있는 북해와 연결된 홀슈타인 지방의 엘베강 하구에 거주했으나, 땅이 부족해지면서 남쪽으로 영역을 확장해 나갔다. 작센족 일부는 3세기와 4세기 동안 영국 동부해안을 습격하여, 영국의 비옥한 저지대 지역을 차지하게 되면서 영국의 원주민인 앵글로족과 상호교류하게 되었고, 이것은 오늘날 영국 앵글로색슨족의 문화를 발전시키는 계기가 되었다.

독일의 북동쪽에 자리 잡은 작센주의 드레스덴은 1806년 나폴레옹이 세운 작센 왕국의 수도였으나, 1815년에 독일 연방의 일부가 되었다. 드레스덴은 1848년 독일혁명의 중심지였고, 당시 인구가 약 10만 명으로 독일 연방에서 가장 인구가 많은 도시였다. 작센 왕국의 수도인 드레스덴은 1871년 새로 설립된 독일제국의 일부가 되었다. 20세기 초까지 자동차 산업, 식품 가공산업, 은행, 의료장

비 산업, 카메라와 담배 산업으로 경제와 문화의 중심지였고, 1933년까지 유럽 현대미술의 중심지였다.

제2차 세계대전이 진행되던 1944년과 1945년 사이에 드레스덴은 7번의 공격을 받았다. 이때 영국과 미국의 공습으로 약 1,817톤에 달하는 소이탄과 1,478톤에 달하는 폭탄이 투하되어 드레스덴의 도심은 완전히 파괴되었다. 당시 독일군은 퇴각하면서 연합군이 사용할 수 없도록 남은 건물에 불을 질러 남은 건축물조차 사라지게 되었다.

전쟁 후 드레스덴은 소련군의 주둔지가 되었다. 구동독에서 다시 산업중심지가 되었지만, 고딕 양식의 교회와 왕궁 유적지가 복원되고 수리되기보다는 1950년대와 1960년에 소련과 동독 당국에 의해 파괴되었다. 그 밖에 시설들은 급속히 복원되어 현재는 드레스덴 주변 10개 도시와 함께 독일의 핵심 경제지구 중 하나인 '드레스덴 발룽스라움Ballungsraum Dresden'을 형성하고 있다. '발룽스라움'은 공장과 인구가 밀집된 대도시지역을 가리키는 표현이다. 이 지역에 국제공항인 드레스덴 공항이 있으며, 그 밖에 세계에서 가장 큰 인쇄기 공장, 폭스바겐의 유리생산 기지, 백신 제조회사, 우리나라에도 수출되는 라데베르거 맥주공장, SAP나 아마존과 같은 소프트웨어 회사, 담배공장 등 많은 산업시설과 인구가 밀집된 지역이다.

그러나 드레스덴시 외곽은 1970년대의 공업화 시대의 무분별한 도시팽창으로 인하여 도시 기반시설이 제한된 빈민가가 형성되었고, 이 중 65%에 달하는 주택들이 기본 욕조 시설조차 설비되어있지 않은 낙후된 곳이었다. 제2차 세계대전 당시 폭격을 피한 건축학적 가치를 지닌 건물들이 다수 존재하였는데 그 중 하나가 '노르트바트Nordbad'이다. 1894년에 설립된 노르트바트는 문자 그대로 도심으로부터 북쪽(Nord)에 있는 수영장(Bad)을 의미한다. 노르트바트는 처음부터 수영장인 동시에 러시아식 한증막이 있는 목욕탕이었다. 드레스덴에서 가장 오래된 수영장 겸 공중목욕탕이라고 할 수 있다. 제2차 세계대전 당시 큰 피해를 보지 않은 노르트바트 건물은 1950년부터 운영이 재개되었다. 1952년에는 한 달에 2만 4,000명의 방문자가 있을 정도로 호황이었으나, 지속적인 관리를 받지 못했다. 1974년에 이르러 지역의 행정 명령으로 수영장은 폐쇄되고, 1975년에는 스파 부서 운영도 중단되어 1992년까지 건물은 방치되었다.

그러나 이 지역이 재개발지역으로 확정되자, 지역 주민들은 '노르트바트' 복원사업 캠페인을 진행하였고, 1993년 드레스덴시는 지역 주민들의 의견을 수렴하여 '노르트바트' 복원 및 주변 환경 개선 정책을 시행하였다. 이때 드레스덴시는 UPPs 사업에 지원하여, 유럽위원회에서 선정한 33개 도시 중의 하나로 선정되었다. 드레스덴의 UPPs 사업은 노르트바트 복원뿐만 아니라 주변 지역 및 도시 중심부 외곽지역에 대한 도시재생 사업을 포함하고 있다.

노르트바트는 도시의 건축물 보존목록에 등재된 역사적으로 가치가 매우 높은 건축물에 해당한다. 노르트바트 복원 사업은 주민들에게 새로운 레저 시설을 제공하고, 사우나와 물리치료 센터를 통합하는 사업일 뿐만 아니라, 건축물 개보수 현장을 수영장에 필요한 기술적 전문성과 장인정신을 전수하는 현장 교육 시설로서 활용하는 계획이 포함되어 있었다. 드레스덴시는 이 사업을 통해 역사적으로 보존가치가 있는 건축물 재생에 필요한 전문 건축 기술을 청년 실업자들에게 전수될 수 있는 방식을 도입하였고, 이 프로젝트 자체를 시의회 출자기관이 관리하도록 설계하였다. 그 밖에 수익자 집단이 프로젝트의 설계와 실행에 참여하여 환경친화적인 건축기법에 관한 타당성 연구를 수행하였다. 그 결과 에너지 사용과 관련하여 다른 지역의 유사한 건축물 복원을 위한 모델로 전수되는 하나의 모범사례로서의 성과를 얻을 수 있었다. 또한 노르트바트는 지역 내 1,040개 건물 중 66%가 목욕이나 샤워 시설이 없어 지역 주민들이 이 시설을 폭넓게 활용할 것으로 예측되었다. 당시 노르트바트 복원사업이 끝나고 월 1,600명 이상의 방문객이 이용하였고, UPPs의 투자 여력에 따라 이용객의 숫자는 더 늘어날 것으로 예측되었다. 현재는 폐쇄되어 2022년 개보수를 할 예정이다.

이 사업은 '유럽지역발전기금'으로부터 전체 사업비의 약 45%에 달하는 3,500만 에퀴(ECU : European Currency Unit, 1999년 이후 유로로 바뀜, 현재 환율 기준으로 약 470억)를 지원받았으며, 그 외의 부족한 자금은 드레스덴시, 작센주, 도시재생을 위한 독일 연방기금으로부터 받아 진행되었다.

1993년에 착공하여 지역대학과의 협력으로 친환경기술을 도입하였으며, 1996년에 완공된 노르트바트는 단순히 역사적 공간의 복원만이 아닌 지역의 정체성을 유지하는 동시에 지역민의 응집력을 강화하기 위한 사업이었다. 현재 1만 2,000여 명의 지역 주민들에게 수영, 목욕, 사우나 등의 휴양시설을 제공하고 있으며 1997년 한 해 방문자만 7만 명에 달했다.

또한 노르트바트의 개장은 실업률로 인해 지역에 대한 애착심이 떨어진 지역민들에게 일자리를 창출 해주는 한편, 그들의 모임 장소를 제공해줌으로써 지역 커뮤니티를 활성화하는 계기가 되었다. 특히 지역 주민들의 의사를 반영함으로써 지역민들의 능동적인 참여를 유도하였고, 이는 결국 도시 외곽의 지역경제와 커뮤니티 개선을 가능케 하는 동시에 정주의식을 일깨워 주는 데 큰 역할을 하였다.

드레스덴시의 '노르트바트 복원사업'의 목적은 주민복지와 지역 활성화에 있다고 할 수 있다. 지역 정체성이 반영된 19세기 건물의 복원은 지역을 재생하는 데 촉매 역할을 하였다. 복원된 노르트바트는 복합 휴양시설의 기능뿐만 아니라 재교육된 실업자들에게 일자리를 제공하는 역할도 하였다. 여기에 고용된 지역민들은 지역의 교육기관과 연계를 통해 직업교육을 받은 인력들이다. 드레스덴시 지역 재생사업에서의 핵심 요소는 기존에 갖고 있던 지역의 정체성이 반영된 역사적 건축물을 재건하고 지역의 전통을 보존하며, 주민들이 향유할 수 있도록 유지하는 것에 있다. 또한, 지역 인력 및 인프라를 최대한 활용하여 지역 경제 활성화와 더불어 정주의식을 일깨워 주는 역할을 했다는 것에 의의가 있다고 볼 수 있다.

UPPs 사업의 하나인 노르트바트 복원사업은 오랫동안 재개발계획으로 거주

노르트바트

민들이 위협받았던 지역에 대한 새로운 도시재생 접근방식을 수행했다는 데 의미가 있다. 지역 활성화는 물론이고 낙후된 주변 거주 시설의 주민들에게 혜택을 주는 복지적 성격뿐만 아니라 지역 활성화를 위한 상징적 가치가 있는 역사적 및 문화적 도시재생 사례로 간주된다.

드레스덴은 현재 4만 8,000명의 학생과 나노기술·광전지·생명과학 및 생명공학과 같은 연구·개발이 진행되고 있는 교육의 허브이면서, 관광·미술 및 문화로 과거의 명성을 되찾은 유명한 도시가 되었다. EU의 URBACT 프로그램을 추진하면서 버려진 공간, 문화유산, 공공장소 등과 같은 균형 잡힌 물리적 도시재생을 지속하면서, 경제, 환경, 도시정책의 지속 가능한 발전을 모색하고 있다.

스페인 빌바오 : 도시재생의 빛과 그림자

빌바오시는 스페인의 북동쪽에 있는 바스크 광역자치주에 속해있다. 바스크 광역자치주는 알라바·비스카야·기푸스코아와 같은 세 개 지방으로 나누어져 있으며, 그중 빌바오는 바스크 광역자치주에서 가장 큰 비스카야 지방의 수도이자 스페인에서 10번째로 큰 도시다.

빌바오는 강 하구의 해수면과 가까운 평평한 지대가 있어, 1300년경 중세시대부터 교역이 활발한 지역이었다. 특히 철광석과 양모를 수송하는 중요한 무역항구였다. 이 항구는 15세기부터 16세기를 거치면서 비스카야 지방의 가장 중요한 경제중심지로 부상하면서, 미국 식민지와의 무역이 활발했던 지역이다. 당시 건축물과 구시가지를 둘러싸고 있던 성벽은 홍수와 화재로 인해 파괴되어, 현재는 일부 유적만이 남아 있지만, 아직 초기 형태를 유지하고 있는 구시가지 골목은 지역의 매력을 감상하기에 좋은 장소로 남아 있다.

도시재생의 역사는 16세기와 18세기로 거슬러 올라간다. 당시 홍수와 두 번의 대규모 화재로 인해 중세 건축물들은 잔해만 남았다. 이때부터 대대적인 도시 재생 사업이 시작되었고, 무너진 벽들은 제거되고 건물은 나무보다는 강하고 안전한 돌로 재건되었다. 18세기에 역동적인 경제적 호황이 진행되어 부자들의 저택과 바로크 양식의 성 니콜라우스 성당과 궁전과 같은 주목할 만한 건축물이 지어졌다.

19세기 초반은 전쟁으로 흉흉했던 시절이었다. 반도전쟁이라고 일컬어지는 1808년부터 4년 동안 벌어진 전쟁 동안, 바스크 지방의 몇몇 도시들이 점령되었다. 저항의 중심지였던 빌바오는 1808년에 나폴레옹에 대한 봉기가 일어나 후에 주요 공격목표가 되면서 점령당했다. 또한 바스크 지방은 19세기에 일어났던 칼리스트Carlist 전쟁의 주 무대였다. 그 결과로 경제적으로 융성했던 빌바오는 주요 표적이었고, 3차 칼리스트 전쟁 중이던 1874년 4월에 한 달 동안 포위되었지만, 점령되지는 않았다.

이러한 혼란의 시기에도 빌바오는 발전했고, 1862년에 철도가 들어오는가 하면 1875년부터 전례없는 대규모 광산이 개발되었다. 그 후에 철광석 수송과 활발한 무역의 결과로 철강과 조선 산업으로 유명해지게 되었다. 당시 권력의 상징이라고 할 수 있는 빌바오 은행이 1857년에 그리고 증권거래소가 1890년, 비스카야 은행이 1901년에 설립되어 금융의 중심지가 되었다.

빌바오의 눈부신 성장은 스페인내란과 제2차 세계대전 중에도 계속되었다. 그러나 20세기 말에 들어서면서 철강 산업은 위기를 맞았으며, 1988년에 빌바오의 주력산업 중의 하나였던 조선소가 문을 닫았다. 지금도 빌바오 해양박물관에 남아 있는 카롤라 크레인은 빌바오 조선 산업의 상징으로 남아 있다.

20세기 말에 닥쳐온 산업구조 조정을 빌바오도 피할 수 없었다. 빌바오시는 도시의 자연을 회복하고 환경 및 도시재생을 위해 1980년부터 강을 정화하기 위해 환경정비 사업을 시작했고, 1986년에 도시기본계획을 발표하였다. 당시 미국의 구겐하임 재단은 유럽에 분관을 설립하고자 했고, 구겐하임 분관을 유치하기 위해 베네치아, 잘츠부르크와 그리고 빌바오가 경쟁하였다. 이 경쟁에서 선정된 빌바오시는 1991년 구겐하임미술관 설계를 공모하여 1997년에 개관하였다. 이제 빌바오시를 생각하면 쉽게 프랭크 게리 Frank Gehry가 디자인한 구겐하임미술관 빌바오가 연상될 정도로 유명한 도시의 랜드마크로 부상하였다. 티타늄으로 외관을 장식한 50m 높이로 솟아있는 건축물은 보는 각도에 따라 모양이 다르게 보이는 신기한 모습을 갖고 있다. 이 미술관은 바스크 분리주의 테러에 시달리면서 쇠퇴해가던 산업도시를 구출하기 위한 일종의 변형프로젝트(Transformational Project)로서 경제적 쇄신의 동인으로서 대중을 설득할 수 있는 긍정적 이미지를 창조하고, 도시의 자존감을 강화할 수 있는 상징물이 되었다. 이는 문화마케팅 차원에서 그리고 도시 브랜딩 차원에서 매우 성공적인 평가를 받고 있으며, 단일 프로젝트 하나로 낙후된 도시를 재생시키는 효과가 필요할 때 또는 여행을 가고 싶은 충동을 표현할 때 사용하는 '빌바오 효과' 또는 '구겐하임 효과(Guggenheim Effect)'라는 용어가 생길 정도로 빌바오 구겐하임 사업은 매우 유의미한 도시재생 사업으로 평가되기도 한다.

구겐하임미술관을 건축하기 전에 예상했던 방문객 수로 연간 45만 명을 예상했으나, 개관했을 때 당시에 약 136만 명이 다녀갈 정도로 그 효과는 기대 이상이었다. 구겐하임미술관의 영향으로 3년간 총

빌바오의 구겐하임미술관

350여만 명이 빌바오를 방문하였고, 바스크 지역 국민총생산의 0.5% 규모인 4,300억여 원의 경제유발 효과와 전체 노동인구의 약 0.5%에 해당하는 8,899명의 고용 창출효과를 보았다. 그리고 구겐하임미술관이 건립된 아반도이바라 지역은 컨벤션센터와 음악당이 들어서는 등 문화지구로 변모하게 되었다. 예전에는 빌바오로 가는 직항 항공노선이 없었으나, 구겐하임미술관으로 인해 해외 항공사들이 빌바오를 경유지로 채택하면서 외국인 방문객이 20%에서 30%로 늘어나게 되었다. 빌바오는 제2의 빌바오를 희망하는 다른 도시 정치인들의 벤치마킹 대상이 되었다.

그러나 '구겐하임 효과'가 긍정적인 평가만 받는 것은 아니다. 건축비용으로만 당시 1억 3,000만 유로가 소요되었고, 운영비용은 빌바오 건축비의 약 6배에 달하는 8억 유로 이상이 투입되고 있어 빌바오시는 물 소비세를 인상하여 그 비용을 충당하고 있다. 136만 명에 이르던 방문객들의 수는 점차 줄어들어 2002년에 약 86만 명이었고, 그 이후 점차 증가되다가 2020년은 코로나로 인해 약 32만 명으로 집계되고 있다.

구겐하임미술관 효과는 고용률 측면에서도 매우 고무적이라는 평가가 있었으나, 8,900여 명의 고용 창출의 일부는 미술관 건립으로 새로 창출된 수요가 아닌 이전부터 존재해온 고용수요가 미술관 설립 이후 흡수된 것이며, 새로 창출된 고용수요는 대부분 미숙련, 저임금의 관광 연계 직종의 임시직으로 비노조적인 기업 성격이 강하다. 또 고메즈M. Gomez의 주장에 따르면 1997년부터 3년간의 고용률은 연속 하락하는 결과를 보여 주고 있다. 다시 말해 구겐하임미술관 효과가 실업률 자체를 줄일 수는 있었으나 고용의 질 및 삶의 질 향상에 크게 기여하지 못한 것을 알 수 있다. 또 미술관 설립 이후, 도심의 전반적 물가 상승으로 거주민들이 인접 도시로 이주하는 현상이 발생하며 일차적으로 혜택을 받아야 하는 주민이 소외되는 결과를 초래했다.

2007년을 기점으로 실업률이 상승하고 있어, 장기적인 차원에서 '구겐하임 효과'는 지속되고 있지 않은 것으로 보고되고 있다. 또한 표면적인 경제효과에 가려져 드러나지 않고 있는 것 중의 하나는 예술 측면에서의 경제적 효과이다. 구겐하임미술관 개관 이후에 지역의 미술관을 찾는 사람들이 많아졌고, 경매회사와 같은 예술 관련 시설이 늘어났으나 매출 부분에서는 크게 효과를 내지 못하고 있는 것으로 보고되고 있다. 랜드마크의 상징인 '구겐하임 효과'라는 명성에도 불구하고 지역민의 삶의 질에 관해서 그 효과를 감지하기 어렵다. 구겐하임 박물관의 사회적 역할에 관한 기여도 측면에서도 지역의 전통과 정체성, 상징성을 잘 반영하지 못한 것으로 평가된다. 문화적 및 예술적 기능보다는 경제적 파급효과 및 물리적 영향에 초점이 맞춰져 있다는 것을 알 수 있다. 도시재생에서 지향해야 할 지역의 특성이나 정체성을 보존하고 전파하는 사회적 역할보다는 상대적으로 소비 경향이 높은 외래 관광객을 대상으로 하는 기획전시 위주의 상업적 운영이 주가 되면서 지역 사회를 대표하는 상징과 중심의 역할을 해내지 못하는 것으로 평가되기도 한다.

빌바오시는 서울시의 입장에서도 매우 중요한 의미가 있다. 2013년에 서울시의 주창으로 국제적인 사회적 경제 분야와 관련한 국제 네트워킹 플랫폼인 '2018 국제사회적경제협의체(Gsef) 총회'가 빌바오에서 개최되었다. 이때 빌바오 시장은 "쇠락한 철강업과 조선업의 도시 빌바오는 문화와 사회적 경제로 되살아" 났고, "지속 가능한 포용적인 도시발전", "청년들을 위한 미래 가치를 지향하는 도시발전", "99%의 시민이 행복한 도시발전"을 강조한 바 있다. 빌바오 시장이 강조한 선언과 같이 빌바오시는 오래 전부터 주민의 삶의 질을 높일 수 있는 정책을 추구해 왔다. 구겐하임미술관 유치는 빌바오시의 성공적인 랜드마크형 도시재생 정책으로 평가되고 있으나, 실제 주민의 삶의 질을 높이기 위한 문화적 도시재생은 빌바오의 다른 도시재생 정책에서 찾아볼 수 있다.

빌바오시는 두 차례 UPPs의 지원을 받은 바 있다. UPPs 사업의 성과는 구겐하임미술관 유치와는 대조적으로 지역 사회 구성원에게 실질적인 혜택을 제공

국제사회적경제협의체 총회 사진

할 수 있는 결과로 구현되었다. 빌바오 UPPs의 주요 목표는 라 비에하La Vierja 지구, 즉 구도심 지역에 새로운 사업 및 고용 기회를 창출하는 것이었다. 이 지역의 인구는 약 1만 5,000명이었고, 시내 중심부에 있음에도 불구하고 물리적·사회적·경제적으로 고립되어 있었으며, 실업률은 30%에 달했다. 이 UPPs 사업은 지방자치단체, 각 업계 대표, 금융 기관 및 대학이 협력하여 메트로폴리탄 빌바오를 위한 전략 계획을 세웠는데, 빌바오 구도심 도시재생 사업은 그 전략 계획의 하나로서 도심에 고립된 입지에 형성된 빈민가와 개선된 도시 공간과의 연결에 중점을 둔 사업이었다.

UPPs의 사업 내용은 건강, 위생 센터와 공공 교육의 개선을 포함한 교육도시 인프라를 삼각형의 꼭지점에 물리적인 시설물을 조성하는 것이었고, 이 세 개의 장소를 매력적인 지역으로 만들어 줄 각종 편의시설 조성을 포함하여 소프트웨어 연구소, 시립 정보 센터, 교육 공원, 공예품 센터, 도시재생 활동 교육센터를 그 안에 유치하는 것이었다.

이 프로젝트는 설립된 공공시설에서 주민들의 '자기 재활(Self Rehabilitation)'이란 차원에서 주민들을 교육하고, 시 교육기관은 필요한 직업 코스를 설계하고 구현하는 역할을 담당했다. 이 사례는 사업 초기에 광범위한 파트너십의 후원을 받았고, 인근 지역에 도시재생 의지를 자극하였으며, 공공재원을 통한 정책의 효과적인 목표와 미션을 달성했다는 점에서 주목할 만하다.

구겐하임의 사례와 UPPs 도시재생 사례의 가장 큰 차이는 주민 중심과 협력에서 찾을 수 있다. 지역의 사회적 문제를 개선하기 위해 주민을 교육하고 의식을 전환하여 스스로 자생의 방안을 찾을 수 있도록 하는 점에서 선순환의 발판을 마련하게 된 것이다. 구겐하임미술관이 지역으로부터 외부를 향한 채널이었다면, UPPs 사업은 지역 내부에 직접 영향을 미친 사업이라고 할 수 있다.

빌바오시가 주도한 부정적 의미를 함축하고 있는 아반도이바라 문화지구 사업과는 달리, Upps 사업의 지원을 받은 빌바오시의 '오픈 도어(Puerta Abierta)' 프로젝트는 긍정적인 시사점을 우리에게 보여 주고 있다. 이 사업은 강의 두 지류 사이에 삼각지처럼 끼어 있는 폐탄광 지역이면서 구 탄광 철로가 가로지르고 있어 접근성이 어려운 고립된 우범지대를 개방하기 위한 소규모 사업이다. 이 사업은 빌바오시의 구 도심지역의 지구단위계획에서 출발한다. 이 사업은 빌바오시의 재원과 Upps의 재정지원으로 지역 주민의 삶의 질을 개선함을 물론이고 문화지역으로서 경제적·사회적·문화적 가치를 고양시킨 사례라는 점에서 많은 시사점을 함축하고 있다.

우리는 문화적 도시재생을 원한다!

'문화로 도시를 재생하다' 또는 '문화적 도시재생'은 종종 예술을 통한, 또는 예술가들에 의한 도시재생을 의미하는 방식으로 이해되곤 한다. 이러한 방식이

틀렸다고 말할 수 없으며, 실제로 예술가에 의한 도시재생 사례를 많이 접할 수 있다. 그러나 우리는 '문화'로 도시를 변화시키려는 관점에서 문화도시를 지향하며, 문화도시의 필요충분한 기본적 조건은 문화시민, 즉 도시재생 지역의 시민에게 어떠한 혜택을 줄 수 있으며, 이에 필요한 문화시민의 역량은 무엇인지 생각해 볼 필요가 있다. 시민들이 자신의 정주지역을 개선하기 위해 참여하고, 평화롭고 시민적인 방식으로 문제를 해결할 수 있는 방법은 무엇인지 생각해야 한다. 왜냐하면 시민은 문화를 만드는 주체이면서, 문화로 인해 변화되고, 지속 가능한 문화를 생산하는 존재이기 때문이다.

우리는 시민들의 능동적 참여를 독려하고, 거버넌스 체계의 중요성을 강조하는 해외의 모범적인 도시재생 방법을 참조하고 있다. 따라서 우리의 도시재생 정책에서도 이를 반영하여 모범적 도시재생의 가이드라인을 제시하고 있다. 그러나 지속 가능한 도시재생을 위한 정책적 방향 제시가 구체적이지 못한 측면은 아쉽다. 낙후된 지역을 재생하기 위해 지자체별로 다양한 아이디어에 기반한 도시재생 사업을 계획하고 실행할 때, 해당 주제와 방향의 옳고 그름을 말하기보다는, 사업계획을 수립하고 사업을 실행할 때 나타날 수 있는 오류와 한계를 극복하기 위해 경험을 공유하고 실패를 반복하지 않는 네트워크 체계와 조직을 고민해야 한다.

'문화'는 '사람에 의한 것'이고, 사람에 의해 만들어진 것은 가치를 가지며, 그 가치는 상대적이라고 한 바 있다. 가치 선택에 있어 어떤 가치가 보편적인 가치인가, 즉 가능한 다수에게 필요한 가치인가를 고민할 필요가 있다. '지속 가능한 발전(Sustainable Development)'을 말할 때 '생태적 지속 가능성', '경제적 지속 가능성' 그리고 '사회적 지속 가능성'이란 세 가지 가치가 언급되며, 이 세 가치의 우선순위는 생태적·사회적·경제적 가치 순이다.

우리에게 아직 부족한 것은 도시재생 계획과 실행이 스스로 완벽할 수 없음을 인정하지 않는 것이다. 해외사례에서 살펴보았듯이 우리가 주목해야 하는 것

문화재생으로 다시 태어난 세운상가

은 실패와 한계 그리고 문제해결에 대한 경험과 노하우를 교환하기 위한 노력이라고 할 수 있다. 누구를 위한 도시재생인가? 우리는 이 질문에 대답할 수 있어야 한다. 우리가 주목해야할 것은 시민참여는 기본이고, 수혜자가 구체적이여야 하며, 반드시 경제적 효과와 연계되어야 한다는 것이다. 우리의 계획과 실행은 완벽한가? 우리는 이미 답을 알고 있다. 우리가 특히 주목해야할 것은 경험과 노하우를 공유할 수 있는 네트워크를 제도화할 필요가 있다는 것이다. 이 모든 과정을 만들어 가는 것 자체가 문화적 과정이다. 이 문화적 과정은 우리의 문화가 되며, 이 문화는 새로운 문화의 토대가 된다. 우리는 이러한 문화적 도시재생을 원한다.

14+

생태도시의 모델, 브라질 꾸리치바에서 찾다

생태도시란 무엇인가?

꾸리치바의 지리와 역사

세계적인 생태도시 꾸리치바

꾸리치바가 다른 도시와 다른 점

생태도시의 모델,
브라질 꾸리치바에서 찾다

제14강

생태도시의 모델, 브라질 꾸리치바에서 찾다

이미정
한국외국어대학교 중남미연구소 연구교수

생태도시란 무엇인가?

생태도시는 자연과 도시환경이 조화롭게 공생할 수 있는 체계를 갖춘 도시를 말한다. 나날이 늘어나는 도시의 구조물들이 도시 공간을 메우는 가운데 인간은 도심 속에서 살아있는 자연을 접하기 어려워지고 있다. 세계의 도시들은 지리적으로 2%의 지구 표면을 차지하지만, 인구증가와 생활의 중심지로 변하면서 70%의 경제 비중을 차지하고 60%의 에너지를 소비하며 70%의 온실가스와 쓰레기를 배출하는 등 끊임없는 환경오염으로 도시 생활을 위태롭게 하고 있다.

생태도시는 이러한 현대 도시의 물리적, 사회적 문제점을 극복하고 살기 좋은 환경을 만드는 대안으로 부상하고 있는 도시의 한 형태다. 지금까지 도시의 발전 방향은 공공사회 전체의 이익과 편의를 위한 환경 조성을 목표로 지역적 개발을 해왔다. 세계 대부분의 도시는 급작스러운 인구증가로 인해 무질서하게 성장해 왔고 이러한 성장 속에 형성된 도시 기반과 시민의 삶의 질 향상은 사회 전체가 공유할 만큼 충분하지 못하다.

현재 추구되고 있는 생태도시의 목표는 도시를 자연 생태계처럼 자체적으로 기능할 수 있는 양질의 생활환경을 도시 전체에 만드는 것이다. 지금까지 도시환경은 성장을 대변하는 외형으로 여겨왔다. 빽빽하게 들어서는 건물과 인공 구조물을 비롯하여 경제성장에 필요한 인프라 조성 등과 같은 다양한 경제 시설과 특정 구역 등은 도시의 발전을 가늠하는 긍정적 기준이 되었지만 이와 함께 동반하는 인구집중과 소비를 통해 발생하는 환경오염과 자연 훼손에 대한 대응에는 소홀히 해왔다.

도시민들은 편안한 휴식과 레저를 위해 도심의 시설을 이용하거나 자연을 즐기기 위해 야외를 찾는다. 비록 도심에 부분적인 공원과 녹지대가 조성되어 있어 일정부분 시민의 요구를 해소하기는 하지만 모든 시민이 공유할 만큼 충분하지는 않다. 오히려 자연을 즐기기 위한 군중의 이동으로 주말이나 휴일에는 야외나 다른 장소에 또 다른 오염과 훼손을 초래하며 이동을 위한 인프라 확대로 인해 도시 주변의 자연 훼손이 더욱더 늘어나는 추세이다. 이렇게 도시는 인구 대부분이 생활하고 일하며 휴식하는 공간으로서의 모든 활동을 보장할 수 있는 양질의 환경이 필요하다.

생태도시는 시민의 건강한 삶에 대한 요구를 충족시켜주는 도시의 한 형태다. 생물이 사는 자연이 생태계를 통해 자체적으로 작동하듯이 인간이 사는 도시의 환경도 지역 사회의 자연지향적 생활방식이 무리 없이 유지할 수 있는 체계가 필요하다. 시민이 요구하는 도시환경 중에 일을 위한 도시환경은 어느 정도 충족하지만, 이동과 휴식, 레저를 위한 자연공간도 도시반경에 충분히 존재하는 것이 바람직하다.

꾸리치바시는 최근 30여 년 동안 '친환경 도시', '녹색도시', '생태적으로 올바른 도시'라는 별명이 따라다니는 도시이다. 코로나19 이후 세계적으로 생태환경의 중요성이 다시금 부각되는 가운데 세계적인 조사기관들이 발표한 몇 안 되는 생태도시들의 모범 모델로 주목받고 있는 꾸리치바시는 세계 보건기구가 권고하는 1인당 녹지 면적 수치 12m²의 5배에 해당하는 60m²의 녹지를 보유(2017)하고 있으며, 녹색도시 지수(Green City Index) 지표 범위에서 평균 이상의 점수를 받고 있다. 무엇보다도 이러한 세계적 기준 이상의 좋은 점수를 받는 이유는 발빠르게 움직이는 시 정부의 행정 능력과 이를 발휘할 수 있게 만들어진 도시계획 및 이를 실현 가능하게 뒷받침하는 시 차원의 제도적 기반이 도시의 현실에 부합되었기 때문이다. 꾸리치바시의 생태도시다운 면모는 한순간에 이루어진 결과가 아니고 지금까지 거쳐 온 지역 특유의 역사적 산물이다.

꾸리치바의 지리와 역사

꾸리치바시는 브라질 남부지역의 빠라나Paraná 주의 주도이다. 면적은 434.9km²이고 해발 934.6m 고도에 있으며 인구는 약 194만 8,000명(2020년 8월 브라질 지리통계청 기준)이다. 기후는 온대 해양성 기후를 나타내고, 겨울에 평균 18도 미만을 나타내며 0도 가까이 온도가 하강할 때도 있다.

꾸리치바시는 원래 포르투갈의 브라질 식민시대인 1693년 가난한 작은 마을에서 시작했다. '꾸리치바'라는 명칭은 마을이 형성되고 한참 후인 18세기 초에 붙여졌는데, 어원은 이곳에 살던 원주민인 과라니Guarani족의 언어 꾸리Curi에서 파생되었으며 '소나무 숲'이라는 의미가 있다. 이 소나무는 '브라질 소나무(Pinheiro-brasileiro)' 또는 '빠라나 소나무(Pinheiro-do-paraná)'라고 하며 브라질에서는 아라우까리아Araucaria라고 일컫는다. 현재 브라질 남부지역의 대표적인 삼림으로 알려져 있다.

18세기까지만 하더라도 꾸리치바는 원래 브라질에 살던 원주민과 포르투갈,

빠라나 소나무

스페인 식민자들 그리고 이들 백인과 원주민 혼혈인 마멜루꾸들이 주로 살고 있었다. 식민지 시기를 통해 인구가 조금씩 늘기는 했어도 큰 폭의 증가세를 보이기 시작한 시기는 17세기 브라질 중부 내륙 지역에서 대규모의 금광이 발견되면서부터이다.

당시 금광 지대에 인구가 갑자기 몰리고 식량이 부족해지자 시장수요를 찾아 다른 지역에서 많은 상인이 모여들기 시작했다. 특히 브라질 남부지역에는 목축이 주요 경제원이었고, 뜨로뻬이루라고 불리던 가축 몰이꾼들이 육류를 비롯한 식량을 금광 지대에 공급하기 시작했다. 이들은 식량 공급뿐만 아니라 생필품도 팔면서 상업 활성화에 기여했는데, 특히 이들은 브라질 최남단에서 금광이 있는 중부지역까지 이동하는 긴 여정 동안 악천후와 혹독한 겨울을 피해 쉬어갈 수 있는 장소가 필요했다. 중간 지점에 위치한 꾸리치바는 타지의 크고 작은 상인들이 경유하는 통로가 되었다. 가난하고 작은 마을 규모에 지나지 않았던 꾸리치바는 인구 유입을 통해 상업의 중심지로 발전할 수 있게 되었다.

그러나 꾸리치바가 현대적인 규모의 도시로 성장할 수 있었던 이유는 19세기 중엽 이후 유럽에서 이주한 이주민들에 의해서이다. 당시 브라질은 커피 수출로 세계적 명성을 얻고 있는 가운데 주요 생산지인 상파울루와 리우데자네이루에 이어 빠라나 주로 그 생산지가 확대되었다. 브라질 독립 이후 빠라나 주가 1854년 상파울루 주로부터 분리되면서 유럽 이주민들이 대거 유입되기 시작했는데, 이때부터 정착한 이주민들은 커피 농사를 짓기 위해 남부지역에 정착하게 되었다. 독일인을 비롯해 프랑스·스위스·폴란드·이탈리아·우크라이나 출신의 백인이 대다수를 이루었다. 이들은 원래 살던 지역에서 경험한 다양한 생산 활동(수공·야금술·건축·음식·의류·직물 등)과 문화를 이식하기 시작했다. 20세기 초부터는 일본인을 비롯해 시리아인, 레바논인들이 유입되면서 이주민 사회가 더욱 더 다양화되었다.

19세기 브라질은 노예제도의 폐지를 전후하여 노동 시장에 대변화가 있었는데 브라질 독립 이후 처음으로 겪는 노동력 부족은 브라질 정부로 하여금 적극적인 이민정책을 추진하게 했다. 이미 유럽에서 산업혁명을 경험한 이주민들은 비록 당시에는 농업에 종사하면서 본업을 유지했지만 얼마 후 시작된 브라질 정부의 산업 정책에 부응하여 공업 부문에도 종사하게 되었고 공장들이 도시 주변에 세워지면서 노동수요를 충족시키기 시작했다. 산업 정책이 꾸리치바시에 본격적으로 추진되면서 급증하는 인구집중과 더불어 도시 규모가 확대되었고 꾸리치바시는 다른 대도시와 마찬가지로 사회문제는 물론 환경문제에 직면하면서 시 당국의 대응책 마련이 시작되었다.

세계적인 생태도시 꾸리치바

꾸리치바시가 생태도시로 알려진 시기는 그리 오래되지 않았다. 전통적으로 행정 당국이 자연환경을 보존하기 위해 법제도를 만들면서 정해진 지역에서만 벌목을 할 수 있게 하고 주택과 도로 건설에 대한 규격을 엄격히 제한해 온 전통이 있었던 정도다. 1990년대부터 꾸리치바시는 '친환경 도시'로 세계적인 명성을 얻기 시작했지만 실제로 도시계획을 기반으로 한 적극적 도시 환경개선은 1970년대부터 이루어지기 시작했다. 더욱이 꾸리치바시 당국은 1940년대 공업화의 여파로 늘어나던 도시 환경문제를 해결하기 위해 일찍부터 유럽의 도시계획 사례를 접하기 시작했으며 마스터플랜에 대한 인식을 하고 있었다. 그러나 공업화 초기의 성장 위주의 정책에 치중하던 브라질 정부는 도시문제로 빚어지는 사회와 환경문제에 대한 대응에 소극적인 태도를 보였고, 이러한 이유로 시 차원의 도시정책도 뒷전으로 밀리게 되었다.

꾸리치바는 1960년대 초 34만 명 정도의 인구를 가진 그리 크지 않은 도시였다. 브라질의 도시계획은 일찍이 1940년대부터 세워지기 시작했지만, 당시 계

꾸리치바 전경

획들은 지역의 사정을 고려한 계획이라기 보다는 외국 모델을 도입한 정도여서 실행이 형식적인 수준에 머물러 있었다. 단지 이러한 양상이 조금씩 변하기 시작한 것은 꾸리치바시의 1966년 마스터플랜 제작을 통해서이다. 이 도시계획은 토지사용-구역계획 관련 규정을 기반으로 지역 상황에 맞도록 시 자체적으로 이루어졌다. 당시 마스터플랜은 토지의 이용, 대중교통, 순환을 바탕으로 세워졌고 지대설정은 도시의 우선 기능에 따라 구획을 나누어 주거지역 · 상업지역 · 산업지역 · 특별지역 · 농촌지역 · 녹지 · 도시확장 등으로 나누기 시작했다. 도시계획의 범주에는 각 구역에 대한 토지 사용과 최소 부지 면적, 점유율, 허용된 건축면적 등 엄격한 규정이 만들어졌고, 토지 사용과 관련하여 법을 통해 금지, 허용이 가능한 범위가 정해졌다.

그러나 마스터플랜이 본격적으로 실행되기 시작한 시기는 1970년대부터이다. 1960년대 브라질 공업의 다각화의 영향으로 일자리를 찾아 도시로 인구가 몰

리기 시작하면서 꾸리치바시는 무분별한 개발과 환경오염이 1970년대에 최고조에 달했다. 인구집중 속도에 비해 공공시설과 서비스가 현저히 부족했고, 공공위생을 비롯해 도시의 생존을 위한 종합적인 계획 마련이 시급한 과제로 떠오르고 있었다. 무엇보다도 이러한 요구에 대한 빠른 대응조치가 이루어진 것은 1970년대부터 1990년대까지 세 번의 시장직을 수행한 자이미 레네르Jaime Lerner의 역할이 컸다. 1960년대부터 꾸리치바 도시계획 수립을 주도했던 레네르 시장은 환경정책에 힘쓰며 선제적인 대처방안 마련에 힘썼으며 도시계획 실행의 시발점을 만들어 주었다. 즉 꾸리치바가 친환경 도시로 탈바꿈 할 수 있었던 것도 일정부분 레네르 시장의 역할이 컸다고 볼 수 있다.

꾸리치바시가 마스터플랜을 단계적으로 수행하는 데에는 시 차원으로 마련된 관련 법제도의 역할도 크다. 시 당국은 정해진 법과 규범에 따라 무분별한 도시확장을 엄격히 통제하고 공원을 비롯하여 보호구역을 만들기 시작했다. 성

꾸리치바 식물원

제 활동으로 인해 발생하는 갈등을 최소화하기 위한 토지 사용 및 통제 구역 설정에 관한 조례를 제정하였다. 무엇보다도 〈지대설정법〉이 승인되면서 산업지구 조성을 위한 토지 몰수 외에 감세와 세금 면제 조치에 대한 확실한 규정이 만들어졌다. 여기에는 산업 지대가 조성될 수 있는 기준이 제한되어 있었는데 당시 상황에 맞게 43km² 이상의 새로운 기준이 정립되었다. 특별구역에도 교육 · 역사 · 스포츠 · 보행자 우선 · 확장 노선 등 새로운 범주가 도입되었으며 지대설정 법 체계 속에서 계획안으로 발전하게 되었다. 도로 구조 도입과 토지 이용법 실행이 가능한 대중교통시스템과 통합적 차원의 계획들이 신축성 있게 마련되었다.

1980년대 중반에 꾸리치바시의 인구는 약 128만 명으로 증가한 반면 브라질 전체의 경제위기로 인해 도시계획에 대한 투자가 줄어들었다. 그럼에도 불구하고 계속해서 도시계획을 세웠고, 당시의 여건에 맞게 도로와 산업단지 건설과 같은 중건설보다는 공원이나 도시의 기념물이나 명소와 같은 비교적 간단하고 단기적으로 실행 가능한 건설에 중점을 두었다.

무엇보다도 꾸리치바시가 1980년대 선보인 환경정책 중에 시민의 의식을 개선하는 혁신적인 환경개선 프로그램이 선보였는데 '재활용 프로그램'이 바로 그것이다. 재활용 프로그램은 기본적으로 쓰레기 분리수거를 기반으로 하고 기존 시민들의 인식을 획기적으로 바꾸는 제도화 작업이라고 할 수 있다. '쓰레기가 아닌 쓰레기(Lixo que Não é Lixo)'라는 프로그램을 만들어 유기물 쓰레기와 재활용 가능한 쓰레기를 분리하여 '녹색 교환(Câmbio Verde)'이라는 프로그램을 실행했는데 이 프로그램은 단순한 쓰레기 분리가 아니라 쓰레기의 재활용을 통해 매립지의 수명을 연장하고, 버려진 쓰레기를 수거하여 도시 내 청소 효과를 올리고, 시민 전체의 참여를 유도하여 시 공동체의 단결을 이끌었다. 특히 쓰레기를 재판매하여 경제적 가치를 창출한다는 발상과 경제 · 사회 · 환경적 요소들을 상호 연결하여 도시의 지속가능성을 끌어내는 메커니즘이라는 점에서 매우 획기적이다.

꾸리치바가 실시한 또 하나의 선도적 시도는 새로운 공원 조성과 대중교통의 혁신을 통해 '생태자본'을 늘리는 것이다. 생태자본이라는 개념은 현대 사회에서도 생소한 개념으로 여겨지는데 생태도시를 지원하는 중요한 요소들이며 꾸리치바시는 1980년대부터 일찍이 이러한 개념을 도입하였다. 1980년대와 1990년대 사이 약 25개의 공원 조성을 비롯하여 '혁신적 계획들' 실천이 절정에 달했는데 그중에 눈에 띄는 부분이 식물원과 특정 이주민 민족을 기념하는 공원과 같은 테마공원 조성이다. 또한 시민의 정서발달과 교육을 위해 아름다운 숲속에 오페라 하우스(Ópera de Arame)를 설립하고, 도시 곳곳에 지식의 등대들(Faróis do Saber)을 설치하여 책과 정보를 쉽게 접할 수 있는 현대적 도서관을 설치했다. 또한 도시민의 공공 편의 시설과 서비스 역시 다양한 차원에서 개선되기 시작했는데, 24시간 운영되는 상가 거리(Rua 24 Horas)는 상업의 활성화뿐만 아니라 시민의 편의를 제공하는 등 다양한 차원의 공공시설을 마련했다.

무엇보다도 1990년대를 대표하는 꾸리치바의 도시계획의 성공사례는 교통혼잡을 대폭 완화한 대중교통시스템이다. 꾸리치바의 교통체계는 버스 전용 도로를 이용하는 삼중 도로 체계로 급행버스가 다니는 버스전용차로를 중앙에 설치하고 그 양편에 일방통행의 자동차도로를 갖추는 방식이다. 상파울루와 리우데자네이루와 같은 브라질의 메가급 도시는 지하철을 통해 교통난을 어느 정도 해결하지만, 지하철이 없는 꾸리치바의 대중교통 수단은 버스에 한정되어 있다. 무엇보다도 엄청난 비용을 초래하는 지하철 건설은 꾸리치바시가 자체적으로 재원 마련이 어려운 가운데 대안 마련에 열중할 수밖에 없었던 이유이기도 하다.

그럼에도 불구하고 꾸리치바시의 버스 시스템이 모범사례로 자리 잡을 수 있었던 이유는 적은 비용으로 효율적인 대중교통의 문제점을 해결했다는 점이다. 2량 이상의 굴절버스를 이용한 급행버스는 간선도로를 통해 이동하면서 지상의 전철과 같이 100명 이상의 승객을 이동시킬 수 있었으며 교통혼잡을 해소하고 버스가 내뿜는 배기가스 감축 효과를 통해 환경오염을 줄이는 효과를 냈다. 더

서울의 중앙버스전용차로 시스템

욱이 꾸리치바시의 현실에 적합한 안성맞춤의 대중교통시스템은 국내뿐만 아니라 세계적으로 비슷한 처지에 있는 도시들에 확산되어 갔는데 우리나라의 서울시와 세종시가 벤치마킹한 '간선급행버스체계(BRT)'가 꾸리치바 모델이다.

이러한 대중교통시스템은 도시민 이동의 안전과 편의를 위해 특유의 튜브 모양의 버스 정거장(Estações tubo)과 급행 버스의 대명사로 불리는 리제이링유Ligeirinho를 도입했다. 당시 1990년대 최첨단 교통시스템 기반 시설을 갖추고 대중교통시스템 적용을 통해 파생된 경제성은 물론 이동성, 환경을 고려했으며 노약자와 장애인을 위한 정거장 시설은 대중 복지의 새로운 면모를 보여주었다.

비록 브라질 경제가 1980~1990년대에 위기적 상황에 직면하여 대도시권(RMC, Região Metropolitana de Curitiba) 중심의 산업투자 활성화에 호응하지 않고 꾸

꾸리치바의 버스 정류장

리치바시 당국은 인프라와 주거환경에 대한 공공투자를 줄이는 등 사회적 갈등을 야기하기도 했지만, 친환경 도시를 위한 일관적인 정책 방향 유지는 모범적인 정책의 사례로 간주되고 있다.

2000년대 이후에도 꾸리치바시는 세계적인 생태도시 범주의 다양한 기준에 뒤처지지 않는 평가를 받고 있으며 생태도시가 갖춰야 할 다양한 면모를 유감없이 보여주고 있다. 동네마다 조성되어 있는 다양한 녹지환경(공원·숲·식물원·시립 자연유산 개인 보호구역·광장·정원 등)을 비롯하여 인구 증가와 비례해 녹지 조성 면적도 계속해서 늘어나고 있으며 이러한 결과는 녹색도시 지수 지표 범위라고 일컫는 CO_2 배출, 에너지, 건물, 토지 이용, 운송, 수자원 및 위생, 폐기물 관리, 대기질 및 환경 거버넌스 등에서도 나타나고 있다. 최근에 건설된 꾸리치바시 전체를 관통하는 22km에 달하는 녹색라인(Linha Verde) 건설 역시 도로 자체의 역할은 물론 녹지대와 레져 공간 확장에 크게 기여하고 있으며 일부의 거리가 아닌 도시 내 국도 전체에 녹지대를 조성했다는 측면에서 통합적인 도시계획 실천의 참모습을 보여주고 있다.

최근 추진되고 있는 도시계획 중 자전거도로 건설 또한 무공해의 이동 가능성 확대를 보여 주는 생태도시적 측면이다. 아직 시 전체를 커버하는 완전한 통합 도로로 완성되지는 못했지만 머지않은 미래에 시 전체의 주요 이동 통로 역할을 할 것으로 예상한다.

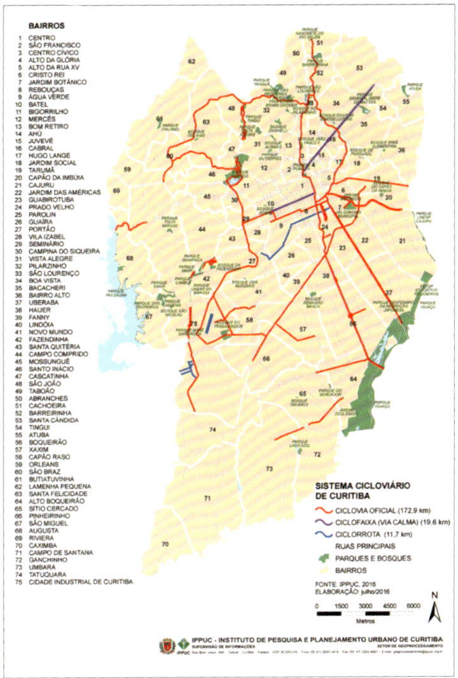

새롭게 건설 추진 중인 꾸리치바의 자전거 도로

꾸리치바가 다른 도시와 다른 점

꾸리치바시는 브라질 인구 8위로서 규모적 측면에서 월등히 두드러시는 도시가 아니다. 환경정책에 있어서 신도적 역할을 했지만, 녹지대 조성과 같은 환경정책은 브라질 대부분의 도시에서 이루어지는 편이어서 꾸리치바 도시계획이 특별히 다른 점도 없다. 단지 지금까지 실행해 온 환경관련 프로그램 중에 꾸리치바가 다른 도시와 구별되는 점은 시민 공동체가 주도적으로 참여하여 성공을 이룬 '쓰레기 재활용' 프로그램이다.

1980년대에 일부 선진국 도시들에서 쓰레기 분리나 환경문제가 이슈화되기 시작할 때 브라질과 한국을 포함한 대부분의 신흥국과 개도국들은 석유파동 이후 경제위기 해결을 위해 고전을 하고 있었다. 특히 도시문제의 대부분은 부분적으로 임시방편식 대처에 급급하여 단계적인 통합 계획을 세울 생각도 현실적으로 가능하지도 않았다. 꾸리치바 역시 브라질 전역에 닥친 경제위기의 여파로 '잃어버린 10년'을 겪기 시작한 시기여서 시 정부의 자금 상태가 녹록치 않았으며 역량발휘가 어려운 상황이었다.

이러한 비슷한 처지에 있는 여러 국가 도시들과 다른 점은 시 단위의 지방자치 체계가 실행능력을 발휘할 정도로 잘 발달되어 있었다는 점이다. 더욱이 작은 계획이라도 오랜 시간동안 실천 가능성을 타진해 보고 지역적, 현실적 여건이 충분히 반영된 계획을 세워 왔다는 것이 특징이다. 시 당국은 시민들의 거주환경을 비롯하여 위생시설 등 물리적 시설을 늘려나가려는 차원에서 도시계획을 마련하기 시작했으며 계획된 도시정책이 구체적으로 실행되면서 현재의 모범적인 친환경 도시로 자리매김하게 되었다.

꾸리치바시는 오래전부터 시의회 뿐만 아니라 시 전체공동체가 참여하여 주도적으로 공공의 이익을 달성해 온 경험이 풍부하다. 이러한 관계는 일부 지역의 특혜성 개발을 통해 과열된 땅 투기나 개인적 이익 다툼으로 도시문제 해결이 쉽지 않은 서울시와는 조금 다른 측면이 있다. 도시정책은 지자체의 법제도를 기반으로 통합적인 도시계획을 통해 문제를 해결해야 한다. 무엇보다도 이러한 법체계는 공공의 복리 증진을 위해야 하며 지자체 현실에 부합되어야 한다. 꾸리치바를 생태도시로 만들기 위한 다양한 시도가 이루지는 과정에서 그 기반이 되었던 것은 도시 특유의 사정에 맞는 통합된 도시계획이 관련분야에 정통한 전문가들에 의해 만들어졌다는 점이다.

마스터플랜은 한 도시의 개발에 있어서 경제적·물리적·사회적 기능을 제대로 수행하기 위해 통합적 관점에서 만들어내는 일종의 정책 수단이다. 브라질의 다른 대도시가 마스터플랜을 세웠을 때 이미 개발과 도시 인구 집중이 극에 달한 상태에서 내놓은 계획이었다면, 꾸리치바시의 도시계획은 1940년대부터 끊임없이 시도되어 온 도시문제 해결책을 찾는 과정에서 시당국의 꾸준하고 다양한 노력과 함께 수정을 거치면서 자리 잡은 제도적 틀이다. 또한 이러한 제도적 전통을 시민들이 믿고 준수해야한다는 인식과 자세가 다른 여러 도시와 다른 점이라고 볼 수 있다. 자연이 생태계를 통해 자체적으로 돌아가듯이 생태도시는 자연과 도시환경이 조화롭게 공생할 수 있는 체계를 갖춘 도시이다. 공동체의 복리를 위한 행보가 지속적으로 자체적 기능을 충분히 발휘할 때 진정한 생태도시의 기반이 마련될 것이다.

15+

행복의 도시, 스톡홀름

행복의 도시, 스톡홀름

제15강

행복의 도시, 스톡홀름

윤승희
《스웨덴의 저녁은 오후 4시에 시작된다》 저자

섬과 자연의 도시, 스톡홀름

매년 UN은 세계 행복의 날을 기념해서 154개 국가들을 대상으로 세계행복보고서를 내고 있다. 물론 2020년에도 UN은 〈세계행복보고서〉를 냈다. 그런데 이번 2020년 〈세계행복보고서〉에는 처음으로 국가 순위뿐 아니라 해당 국가의 수도를 중심으로 개인이 느끼는 주관적인 삶에 대한 만족도를 기준으로 세계도시의 행복수준의 순위를 보여주고 있다. 그리고 154개 국가의 도시들 중 스톡홀름은 행복한 도시 9위였다. 반면, 서울은 83위였다. 특히 스톡홀름은 현재 '나의 삶에 대한 만족도'가 높은 도시였다. '나의 삶에 만족하는' 스톡홀름의 사람들이 사는 행복한 도시 스톡홀름은 과연 어떠한 도시일까? 행복한 도시 스톡홀름 그리고 그곳에 사는 사람들은 어떻게 살아가고 있을까?

우리에게는 잘 발달된 사회보장제도를 갖춘 복지국가, 노벨상의 나라로 알려진 스웨덴은 많은 섬과 호수로 이루어진 나라이다. 그리고 스웨덴의 수도인 스톡홀름Stockholm은 인구 97만의 스칸디나비아반도의 최대 도시이기도 하다. '북

스톡홀름 대중교통인 페리를 타고 본 스톡홀름 시내

스톡홀롬에 위치한 국회의사당

방의 베네치아'로 불리는 스톡홀름은 많은 섬들과 그 섬들을 연결한 다리로 이루어진 도시라 할 수 있다. 많은 섬들로 이루어진 스톡홀름을 거닐다 보면 전통적인 것과 현대적인 것 그리고 물과 자연과 사람이 어우러져 살아가는 도시라는 것을 느낄 수 있다.

스톡홀름이 지금과 같은 현대적인 모습을 갖추기 시작한 것은 바로 1930년대부터 시작된 대규모 도시 개발 사업이었다. 특히 1960~1970년대 대규모 도시계획으로 인해 대량으로 공동주택들이 많이 지어졌다. 또한 스톡홀름의 여러 섬을 연결하는 지하철(Tunnelbana)이 생겨남으로 스톡홀름 여러 섬들이 연결되고 남과 북쪽 외곽으로 도시가 확대 성장하게 된다. 하지만 1970년대 이후 지나친 도심 재개발에 대한 반발로 대규모 개발은 제약을 받으며 그 이후 스톡홀름은 현대적인 도시 개발과 전통적인 건물 양식을 보존하는 현재의 개발 방식을 택하게 된다. 특히 1990년대 이후 스톡홀름의 발전 방향은 전통적인 모습의 복구와 동시에 버려진 항구와 역들을 재활용하며 정원의 도시 그리고 친환경 도시라는 목표를 지향하게 된다.

사실 스톡홀름은 오래전부터 세계가 주목하는 친환경 도시였다. 특히 탈석유화 정책은 선제적인 친환경 정책으로 주목을 받는다. 탈석유화 정책은 다양한 방법으로 도시의 탄소 배출량을 줄이는 정책으로 대표적인 것이 바로 도로의 '혼잡세'이다. 도로에 차량정체가 심할 경우 과태료를 물리는 이른바 '혼잡세'는 부과 카메라를 설치해 차량 이용 자체를 감소시키는 한편, 바이오가스를 이용한 친환경 버스를 도입해 시민들의 대중교통 이용을 적극 장려하고 있다. 통근하는 시민들의 80%가 버스나 자전거를 이용하는 등 대중교통 이용률도 매우 높은 편이며, 섬들로 이루어진 스톡홀름을 편히 넘나들 수 있도록 버스, 지하철, 트램 그리고 페리 등 다양한 대중교통들이 있다.

앞에서 이야기했듯이 스톡홀름은 여러 섬으로 연결된 도시이다. 그리고 이러한 도시에는 많은 공원이 조성되어 있다. 스톡홀름은 1/3의 물과 1/3의 녹지 공간으로 이루어진 도시로 시민 90% 이상이 300m 이상의 녹지를 소유하고 있고 도심에서 15분 거리에는 흙길과 숲이 있어 자연과 도시가 공존하는 친환경적 도시이다.

자연의 도시인 스톡홀름은 전통과 현대적인 것이 어울려 공존하는 도시라 할 수 있다. 스톡홀름에 방문하는 사람들은 한 공간에 놓여진 16세기 이후의 건물들과 현대적인 감각의 건물들이 조화롭게 이 도시의 역사와 세련됨을 간직하고 있다는 것을 느낄 것이다. 스톡홀름은 크게 북쪽의 쿵스홀멘 및 노르말름, 외스테르말름, 유르고르덴 그리고 남쪽의 쇠데르말름지역으로 나뉜다. 우선 스톡홀름의 북쪽인 노르말름은 현대적인 비즈니스 및 금융 중심지이며, 쿵스홀멘은 스톡홀름 시청과 시립 건물들이 있다. 노벨상 연회장으로 유명하며, 스웨덴의 세련되고 현대적인 건축 양식이 돋보이는 스톡홀름 시청 앞으로 바로 스톡홀름 최대 관광지인 왕궁이 있는 구시가지 감라스탄이 있다.

감라스탄은 세 개의 섬을 다리로 연결한 다리 사이의 도시이다. 스톡홀름의 시청에서 감라스탄으로 향하는 북쪽 다리를 건너면 가장 먼저 보이는 것은 바로 스웨덴 국회 의사당과 스웨덴왕궁의 모습이다. 1754년 완공된 이 왕궁은 스웨덴 왕실의 소박함을 잘 보여주는 건물과 장식으로 유명하다. 물론 현재 스웨덴 왕실은 이곳에 머물지 않는다. 그리고 그 반대편은 바로 스웨덴의 복지정책이 논의되고 만들어지는 스웨덴 의회가 자리잡고 있다. 가장 힘든 직업 중 하나로 꼽히는 스웨덴 국회의원들이 업무를 보는 곳인 스웨덴 의사당은 2년에 한번 모든 시민들에게 스웨덴 의회를 개방한다.

중세의 스톡홀름의 모습을 아주 잘 간직하고 있는 감라스탄은 그 건물들의 아름다음으로 인해 언제나 많은 관광객들로 붐비는 장소이기도 하다. 노란색과 붉은색의 건물들 사이로 난 좁다란 골목길을 걷다 보면 스웨덴왕궁과 성 니콜라스 대성당을 볼 수 있다. 중세 건물들이 즐비한 감라스탄의 남쪽 다리를 넘어가면 쇠데르말름이다. 감라스탄이 스톡홀름의 과거를 간직하고 있다면 쇠데르말름은 젊음과 현대의 공간이다. 주로 싱글 직장인들이 거주하는 지역으로 작고 세련된 상점들과 카페 그리고 클럽이 많은 지역이다. 감라스탄의 북동쪽에는 많은 상점들이 모여 있고 쇼핑으로 유명한 외스테르말름이 위치해 있다. 그리고 외스테르말름의 아래쪽은 19세기부터 개발된 넓은 정원으로 구성된 유르고르덴 섬이 있다. 이 섬에는 1628년에 회수 된 스웨덴 군함이 있는 바사박물관(Vasa Museum)을 포함하여 여러 박물관이 있어 스웨덴의 문화와 자연을 즐길 수 있는 지역이다. 이렇듯 스톡홀름은 오래된 것과 현대적인 것 그리고 자연과 사람들이 어울려 사는 공존의 도시라 할 수 있다.

관광객으로 붐비는 감라스탄 골목

일과 삶의 균형의 도시, 스톡홀름

유럽의 다른 대도시 근로자들이 한창 일하고 있을 평일 오후 3~4시, 스톡홀름의 대표적인 대중교통인 툰넬바나(지하철)는 퇴근하는 사람들로 붐비기 시작한다. 스톡홀름에서 공식적인 러시아워 시간은 오후 3시부터 시작되며 오후 4시 지하철 이용객이 가장 많다.

대부분의 젊은 남녀가 일을 하고 있는 도시의 퇴근 시간이 오후 3~4시에 시작된다는 것은 비단 우리에게만 놀라운 사실이 아니다. 이웃 국가인 영국의 런던과 비교하더라도 스톡홀름의 이러한 근로시간 정책은 부러움의 대상이다.

OECD 조사에 의하면 세계에서 스웨덴은 일과 삶의 조화가 가장 잘 이루어지는 국가로 꼽히고 있으며, 스톡홀름은 유럽의 대도시 중에서 일과 삶의 조화가 가장 잘 이루어지고 있는 도시로 손꼽힌다. 스웨덴은 남녀 경제활동 참여율은 2015년을 기준으로 20~64세 여성과 남성의 경제활동 참여율은 여성이 76.8%, 남성이 79%으로 상당히 높다(스웨덴 통계청, 2016). 이렇게 남녀 모두의 경제활동 참여율이 높은 국가에서 노동시간은 대부분의 사람들에게 아주 중요한 정책으로 여겨진다. 그리고 스웨덴의 근로시간 유연정책은 단연코 이들의 일과 삶의 균형을 찾아주는 핵심적인 정책이다. 이러한 근로시간 정책은 스웨덴의 노동법에 의해 보호되는 것으로 생애주기에 걸쳐 각 근로시간을 조정할 수 있는 법적 기회를 확실하게 보호하고 있다. 그리고 이렇게 유연한 노동시간 정책은 고용시스템의 주요 요소이기도 하다.

스웨덴의 근로시간 유연정책의 가장 큰 틀은 바로 휴가정책이다. 스웨덴의 휴가정책은 개인의 생애주기적인 관점에 따라 개인의 상황에 따라 근무시간을 유연적으로 적용할 수 있게 하는 큰 선택권을 제공한다. 스웨덴의 법정 근무 일수는 통상 260일(주말·성탄절·부활절과 같은 휴일은 제외)이며, 휴가제도는 법적으로 보호된다. 우선 모든 근로자에게 보장되는 가장 기본적인 휴가는 25일의 연가가 있다. 또한 부모휴가(육아휴직) 그리고 교육훈련휴가, 질병휴가 등 다양한 휴가제도가 있다. 이중 가장 많은 스웨덴 사람들이 사용하는 제도는 바로 부모휴가제도이다. 스웨덴의 합계출산율은 1.8명이며 자녀가 없는 여성과 남성의 비중은 전체 인구의 약 10~20%로 낮은 수준이기 때문에 부모휴가는 스웨덴의 아동이 있는 가족들이 가장 보편적으로 사용하는 휴가제도이며, 유연적 근로시간에 가장 큰 틀이라 할 수 있을 것이다.

스웨덴의 부모휴가제도는 1974년 출산휴가제도를 부모휴가제도로 개정하면서 도입되었다. 이 제도는 가사와 육아에 있어 양성간 불평등을 줄여 여성의 노동시장 참여를 높이는 목표로 도입되었다. 실제로 이 제도는 스웨덴 여성의 노동시장 참여율을 높이는데 큰 역할을 했으며, OECD 국가 중 스웨덴의 여성 노동시장 참여율은 높은 수준이다. 특히 7세 미만의 자녀를 둔 여성의 고용율은 78.5%(2012)로 OECD 국가에서 가장 높은 결과를 보여주었다. 이 제도는 도입 초기 휴가의 기간이 180일이었으나, 1990년 480일까지 연장되었고, 현재 스웨덴에서 부모휴가제도는 일과 삶의 조화를 유지하는 가장 보편적이고 중요한 정책으로 자리를 잡았다. 현재 스웨덴의 부모휴가는 자녀 한 명당 총 480일이며, 부모는 해당 자녀가 12세까지 휴가 일수를 유연적으로 사용할 수 있다. 부모휴가 기간은 언제든지 이용할 수 있을 뿐 아니라 시간 단위로 나누어 사용할 수 있기 때문에 매우 유연한 성격을 갖고 있다. 풀타임, 하프 타임, 쿼터 타임, 1/8 타임까지 사용 할 수 있다. 하지만 480일 중 80%, 즉 384일은 자녀의 나이가 4세 이전에 사용해야 한다. 입양 가정의 경우 입양 시점부터 4년 안에 384일을 쓰면 된다. 물론 스웨덴 부모들은 부모휴가의 대부분을 자녀가 2세가 되기 전에 사용하는 것으로 알려져있다. 즉, 아이가 아주 어려서 어린이집을 들어가기 어려운 경우 대부분의 부모들이 이 제도를 사용한다고 생각하면 된다. 480일의 부모휴가 기간을 제외하고도 스웨덴 부모들은 자녀들이 8세가 될 때까지 노동시간을 최대 25% 수준까지 줄일 수 있는 법적 권리가 있다.

여유로운 점심을 보내고 있는 스톡홀름 사람들

부모휴가제도 외에 근로자들이 자신의 일과 삶의 균형을 도와주는 제도로 바로 교육훈련휴가가 있다. 이 제도는 근로자들이 기술 훈련 혹은 학업을 계속하기 위해 휴직을 사용할 수 있는 제도로 1974년 이후 도입되었다. 이 휴가제도 역시 다른 휴가제도와 마찬가지로 상당히 유연하게 사용할 수 있는데, 유연한 휴가의 사용은 학업 선택에 있어 근로자들의 선택의 폭을 보장한다. 이 휴가는 두 가지 목적에 의해 도입되었는데 첫째는 직업적 이동성을 촉진하기 위함이고, 둘째는 저학력 근로자가 교육을 받을 기회에 수월하게 접근하고 그들의 역량을 개선하여 노동시장에서 경쟁력을 높일 수 있도록 지원하는 것이다. 이 법은 근로자들이 자신의 선택에 따라 기간이나 유형의 제한 없이 현재의 직무와 완전히 별개의 영역이라도 최소 6개월 이상 훈련을 받을 있도록 허용하고 있다는 점에서 근로자들에게 아주 유용한 제도라 할 수 있다. 휴가는 시간단위로 사용할 수 있으며 다른 형태의 법정 휴가와 마찬가지로 교육 훈련에 대한 권리는 완전 고용보장이 뒷받침된다. 근로자는 동일한 근로조건과 동일한 임금을 조건으로 기존의 직장에 복귀할 수 있다. 하지만 이 휴가의 시작의 때를 결정하는 권리는 사용자에게 있으며, 노조 대표의 동의 없이 6개월 이상 지속할 수 없다. 영국의 한 일간지는 〈아이들의 학교가 오후 3시에 끝나지만 오후 6시까지 일해야 하는 부모들은 과연 어떻게 해야 합니까?〉라는 제목의 글을 연재한 적이 있다. 그리고 이 일간지는 전 세계 부모들을 아주 오랫동안 괴롭혔던 이 질문의 답을 스톡홀름에서 찾았다. 근로시간 유연정책 그리고 다양한 휴가정책은 스톡홀름을 일과 삶이 조화로운 도시로 만들었다. 그리고 그 결과 젊은 맞벌이 부부들이 런던을 비롯한 유럽의 대도시를 떠나는 것과 달리 스톡홀름은 젊은 부부들이 찾아오는 도시가 되었다.

아빠들의 도시, 스톡홀름

스톡홀름은 공원과 카페가 많은 도시이다. 그리고 날씨가 좋은 날이면 공원과 카페의 야외 테이블에서 여유롭게 각자의 방식으로 햇살을 즐기는 사람들을 많이 볼 수 있을 것이다. 그리고 공원과 카페를 가면 유독 눈에 띄는 장면이 있는데 바로 유모차를 끌고 다니는 아버지들의 모습이다. 유모차를 끌고 공원을 산책하거나, 같은 또래의 젊은 아빠들이 유모차를 옆에 세워두고 모여서 커피를 마시는 모습을 종종 볼 수 있다. 그렇다. 바로 라테파파들이다. 스톡홀름에는 유모차를 끌고 아이와 일상을 즐기는 일명 '라테파파' 아버지들의 모습을 볼 수 있다.

1974년 스웨덴에서는 세계 최초로 부모휴가 제도가 도입된다. 물론 지금은 많은 국가들에서 부모휴가제도를 시행하고 있지만, 1970년대만 하더라도 이는 새로운 것이었다. 특히 이 제도는 아버지의 돌봄에 대한 권리를 법적으로 명시한 최초의 제도라는 측면에서 아주 중요한 의미를 갖는다. 당시 스웨덴에서는 진정한 성 평등을 이루기 위해서는 여성의 노동시장 참여와 지위 향상과 더불어 남성의 역할 변화 즉, 돌봄 노동에 남성이 적극적으로 참여해야 한다는 사회적 논의가 있었고, 이러한 사회적 논의와 정치적 뒷받침으로 양성중립적인 부모휴가제도가 등장하게 되었다.

처음 도입된 부모휴가제도는 아동 출생 후 6개월간 부모의 고용소득과 연계된 유급의 휴가로 주어졌다. 부모 모두에게 휴가의 권리가 있고, 이는 양도할 수 있었다. 부모휴가는 1980년대 들어서면서 총 12개월로 확대되고, 이후 휴가기간과 휴가급여 대체수준은 80% 전후에서 증감의 폭을 보이며 발전된다. 부모휴가 도입 이후 일각에서 제기된 문제는 부모휴가의 도입과 확대가 여성 노동력을 감소시킬 수 있다는 것이었다. 이에 스웨덴 정부는 1978년 부모휴가의 기간을 확대하는 동시에 부모휴가와 부모의 근무시간을 유연적으로 조절해서 사용할 수 있는 근무시간 유연제와 휴가 사용의 유연제를 도입한다. 이후 부모는 휴가를 전체 혹은 반절 혹은 1/4로 본인들의 근무시간과 조절해서 사용할 수 있게 된다. 하지만 여전히 풀리지 않는 문제가 있는데, 바로 대부분의 휴가 사용자가 어머니라는 것이었다.

1974년 도입되었던 부모휴가제도는 남성의 육아참여와 관련된 젠더 효과에서 만족스러운 결과를 얻지 못했다. 휴가 사용의 대부분은 어머니였고, 아버지의 휴가 사용률 증가는 더디기만 했다. 하지만 강제 사용의 의무가 없었던 부모휴가의 아버지 사용률이 낮을 것이라는 예상은 부모휴가 도입 초기부터 충분히 예견된 사실이었다. 부모휴가 사용에 아버지의 참여를 강제하여야 한다는 주장이 강하게 제기되었다. 특히 스웨덴은 부모 역할 안에서 젠더 평등을 오래전부터 강조해 왔고, 남성의 돌봄 책임에 대한 관심을 가져왔다. 즉, 스웨덴 정부와

유모차를 끌고 다니는 아버지들

각 정당들은 젠더 평등의 일환으로 가족 내 아버지의 역할 변화가 필요함을 지속적으로 주장하였다. 그리고 이들은 젠더 평등과 아버지의 부모휴가 사용을 고취하기 위한 수단으로 '아버지의 달'을 주장하였다. 아버지의 달은 휴가 기간의 양도가 불가하며 일정기간을 아버지가 사용해야 하는 제도로 부모휴가 기간 중 일정 부분을 남성이 사용하도록 장려하기 위한 제도이다.

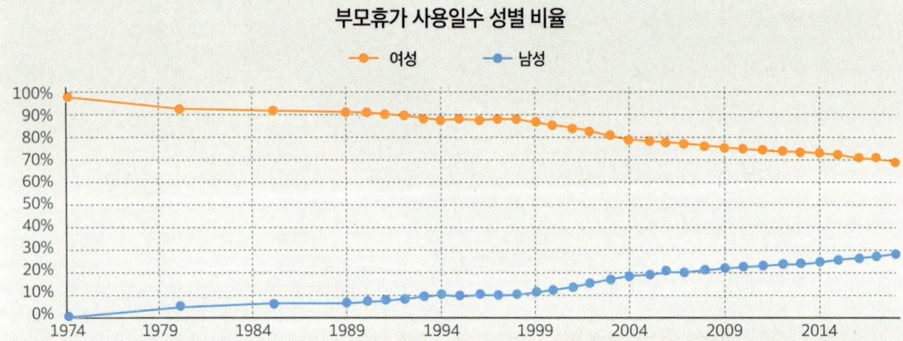

출처: 스웨덴 사회보험청(2019)

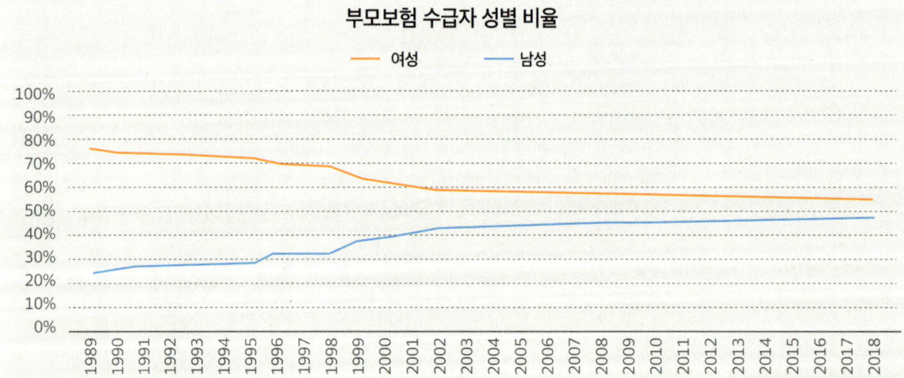

출처: 스웨덴 사회보험청(2019)

이후 많은 논의 끝에 1995년 아버지의 달은 도입되었다. 도입 당시 아버지의 달은 부모휴가 중 한 달을 아버지가 의무적으로 사용하도록 만들어졌으며, 아버지가 사용하지 않는다면 그 기간이 없어지는 양도 불가능한 제도로 만들어진다. 아버지가 휴가를 사용하지 않는다는 것은 가족의 입장에서 총 휴가기간의 손실을 의미하는 것이었고, 이것은 사용하지 않으면 손해라는 인식을 가져왔다. 아버지 할당제는 2002년 추가적으로 한 달을 더 증가해서 총 2달로 연장되었고, 2016년 현재 아버지의 달은 총 3달로 확대된다. 아버지 달 도입 이후 아버지의 휴가 사용률은 지속적으로 증가하고 있다. 스웨덴 부모휴가 정책은 돌봄에 대한 부모의 시간과 권리를 지지하며 부모의 역할, 특히 아버지의 돌봄 참여에 대한 지지의 정책으로 볼 수 있다. 제시한 표는 부모휴가 도입 이후 휴가를 사용하는 남녀의 사용 비율과 보험 수급자 성별 비율이다. 이 통계치는 부모휴가 제도 도입 이후 특히 아버지 할당제 도입 이후 남성의 부모휴가 사용 일수와 보험 수급 비율은 점점 증가하고 있는 모습을 보여주고 있다. 물론 여전히 부모휴가 사용자 중 여성이 더 많다는 문제점이 남아 있지만, 2005년에 태어난 아이들의 부모 중 아이가 8세(부모휴가 기간이 끝나는 시점)까지 아버지가 부모휴가를 단 하루도 사용하지 않는 수치는 단 10%에 불과 할 정도로 아버지의 달 사용이 증가하고 있으며, 아버지의 부모휴가 사용률 역시 다른 EU국가보다 높은 수준을 보이고 있다.

돌봄의 도시, 스톡홀름

오후 5시쯤 되면, 내가 사는 아파트 1층 유치원 앞이 시끌시끌하다. 아이들이 집에 돌아갈 시간이기 때문이다. 아이를 데리러 온 엄마, 아빠를 향해 반갑게 뛰어가 안기는 아이, 내일 또 만날 텐데 마치 영영 못 볼 것 마냥 친구들과 작별 인사 하는 아이, 더 놀다 가고 싶은지 어린이집 놀이터에 드러누워 시위를 하고 있는 아이, 엄마 아빠를 보자마자 쉼 없이 말을 쏟아내는 아이, 집에 갈 생각은 안 하고 자꾸 자신의 가방만 뒤지는 아이. 스웨덴이든 한국이든 그 어디든 우리 아이들의 모습은 비슷하다.

스톡홀름에 오시는 분들이 하는 이야기 중 왜 여기에 어린이집 혹은 유치원 버스가 없는지 궁금해 한다. 한국에서는 아이들 등하교 시간에 노란 어린이집 차량이 여기저기에서 줄지어 다니는 모습이 일상인데 말이다. 스웨덴에서는 어린이집 차량이 존재하지 않는다. 어린 아이들을 단체로 차량에 태운다는 것 자체가 안전상 문제가 많다고 생각하기 때문이다. 모든 아이들은 부모 혹은 조부모와 같이 등하교를 한다. 매일 아이들을 데리고 등하교를 시키는 것이 만만치 않은 일이겠다는 생각이 들 수도 있다. 하지만 스웨덴에서는 어린이 차량이 필요 없다. 왜냐하면 대부분의 어린이집은 아이들이 걸어서 15~20분 근처에 있기 때문이다. 물론 간혹 부모님의 회사 어린이집에 가는 아이들은 부모님과 같이 차량을 타고 다닐 수 있다. 하지만 이런 경우를 제외하고 스톡홀름의 아이들은 자신의 동네에 있는 어린이집에 다닌다. 아침이면 아이들이 엄마나 아빠 손을 잡고 어린이집으로 씩씩하게 걸어온다.

현재 스웨덴의 모든 만 1~12세 아동들은 유아 교육을 받을 권리를 지니고 있으며, 지방자체들은 이를 공급할 의무와 책임이 있다. 스웨덴에서 법에 의해 보육과 아동 교육에 관련된 모든 서비스는 모두 지방자치단체의 책임 하에 있다. 지방자치단체들은 보육에 관련된 모든 서비스의 제공과 공급율을 조절하고 육아지원 서비스의 질을 관리, 감독하며 충분한 자원을 제공할 의무가 있다. 유치원에 출석하는 것은 아동의 자유이지만 지방자치단체는 아동이 보육 서비스에 대한 욕구가 있을 경우 서비스를 제공해야 할 의무가 있다. 아이들이 걸어서 통학이 가능한 거리에 유치원이나 어린이집이 없을 경우 가정 보육 혹은 다양한 서비스를 제공해 어린이의 보육에 대한 권리를 침해하지 않아야 한다. 이러한

열린유치원 앞 놀이터 모습

이유로 스톡홀름의 주택가에는 어린이집이 많다. 내가 사는 동네만 하더라도 걸어서 10분 거리에 어린이집이 5개가 있다. 이러니 노란 어린이집 차량을 볼 수 없을 수밖에.

스톡홀름에 오면 여러 형태의 어린이집을 보게 될 것이다. 그중 특이한 형태는 바로 열린유치원(Öppna förskolor)이다. 열린유치원은 비교적 최근에 개발된 것이다. 최초의 열린유치원은 1972년에 시작되었고, 열린유치원의 수는 계속적으로 늘어나고 있다. 열린 유치원은 전업주부이거나 시간제 취업한 부모 혹은 부모휴가 중인 부모 그리고 가정보육모의 아이들이 보호자와 함께 방문하여 이용할 수 있는 보육시설이다. 이름에서 알 수 있듯이 열린 유치원은 0~5세 아이들을 위한 보육 서비스 기관으로 누구나 사전 예약 없이 무료로 사용할 수 있는 서비스 시설이다. 스웨덴의 대부분의 부모는 출산과 육가 휴가 기간 동안 아이와 함께 집에 머물기 위해 1년 이상 쉬기 때문에 열린유치원은 주중 동안 아이들에게 다양한 놀이 프로그램을 제공하기 위해 만들어졌다.

열린유치원은 지자체가 운영하며 일부는 스웨덴 교회(스웨덴의 교회는 모두 국가에 소속되어 있다.)에서 운영하기도 한다. 대부분의 열린유치원은 영아와 유아가 사용하는 구역이 구분이 되어 있다. 그리고 아이들의 사용 공간은 아이들이 다른 친구들과 같이 다양한 장난감을 갖고 놀 수 있는 실내 놀이실과 간식을 먹을 수 있는 공간(주방)으로 구분이 된다. 간식 공간인 주방에는 수유용 테이블과 유아용 테이블이 있으며, 아이들의 간식을 간단하게 데울 수 있는 전기용품들이 있다. 아이들의 보호자들이 아이들의 간식을 가져 올 수도 있지만 빵, 커피, 크래커, 과일, 우유, 쥬스 등의 간단한 간식거리를 저렴한 가격으로 구입할 수도 있다. 물론 부모들은 자녀들이 먹을 음식을 가져 갈 수 있고 간혹 아이들에게는 무료 간식이 제공되기도 한다.

열린유치원에서 제공되는 프로그램은 상당히 다양하다. 아이들 마사지 프로그램부터 다양한 놀이 미술 프로그램, 열린유치원 근처의 숲 산책, 여름에 즐기는 프로그램 등, 이곳에서는 계절에 따라 그리고 요일에 따라 다른 프로그램들을 제공한다. 또한 열린유치원의 프로그램이 지역마다 달라서 지역적인 특성이 반영되기도 한다. 예를 들어 이민가정이 많은 지역의 경우 스웨덴 문화나 언어가 강조된 프로그램이 많으며, 영아가 많이 이용하는 경우 영아 마사지나 부모님들의 상담 프로그램이 주가 되기도 한다. 프로그램에 대한 규제는 따로 없고, 각 기관별 자율성이 존중된다. 열린유치원은 주당 5일 개원할 수 있으며, 개원시간에 대한 제한은 없다. 부모나 보모는 그들이 원하는 시간에 언제든지 열린유치원에 올 수 있으며, 일반적으로 한 명의 유아교사와 한 명의 보육교사가 배치되어 있다. 스톡홀름 일부 지역에서는 사회복지사가 정해진 시간동안 열린 유치원에 근무하도록 되어 있으며, 이를 통해 부모들이 사회적 문제에 대한 도움을 받을 수 있도록 한다.

열린유치원의 주된 목적은 부모나 보모들이 유아교사와 함께 아동들을 위한 교육적 활동을 개발하기 위한 기회를 제공하고 서로 만날 수 있는 장소를 제공하는 데 있다. 특히 가정보육시설의 교육자와 아동들도 손쉽게 열린유치원을 이용할 수 있다는 점은 유치원과 어린이집에 비해 장소가 협소한 가정보육시설의 교육적 기능의 보완 역할을 하기도 한다. 이는 공공 보육시설이 아닌 가정에서 돌봄을 받는 아동들에게 집에서는 접하기 어려운 교재들을 이용하게 하고 다른 아이들과 상호작용할 수 있는 기회를 제공하는 역할을 한다. 또한 열린유치원은 아동이 다른 기관으로 옮기거나 진학을 할 때 쉽게 적응할 수 있도록 다른 기관과 협력하는 기능도 하고 있는데, 사회복지, 아동 복지 혹은 모성 보호를 제공하는 다른 단체들과 협력하여 서비스를 제공하기도 한다.

열린유치원에서 젊은 부모들은 다른 부모들과 함께 교류하고 아이들을 돌보는 양육 기술과 지식, 정보를 공유하며 배울 수 있는 장소와 기회를 제공 받는다. 실제로 열린 유치원은 그 지역의 젊은 가족들이 만나는 중심지가 되기도 하며, 초보 부모들과 부모휴가 중인 부모들에게 육아에 대한 정보와 부모 역할 상

스톡홀름 유치원의 모습

담과 같은 고민을 해결하는데 중요한 역할을 한다. 만약 부모들이 아이 양육에 대한 상담을 원하는 경우 상담 예약을 통해 상담을 받을 수 있다. 아이들을 키우면서 겪는 어려움과 혹은 산후 우울증에 대한 상담이 이루어지며, 이 공간을 통해 다른 부모들과 육아 정보와 육아 경험을 공유하고 육아 스트레스를 해소하는 효과도 있다. 무엇보다 사전 예약이 필요 없고 프로그램이 시간단위로 운영되며 무료이기 때문에 누구든지 아이와 이용할 수 있다는 장점이 있다. 이처럼 열린유치원은 아이들의 놀이 공간뿐 아니라 가족 상담사의 상담 프로그램을 통해 통합적인 가족지원 프로그램을 제공하기 때문에 아이들뿐 아니라 보호자들에게 실질적인 도움을 주는 보육 서비스 기관이기도 하다. 무엇보다 열린유치원은 처음 부모가 된 초보 부모들, 아이를 키우면서 자칫 지역사회에 고립될 수 있는 부모들 그리고 그 지역에 이사나 이주를 해 모든 것이 낯선 부모들, 부모휴가 중이라 공립 유치원 이용에 제한이 있는 부모들에게 부모로써 그리고 지역사회 구성원으로써 정착하고 자신의 삶을 확립하는데 많은 도움을 주는 중요한 역할을 한다.

부록

부
록

참고문헌

제1강 중국도성은 한양도성과 어떻게 비슷할까?

- 세오 다쓰히코 지음·최재영 옮김, 《장안은 어떻게 세계의 수도가 되었나》, 황금가지, 2006.
- 양관 지음·최재영 옮김, 《중국고대도성제도사 상》, 세창출판사, 2019.
- 양관 지음·최재영 옮김, 《중국고대도성제도사 하》, 세창출판사, 2021.
- 장지연, 《경복궁 시대를 세우다》, 너머북스, 2018.
- 홍순민, 《홍순민의 한양읽기, 도성》, 눌와, 2017.
- 최재영, 〈『주례』 고공기의 도시계획원리와 수당장안성의 구조〉 《역사문화연구》 35, 2010.

제2강 천년의 수도 하 노이

- 《대남식록》
- 《대월사기전서》
- 송정남, 《베트남 탐구》, 한국외대 지식출판콘텐츠원, 2018.
- 송정남, 《베트남 역사 탐구》, 한국외대 지식출판콘텐츠원, 2018.
- 송정남, 《베트남 사회 문화 들여다보기》, 한국외대 지식출판콘텐츠원, 2019.
- 송정남, 〈베트남의 문묘 - 국자감 고찰〉 《성균관과 문묘의 세계유산적 가치》, 서울특별시, 2016.
- Trần Ngọc Thêm, *Tìm về bản sắc văn hóa Việt Nam*, Nxb TP HCM, 2001.

제3강 파리, 2천 년 역사도시의 혁신과 지속가능 발전

- 도시사학회 기획·이영석·민유기 외 지음, 《도시는 역사다》, 서해문집, 2011.
- 도시사학회 기획·주경철·민유기 외 지음, 《도시는 기억이다》, 서해문집, 2017.
- 마크 기로워드 지음·민유기 옮김, 《도시와 인간》, 책과함께, 2009.
- 민유기, 〈19세기 파리 동쪽 광장들의 기념물과 도시의 정치기호학〉 《기호학연구》 23, 2008.
- 민유기, 〈68운동 이후 프랑스 사회당의 문화민주주의 정책 구상〉 《서양사론》 141, 2019.
- 홍용진, 〈19세기 파리 역사문화공간 생산의 과정과 의미〉 《도시연구》 15, 2016.

제4강 로마, 도시와 유산

- 이경구, 〈콘스탄티누스 기진장의 적용 사례 - 13세기 전반기의 교황들을 중심으로〉 《역사와 담론》 49, 2008.
- 최병진, 〈로마의 박물관 클러스터: 이탈리아 시립 박물관 플랫폼에 대한 사례 연구〉 《미술이론과 현장》 27, 2019.
- Cristina De Benedictis, *Per la storia del collezionismo Italiano*, Ponte Alle Grazie, 1998.
- Benevolo Leonardo, *Roma da ieri a domani*, Laterza, 1971.
- Chaney Edward, *The Grand Tour and the Great Rebellion: Richard Lassels and "The Voyage of Italy" in the Seventeenth Century*, SLATKINE, 1985.
- Emiliani Andrea, *Leggi, bandi e provvedimenti per la tutela dei beni artistici e culturali negli antichi stati italiani: 1571-1860*, Nuova Alfa Editoriale, 1996.
- Montecalvo Maria Stefania, "Antoine Quatremère de Quincy, Letters to Miranda and Canova on the Abductions of Antiquities from Rome and Athens", *Anabases 18*, 2013.
- Picozzi Maria Grazia, "Ha il cardinale Alessandro Albani comperato... venti teste de' filosofi dalli Verospi a scudi 40 l'una", *Bullettino della Commissione Archeologica Comunale di Roma 93-2*, 1989.
- Salvatore Settis, *Futuro del 'classico'*. Einaudi, 2004.

- Traditions et réceptions de l'Antiquité 18, 2013.
- 이탈리아 2017년 통계 보고서: https://www.symbola.net/ricerca/rapporto-io-sono-cultura-2017-litalia-della-qualita-e-della-bellezza-sfida-la-crisi/ (2021년 2월 8일 검색)

제5강 타이베이와 서울: 닮은 듯 다른 두 도시 이야기

- 김백영, 《지배와 공간 - 식민지도시 경성과 제국 일본》, 문학과 지성사, 2009.
- 수쉬빈 지음·곽규환·남소라·한철민 옮김, 《현대 타이베이의 탄생 - 보이지 않는 타이베이와 볼 수 있는 타이베이》, 산지니, 2020.
- 염복규, 《서울의 기원 경성의 탄생 - 1910~1945 도시계획으로 본 경성의 역사》, 이데아, 2016.
- Allen Joseph Roe, *Taipei: city of displacements*, University of Washington Press, 2012.
- Ping-Sheng Wu, *Phantasmagoria: A study on the Transformation of Urban Space in Colonial Taiwan- Tainan and Taipei, 1895-1945*, 國立成功大學建築學系 博士論文, 2006.
- Yeonkyung Lee, "Taipei and Seoul's Modern Urbanization under Japanese Colonial Rule: A Comparative Study from the Present-Day Context", *Sustainability 12-11*, 2020.

제6강 다른 듯 닮은 카이로, 서울과는 닮았을까?

- 박재양, 《다른 듯 닮은 이집트 이야기》, 청아출판사, 2021

제7강 올림픽과 세계도시로의 성장, 1964년 도쿄올림픽은 어땠을까?

- 김백영, 〈강남 개발과 올림픽 효과—1970~80년대 잠실 올림픽타운 조성사업을 중심으로〉 《도시연구: 역사·사회·문화》 17, 2017.
- 김은혜, 〈1964년 도쿄올림픽과 도시개조〉 《사회와역사》 109, 2016.

- 이또 시게루, 〈동경올림픽의 도시계획적 평가〉《올림픽이 도시발전에 미치는 장기적 영향 보고서》, 서울대학교 환경대학원, 1988.
- 한석정, 〈도쿄, 서울, 베이징—동아시아의 올림픽 체험〉《플랫폼》 2008.9, 인천문화재단. 2008.
- 吉見俊哉,《五輪と戦後: 上演としての東京オリンピック》, 東京: 河出書房新社, 2020.
- 老川慶喜 編,《東京オリンピックの社会経済史》, 東京: 日本経済評論社, 2009.
- 町村敬志,《世界都市東京の構造轉換—都市リストラクチュアリングの社会学》, 東京: 東京大學出版會, 1994.
- 片木篤,《オリンピック·シティ 1940·1964》, 東京: 河出書房新社, 2010.
- Collins, S., "East Asian Olympic Desires: Identity on the global stage in the 1964 Tokyo, 1988 Seoul and 2008 Beijing Games", *The International Journal of the History of Sport* 28(16), 2011.

제8강 서울로에서 테헤란로까지, 이란과 서울을 알아보자

- 유달승,《이란의 시간은 다르게 흐른다》, 한겨레출판사, 2020.
- Abrahamian Ervand, *A History of Modern Iran*, Cambridge University Press, 2008.
- Bakhash Shaul, *The Reign of the Ayatollahs: Iran and the Islamic Revolution*, Basic Books, 1986.
- Jabbari Mina, Hamisheh Bazar, Tehran: Agah, 2000.
- Mehri Farshid, *Masajed-e Bazar-e Tehran dar Nehzat-e Emam Khomayni*, Markaz-e Asnad-e Enqelab-e Eslami, 2004.
- Taheri Amir, *The Spirit of Allah: Khomeini and the Islamic Revolution*, Adler & Adler Pub, 1986.

제9강 이층버스와 빅벤, 시티투어의 원조 런던을 가다

- Freddie Talberg, *Blue Badge Guide for London*, Pie Guide, 2012.
- Malcolm Batten, *River Thames Shipping Since 2000*, Amberley Publishing, 2019.

- Oliver Green, *London Buses*, Amberley Publishing, 2019.
- Rick Steves·Gene Openshaw, *Rick Steves' London*, Rick Steves, 2021.
- Shannon Schmidt·Joni Rendon, *Novel Destinations*, National Geographic, 2017.
- Suze Clemitson, *A History of Cycling in 100 Objects*, Bloomsbury Sport, 2017.

제10강 통일 독일의 수도 베를린의 변모

- 박종호, 《베를린》, 풍월당, 2019.
- 백종옥, 《베를린, 기억의 예술관》, 반비, 2018.
- 이은정, 《베를린, 베를린 - 분단의 상징에서 문화의 중심으로》, 창비, 2019.
- 전진성, 《상상의 아테네, 베를린·도쿄·서울 - 기억과 건축이 빚어낸 불협화음의 문화사》, 천년의 상상, 2015.
- Harald Bodenschatz 지음·박종기 옮김, 《베를린 도시설계 - 유럽형 도시설계를 향한 역사적 증거》, 구민사, 2014.
- 권형진, 〈나치의 도시 건축, 뮌헨·뉘른베르크·베를린의 공공기념물〉 주경철·민유기 외, 《도시는 기억이다》, 서해문집, 2017.
- 최호근, 〈냉전의 상징에서 유럽의 중심으로 도약하는 도시, 베를린〉 《내일을 여는 역사》 40, 2010.
- 최호근, 〈베를린, 냉전의 상징에서 유럽의 중심으로〉 《도시는 역사다》, 서해문집, 2011.

제11강 워싱턴 D.C.는 어떤 수도인가?

- Constance Green, *Washington: Capital City, 1879-1950,* Princeton University Press, 1963.
- Kirk Savage, *Monument Wars: Washington DC, the National Mall, and the Transformation of the Memorial Landscape*, University of California Press, 2011.
- Nathan Glazer·Cynthia R. Field, *The National Mall: Rethinking Washington's Monumental Core*, Johns Hopkins University Press, 2008.

- Paul Longmore, *The Invention of George Washington*, University of Virginia Press, 1999.
- Richard Longstreth, ed., *The Mall in Washington, 1791-1991,* NGW-Stud Hist Art, 2003.
- Scott Sandage, "A Marble House Divided: The Lincoln Memorial, The Civil Rights Movement, and the Politics of Memory, 1939-1963", *Journal of American History* 80-1, 1993.

제12강 싱가포르 다문화·다인종 사회구조의 과거와 현재, 그리고 도전

- 김종호, 〈이주민의 싱가포르 대 거주민의 싱가포르〉《Asian Regional Review DiverseAsia》 3-2, 2020.
- 김희숙·양영란, 〈싱가포르의 이원적 코로나19 방역 전략과 그 함의〉《동아연구》 79, 2020.
- Chong, Terence eds. *Navigating Differences: Integration in Singapore*, ISEAS-Yusof Ishak Institue, 2020.
- Ong Elvin, "Rethinking costs and the social impact" *Academic Views*, 2020.5.22.
- Pang Eng Fong and Linda Lim, "Labour in Singapore's post-COVID-19 economy" *Academic Views*, 2020.6.2.
- Song Ong Siang, *One Hundred Years History of Chinese in Singapore*, John Murray, 1923.
- Tan Serene and Brenda S. A. Yeoh, "Negotiating cosmopolitanism in Singapore's fictional landscape", *Cosmopolitan Urbanism*, 2005.
- Wise A, "Becoming cosmopolitan: encountering difference in a city of mobile labour", *Journal of Ethnic and Migration Studies 42,* 2016.
- Yang Hui·Peidong Yang·Shaohua Zhan, "Immigration, Population, and Foreign Workforce in Singapore: An Overview of Trends, Policies, and Issues" *HSSE Online* 6-1, 2016.

- 김연진, 《도시재생사업에서의 문화예술 도입방안 연구》, 한국문화관광연구원, 2015.
- 곽데오도르, 〈스페인 바스크문화의 중심도시 빌바오 -도시 빌바오와 프랭크 게리-〉《마루》34, 2004.
- 김상원 외, 〈도시재생사업을 통한 컬쳐노믹스 복지 실현 방안에 관한 연구〉 인문콘텐츠 (22), 2011.
- 김상원 외, 〈문화도시 공간규모에 따른 창조적 재생 사례 연구〉《독어교육》55, 2012.
- 김태환, 〈진화하는 경제문화도시, 빌바오(Bilbao)〉, 《국토》, 2010.
- 양윤서, 〈도시재생 측면에서 본 구겐하임 효과의 한계성에 관한 연구〉《문화산업연구》 17(4), 2017.
- 이승욱, 〈해외리포트_폐조선소의 도시재생방안: 빌바오, 함부르크, 말뫼 사례에서 배우다〉《국토》, 2018.
- 이은해, 〈유럽의 전통산업도시에서 문화·예술도시로의 변모: 빌바오(Bilbao)에서의 '구겐하임효과(Guggenheim Effect)'에 대한 비판적 고찰〉《EU연구》25, 2009.
- 장세룡, 〈앙리 르페브르와 공간의 재생산 - 역사이론적 '전유'의 모색〉《역사와 경계》58, 2006.
- Luis Miguel Lus-Rrana, *The Many Effects of the Guggenheim Effec*, Univ. Zargoza, 2017.
- Walter Radermacher, *Urban Europe–Statistics on cities, towns and suburbs*, Publications office of the European Union, 2016.
- European Commission, "State of European Cities" *Executive Report*, 2007.
- European Commission, "Urban Pilot Projects" *Annual Report*, 1996.
- European Regional Development Fund, "URBACT-Connecting cities Building successes" *The URBACT II Programme 2007-2013, Final Implementation Report*, 2013.
- European Regional Development Fund, "URBACT - Driving change for better cities" *The URBACT III Programme Malta, 2th,* 2017.

제14강 생태도시의 모델, 브라질 꾸리치바에서 찾다

- Fernandes, Márcio José, Questão *Ambiental e Planejamento* Urbano: a Experiênci de *Curitiba*, Universidade Tecnológica Federal do Paraná Curitiba, 2011.
- Martins, João Candido, "Zoneamento de Curitiba: surge o Plano Diretor(1960-2019)", 2019.
- Revista Ideias, "Curitiba, ecologicamente correta", 2019.
- Saad, Moataz Moustafa et al, "Eco-city as Appoach for Sustainable Development", *American Scientific Research Journal for Engineering, Technology*, and Sciences 28-1, 2017.
- Therbanweb, "The Sustainable Transformation of Curitiba", contemporary urbanism, 2016.11.06.
- World Economic Forum & PwC, *Circular Economy in Cities Evolving the model for a sustainable urban future*, White Paper, 2018.

제15강 행복의 도시, 스톡홀름

- 문무경, 《스웨덴의 육아정책: 육아교육과 보육, 학교 교육의 통합을 중심으로》, 육아정책 개발센터, 2006.
- 배규식 외, 《노동시간과 일·생활과 균형》, 한국노동연구원, 2013.
- 윤승희, 《스웨덴의 저녁은 오후 4시에 시작된다》, 추수밭, 2019.
- 김연진, 〈스웨덴의 육아휴직 - 모든 부모의 권리〉《국제사회보장리뷰》 13, 2020.
- Ann-Zofie Duvander, 〈스웨덴의 휴가제도: 스웨덴 사람들은 도대체 언제 일하는 걸까?〉《한국노동브리프》 2017.
- 스웨덴 참고 사이트
  - https://www.yourlivingcity.com/stockholm/lifestyle/families/ppna-frskolor-stockholm-play-time-baby-social-time-parents
  - https://forskola.stockholm/other-languages/preschools
  - https://www.forsakringskassan.se/statistik/barn-familj/foraldrapenning

찾아보기

ㄱ

ㄴ

ㄷ

ㄹ

ㅁ

ㅇ

ㅈ

ㅊ

ㅋ

ㅌ

ㅍ

ㅎ

저자약력

최재영

한림대학교 인문학부 교수. 〈隋唐長安의 都城構造와 治安對策의 變化〉로 박사학위를 받았다. 〈唐代 文書行政 法令의 체계와 그 의미〉, 〈隋唐長安城과 市場의 기능〉 등의 논문이 있으며, 저서로 《넓고 깊게 보는 중국미술 唐》(공저), 《중국고대도성제도사》(역서) 등이 있다.

송정남

한국외국어대학교 베트남어과 교수. 〈전통에서 도이 머이까지, 옌 서 마을과 한국 농촌의 변화와의 비교〉로 박사학위를 받았다. 〈베트남 마을의 정치체제에 관한 연구〉, 〈베트남 응우옌 왕조의 과시 일고찰〉 등의 논문이 있으며, 저서로 《베트남 역사 탐구》, 《베트남 사회와 문화 들여다보기》 등이 있다.

민유기

경희대학교 사학과 교수. 〈La reforme de l'habitat populaire dans la region parisienne 1870-1914: anthropologie historique des logements sociaux〉로 박사학위를 받았다. 〈부유세와 최소소득 관련 프랑스의 사회갈등과 완화, 1981-2019〉, 〈독일 재통일과 프랑스의 탈냉전 세계질서 구상〉 등의 논문이 있으며, 저서로 《도시이론과 프랑스 도시사연구》, 《세계의 지속가능 도시재생》(공저) 등이 있다.

최병진

한국외국어대학교 이탈리아어과 교수. 〈근대 동양 미술관의 전시 기법 발전〉으로 박사학위를 받았다. 〈전시의 시각 체계로 살펴본 20세기 이탈리아 사회 변동과 정체성의 고안〉, 〈근대 파도바 대학의학문적 성공요인과 의학부 교육과정에 대한 분석〉 등의 논문이 있으며, 저서로 《의미. 의학과 미술사이》, 《베네치아 아카데미아 미술관》(역서) 등이 있다.

이연경

인천대학교 지역인문정보융합연구소 학술연구교수. 〈한성부 일본인 거류지의 공간과 사회: 1885년~1910년까지 도시환경변화의 성격과 의미〉로 박사학위를 받았다. 〈부평의 노무자주택을 통해 본 전시체제기 주택의 특징과 산업유산으로서의 가치〉, 〈Taipei and Seoul's Modern Urbanization under Japanese Colonial Rule: A Comparative Study from the Present-Day Context〉 등의 논문이 있으며, 저서로 《한성부의 '작은 일본', 진고개 혹은 본정本町》, 《인천, 100년의 시간을 걷다》(공저) 등이 있다.

박재양

부산외국어대학교 아랍학과 조교수. 〈페이루자바디의 바싸이르 다위 앗탐이즈 속에 언급된 꾸란어휘에 대한 음성적·의미적 연구〉로 박사학위를 받았다. 〈아랍어의 음운규칙 연구〉, 〈코란 정음법 연구〉 등의 논문이 있으며, 저서로 《다른 듯 닮은 이집트 이야기》, 《문화의 날개로 한국을 싣고》(공저) 등이 있다.

김백영

서울대학교 사회학과 교수. 〈일제하 서울에서의 식민권력의 지배전략과 도시공간의 정치학〉으로 박사학위를 받았다. 〈1990년대 수도권 형성과 한국 도시성의 전환〉, 〈구술로 본 로스엔젤레스 한인 노숙인의 생애와 의식〉 등의 논문이 있으며, 저서로 《지배와 공간》, 《서울, 권력 도시: 일본 식민 지배와 공공 공간의 생활 정치》(공역서) 등이 있다.

유달승

한국외국어대학교 페르시아어·이란학과 교수. 〈한국과 이란의 정치발전에 저항하는 전통적 정치문화〉로 박사학위를 받았다. 〈이란 외교 정책의 정체성 연구: 구성주의 시각에서 본 이란-미국 갈등〉, 〈이란의 이슬람 혁명과 소수 종교의 관계 연구〉 등의 논문이 있으며, 저서로 《이란의 시간은 다르게 흐른다》, 《시아파의 부활과 중동정치의 지각변동》 등이 있다.

원태준

포항공과대학교 인문사회학부 대우조교수. 〈Steel Painted as Wood: A Re-Examination of Alec Douglas-Home's Leadership of the Conservative Party 1963-1965〉로 박사학위를 받았다. 〈영국-아일랜드 협력 관계와 북아일랜드의 역사교육-유럽지역학 프로젝트의 구축, 1984-1986〉, 〈To Swear or Not to Swear?: Britain, Southeast Asia and the Attempt to Reform the Judicial Committee of the Privy Council, 1964-1971> 등의 논문이 있으며, 저서로 《20세기 서양의 일상과 풍경》(공저), 《역사학의 역사》(공저) 등이 있다.

최호근

고려대학교 사학과 교수. 〈막스 베버와 역사주의〉로 박사학위를 받았다. 〈역사서술과 문학의 중첩과 갈림 : 《랑케의 종교개혁 시기의 독일사》 내러티브 분석〉, 〈독일 제국의 역사기념물 보존활동과 문화민족주의〉 등의 논문이 있으며, 저서로 《독일의 역사교육》, 《기념의 미래》 등이 있다.

박진빈

경희대학교 사학과 교수. 〈The Legacy of the Conservative Reform: Public Housing Policies in Philadelphia, 1870-1930〉로 박사학위를 받았다. 〈독일 재통일과 미국의 탈냉전 구상〉, 〈파인랜드와 랑가-남아프리카 연방의 정원도시 개발〉 등의 논문이 있으며, 저서로 《도시로 보는 미국사》, 《(바다에서 바다로) 미국 패권의 역사》(역서) 등이 있다.

김종호

서강대학교 동아연구소 조교수. 〈Negotiating Between Regimes and Wars: Changing Regulatory Environment and Foreign Exchange Flow of Overseas Chinese Remittance, 1930s-1949〉로 박사학위를 받았다. 〈싱가포르 전염병 대응체계의 식민지적 기원〉, 〈친공과 애국 사이 -CIA 문서를 통해 본 냉전초 동남아 화교화인의 대중인식-〉 등의 논문이 있으며, 저서로 《화교 이야기: 중국과 동남아 세계를 이해하는 키워드》 등이 있다.

김상원

인하대학교 문화콘텐츠문화경영학과 교수. 〈Die Suche nach der latenten Wirklichkeit in den Duineser Elegien Rainer Maria Rilkes. Präsenz und Repräsentation〉로 박사학위를 받았다. 〈빅데이터의 감성가치 도출을 위한 기호학적 분석법 연구〉, 〈역사의 기억과 장소성을 통한 도시브랜딩 연구-개항장 인천감리서와 김구를 중심으로-〉 등의 논문이 있으며, 저서로 《점선면으로 보는 세상》, 《창조성과 도시》(공저) 등이 있다.

이미정

한국외국어대학교 중남미연구소 연구교수. 〈세계 정보기술산업 발전연구 - 브라질과 한국의 비교 접근〉으로 박사학위를 받았다. 〈브라질 대선과 변화의 함의: 신병부의 개혁 궤도〉, 〈브라질 재정위기 극복을 위한 범위: 연금개혁을 중심으로〉 등의 논문이 있으며, 저서로 《Globalização : atores, ideias e instiruições》(공저) 등이 있다.

윤승희

《스웨덴의 저녁은 오후 4시에 시작된다》 저자. 〈복지국가의 돌봄체계와 계층간 출산율의 관계에 대한 비교 연구〉로 박사학위를 받았다. 〈일-가족 양립정책이 여성의 경제활동과 근무형태에 미치는 영향에 대한 연구〉, 〈핀란드와 노르웨이의 양육수당 비교연구〉 등의 논문이 있으며, 저서로 《스웨덴의 저녁은 오후 4시에 시작된다; 일상을 행복으로 만드는 복지이야기》 등이 있다.

도판출처

쪽	도판	소장처
26	천안문광장	최재영
29	대한제국기의 환구단	서울역사박물관
33	하 노이의 거리풍경	김재영
37	탕롱황성의 성루	조호연
47	중국식 요우티아오와 베트남 퍼	김재영
50	하 노이 문묘의 진사제명비	조호연
56	환 끼엠 호수	김재영
60	성 요셉 대성당	김재영
69	2020년 화재 전의 노트르담 성당	김현정
74	오르세미술관	김윤정
86	로마의 판테온	한국저작권협의회
91	오늘날 나보나 광장	김현정
97	바티칸 광장 전경	김현정
101	서울 도심에서 발굴조사 된 청진12-16지구 유적	(재)한울문화재연구원
107	1895년 삼시가와 타이페이부의 모습	이연경
108	1900년경 한성부 도시구조	이연경
109	1895~1899년 한성부의 도시개조사업	이연경
111	타이호구 시구개정	이연경
113	1912년 경성시구개수 예정계획 노선과 1919년 수정 노선	이연경
114	1932년 〈대타이호쿠계획〉	이연경
115	1936년 〈대경성계획〉	이연경

쪽	도판	소장처
117	1907년경 타이베이의 도시구조와 1910년경 서울의 도시구조	이연경
118	서울의 일본인 인구비율과 타이베이의 일본인 인구비율	이연경
119	일본 통치 전후 타이베이의 도시구조 변화	이연경
119	일제강점기 전후 서울의 도시구조 변화	이연경
123	카이거다란 대로의 복원된 북문	이연경
124	광화문 앞에 있었던 중앙청의 모습	미국국립기록관리청(NARA)
131	룩소르 신전과 오벨리스크	박재양
134	살라흐딘 성채	박재양
139	파리 콩코드 광장의 오벨리스크	김윤정
141	나일강 유역	박재양
148	'88서울올림픽 참가국 국기게양식	서울사진아카이브
156	시부야거리 전경	김윤정
158	에도시대의 니혼바시	국립중앙박물관
162	영동지구 제막식	서울사진아카이브
169	테헤란의 서울공원	유달승
170	1977년 테헤란로 표지석 기공식	서울역사박물관
173	테헤란의 그랜드 바자르 거리	유달승
176	카펫작업을 하는 모습	유달승
178	자유의 탑	유달승
180	타즈리쉬 거리	유달승
185	타즈리쉬 바자르	유달승
186	테헤란의 반미벽화	유달승
195	런던 타워브리지	한국저작권협의회
195	시티투어 버스	원태준
199	런던아이와 템스강 크루즈 선착장	김윤정
202	보리스 바이크와 반납기지	원태준
212	미국 수송기를 보고 있는 서베를린 시민들	USAF(U.S. Air Force)
216	테러의 지형도와 베를린 장벽	최호근
219	브란덴부르크문	최호근

쪽	도판	소장처
220	홀로코스트 상기기념물	최호근
222	걸림돌 프로젝트	최호근
233	건립시 중단되었다 다시 지어져 상단과 하단색이 다른 워싱턴기념비	박진빈
235	링컨기념관	김윤정
239	V자 꼭지점에서 바라본 워싱턴기념비	박진빈
242	수색 중인 병사들을 재현한 6.25전쟁 참전군인 기념공간	박진빈
248	싱가포르 인구구조 변화양상 그래프	김종호
253	싱가포르 전경	김종호
255	문화다양성이 녹아있는 싱가포르 거리	김종호
259	싱가포르 외국인 기숙사의 모습	김종호
265	서울시 다문화가족지원센터 종사자 워크샵	서울시 여성가족정책실
279	노르트바트	김상원
283	빌바오의 구겐하임미술관	김상원
286	국제사회적경제협의체 총회 사진	서울시
289	문화재생으로 다시 태어난 세운상가	김성헌
295	빠라나 소나무	브라질대사관
298	꾸리치바 전경	브라질대사관
300	꾸리치바 식물원	브라질대사관
303	서울의 중앙버스전용차로 시스템	서울시
304	꾸리치바의 버스 정류장	브라질대사관
311	스톡홀름 대중교통인 페리를 타고 본 스톡홀름 시내	윤승희
312	스톡홀름에 위치한 국회의사당	윤승희
315	관광객으로 붐비는 감라스탄 골목	윤승희
318	여유로운 점심을 보내고 있는 스톡홀름 사람들	윤승희
321	유모차를 끌고 다니는 아버지들	윤승희
322	부모휴가 사용일수 성별 비율	윤승희
322	부모보험 수급자 성별 비율	윤승희
325	열린유치원 앞 놀이터의 모습	윤승희
328	스톡홀름 유치원의 모습	윤승희

※ 표기하지않은 도판은 공공저작물 또는 서울역사편찬원 소장이미지입니다.